1000
EXTRA/ORDINARY
OBJECTS

Um sich über Neuerscheinungen von TASCHEN zu
informieren, fordern Sie bitte unser Magazin unter
www.taschen.com an, oder schreiben Sie an TASCHEN,
Hohenzollernring 53, D–50672 Köln, Fax: +49-221-254919.
Wir schicken Ihnen gerne ein kostenloses Exemplar mit
Informationen über alle unsere Bücher.

Editor Carlos Mustienes, Madrid
Co editors Giuliana Rando, Wollongong
Valerie Williams, Victoria
Editorial assistants Lorenza Beraldo, Treviso
Giovanna Dunmall, Brussels
Editorial coordination Ute Kieseyer, Cologne
Copy editor Barbara Walsh, New York
German Editors Karen Gerhards, Hannover
Alexandra von Stosch, Bonn
Editorial Supervisor Renzo di Renzo, Treviso

Design and production Anna Maria Stillone, Sydney
Cover design Sense/Net, Andy Disl and Birgit Reber, Cologne

Lithography Sartori Fotolito s.r.l., Treviso

Printed in China
ISBN 3-8228-4804-2

1000

EXTRA/ORDINARY OBJECTS

TASCHEN

KÖLN LONDON LOS ANGELES MADRID PARIS TOKYO

A chipped stone, or paleolith, tells us a lot about the needs of the early humans—to dig roots, skin animals and scrape furs. In time, more pieces were chipped off the stone to make it sharper. Then the stone was modified again and again to serve other needs. And as each new tool was developed, humans discovered new ways to use it. New tools create new needs that in turn create new objects.

People like to surround themselves with objects—it's part of our nature. It may be an anal instinct, but we like our stuff.

People are surrounded by their objects—whether they are useful, decorative, beautiful, ugly, common or rare, we can't help but leave clues everywhere as to our identity. Clues about our culture, national identity, political ideology, religious affiliation and sexual inclinations, our objects reflect who we really are and who we want to be.

Look at the process by which we decide what to keep and what to throw away. Do we value the things that have never been touched or those which we touch all the time, the most useful, or the most useless?

We can turn our objects into fetishes, imbuing them with magic and memories, with religious or sexual potency. They become objects of worship, objects of desire and objects of fear, all feeding our passions and obsessions.

To find out how and why people use certain objects, we take a closer look at them: The lipstick that's banned in Afghanistan and the toys made of banana leaves that children play with in Uganda.

We examine a football shirt that might get you beaten up in Brazil and the bras that Catholic nuns buy in Italy. They're the tools we need to live our lives.

We have made pictures of our ancestors from the things they have left behind. So it will be for the archaeologists of the future—by our objects you will know us.

Peter Gabriel

Wieso genügt schon ein behauener Stein aus der Altsteinzeit, um etwas über unsere Vorfahren zu erfahren, diente er ihnen doch lediglich dazu, Wurzeln auszugraben, Tiere zu häuten und Felle zu gerben? Aber mit der Zeit schliffen sie den Stein immer schärfer, veränderten seine Form wieder und wieder und fanden so immer neue Verwendungsmöglichkeiten für ihn. Und mit jedem Werkzeug, das er fertigte, entdeckte der Mensch neue Möglichkeiten. Neue Werkzeuge schufen neue Bedürfnisse, die ihrerseits wieder nach neuen Werkzeugen verlangten.

Es scheint, als läge es einfach in seiner Natur, dass sich der Mensch gerne mit Gegenständen umgibt. Es mag nur ein analer Instinkt sein, aber wir lieben das Zeug nun mal.

Die Dinge, mit denen wir uns umgeben – unabhängig davon, ob sie praktisch oder rein dekorativ, schön oder hässlich, alltäglich oder exotisch sind –, sind Teil unserer Identität, sie erzählen unweigerlich etwas über uns, über unsere Kultur, unsere nationale, politische, religiöse und sexuelle Heimat. An den Dingen, mit denen wir uns umgeben, kann man erkennen, wer wir sind oder wer wir gerne wären.

Es genügt bereits, sich anzusehen, was wir sammeln und was wir wegwerfen. Und woran hängen wir mehr? An Dingen, die wir nie benutzt haben, oder an denen, die ständig im Einsatz sind, an Nützlichem oder Überflüssigem?

Das ein oder andere wird sogar zum Fetisch, weil wir ihm Zauberkraft, religiöse oder sexuelle Macht zuschreiben, oder einfach, weil es uns an etwas erinnert. Egal, ob unsere Fetische Objekte der Verehrung, des Verlangens oder der Furcht sind, immer schüren sie unsere Leidenschaften und Obsessionen.

Um herauszufinden, wer aus welchem Grund und auf welche Art und Weise bestimmte Gegenstände benutzt, müssen wir sie uns nur einmal genauer anschauen, den Lippenstift, der in Afghanistan verboten ist, oder das Spielzeug aus Bananenblättern, mit dem in Uganda die Kinder spielen. Wir entdecken das Fußballhemd, wegen dem sein Träger in Brasilien zusammengeschlagen werden könnte, ebenso wie die Mieder, die katholische Nonnen in Italien bevorzugen – Dinge, die unser tägliches Leben ausmachen.

Wir können uns lediglich anhand der Dinge, die sie uns hinterlassen haben, ein Bild unserer Urahnen machen. Genauso werden die Archäologen der Zukunft sich ein Bild von uns machen – die Dinge, mit denen wir uns umgeben haben, werden unsere Geschichte erzählen.

Peter Gabriel

food
Nahrung
fashion
Mode
animals
Tiere
body
Körper
soul
Seele
leisure
Freizeit

Welcome cat
According to Japanese tradition,
manekinekos **(beckoning cats) are supposed**
to bring good luck to households
—they also beckon guests to come in.

Begrüßungskatze
In Japan bringen *Manekinekos* traditionell
Glück ins Haus und begrüßen die Gäste.

food
Nahrung

Insect lolly, USA
Insekten-Dauerlutscher, USA

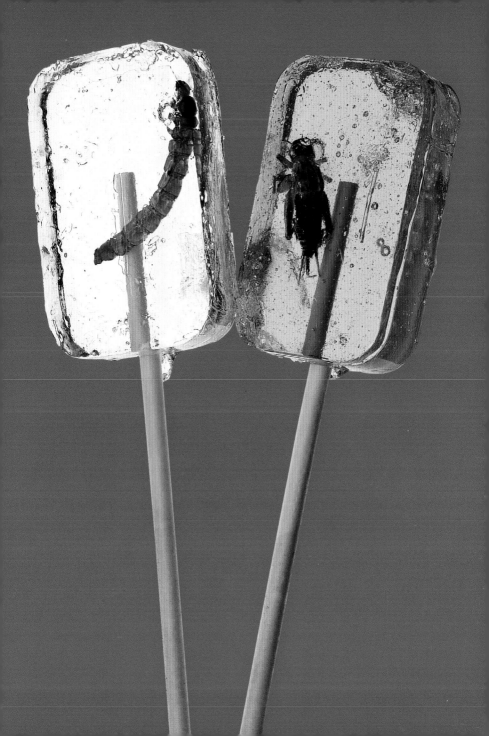

Poison To a *fugutsu* (blowfish connoisseur) danger is part of a good meal. Chefs who cook this Japanese delicacy must pass an exam to prove that they know how to prepare *fugu* (blowfish). If in doubt, ask to see a certificate. One blowfish contains enough poison to kill 30 people (it's mostly in the ovaries, testicles, and liver). Eating the flesh produces a tingling sensation in the mouth that is even stronger if you eat the potentially poisonous parts (which are edible if properly prepared). If you lose the gamble, expect to die in about five hours. Your body will slowly go numb and eventually your respiratory muscles will become paralyzed—you'll be fully conscious all the time. A safer way to sample fugu is to drink this *hiresake* (rice wine with fugu fin), which has a smoky flavor.

Gift Für den echten *fugutsu*, den Kugelfisch-Feinschmecker, sind Gefahr und Genuss untrennbar miteinander verbunden. Die Köche, die diese japanische Delikatesse zubereiten, müssen eine Prüfung über die korrekte Zubereitung des Kugelfisches ablegen. Wenn du Zweifel hast, frag den Koch nach seinem Zeugnis. Ein solcher *fugu* enthält genügend Gift, um 30 Personen umzubringen – das meiste davon in den Eierstöcken, den Hoden und der Leber. Der Genuss des Fisches verschafft dem Esser ein angenehmes Kribbeln im Mund, das sich beim Genuss der potenziell giftigen Organe, die bei korrekter Zubereitung durchaus essbar sind, noch verstärkt. Solltest du mit deinem *fugu* Pech gehabt haben, tritt innerhalb von fünf Stunden der Tod ein. Dein Körper wird langsam empfindungslos, und am Ende wird die Atemmuskulatur gelähmt – während du bei vollem Bewusstsein bist. Wenn du keine Lust hast, für *fugu* dein Leben zu riskieren, trink lieber *hiresake* – Reiswein mit Fuguflossen –, der einen rauchigen Geschmack hat.

Healthy Ads featuring children roller-skating are part of a UK£9 million (US$13.5 million) campaign promoting Sunny Delight as a healthy alternative to soft drinks. Yet UK food experts say the image is a con. The drink is only 5 percent fruit juice—the rest is sugar, water, and additives. Nevertheless, the drink made £160 million ($240 million) in the UK in 1999 (it was the country's twelfth biggest-selling brand). Nutri-Delight, by the same manufacturer, contains GrowthPlus—a patented source of iron, vitamin A and iodine. It will be launched in the Philippines and other countries where nutrition deficiencies are common.

Gesund Fotos von Rollschuh laufenden Kindern gehören zu einer 9 Millionen UK£ teuren Werbekampagne, mit der sich Sunny Delight als gesunde Alternative zu Softdrinks etablieren will. Leider sagen britische Ernährungswissenschaftler, das Image sei Betrug: Der Drink bestehe nur zu 5 % aus Fruchtsaft – ansonsten aus Zucker, Wasser und chemischen Zusätzen. Dessen ungeachtet sorgte das Getränk 1999 in GB für 160 Millionen UK£ Umsatz und stand damit an zwölfter Stelle der Getränke-Bestseller. Nutri-Delight vom selben Hersteller enthält GrowthPlus, einen patentierten Eisen-, Vitamin-A- und Jod-Spender. Es wird auf den Philippinen und in anderen Ländern auf den Markt gebracht, in denen Unterernährung herrscht.

لتسخين في العلبة

HOTCAN

أكلات جاهزة

لحم بقري مع الـ نسراوات والمرق

BEEF
WITH VEGETABLES AND GRAVY

Hot cans
come in three deli-
cious flavors (Irish stew,
beef casserole or vegetable curry).
Just puncture the lid—the oxygen
reacts with the can's lining and heats
the food. And don't worry about these
British-prepared meals going bad—
they don't have an expiry date.

Heiße Büchsen
gibt es in drei Ge-
schmacksrichtun-
gen: Irish Stew,
Rostbraten oder Gemüse-
curry. Man muss nur den Deckel aufbohren,
dann tritt Sauerstoff ein und löst eine Reaktion
aus, die die Innenseite der Büchse und damit
den Inhalt erhitzt. Und macht euch keine Gedanken, dass diese britischen Gerichte schlecht
werden könnten; sie haben kein Verfallsdatum.

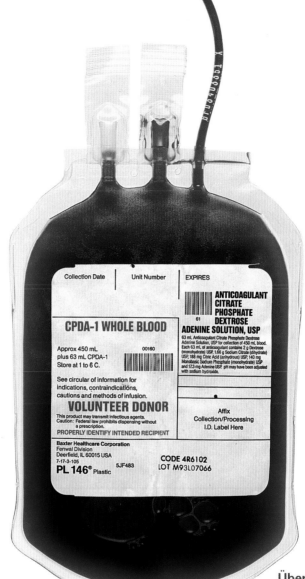

Collection Date | Unit Number | EXPIRES

CPDA-1 WHOLE BLOOD

Approx 450 mL
plus 63 mL CPDA-1
Store at 1 to 6 C.

00160

See circular of information for
indications, contraindications,
cautions and methods of infusion.

VOLUNTEER DONOR

This product may transmit infectious agents.
Caution: Federal law prohibits dispensing without
a prescription.
PROPERLY IDENTIFY INTENDED RECIPIENT

Baxter Healthcare Corporation
Fenwal Division
Deerfield, IL 60015 USA
7-17-3-105
PL 146® Plastic   5JF483

**ANTICOAGULANT
CITRATE
PHOSPHATE
DEXTROSE**
ADENINE SOLUTION, USP

61

63 mL Anticoagulant Citrate Phosphate Dextrose
Adenine Solution, USP for collection of 450 mL, blood.
Each 63 mL of anticoagulant contains 2 g Dextrose
(monohydrate) USP, 1.66 g Sodium Citrate (dihydrate)
USP, 188 mg Citric Acid (anhydrous) USP, 140 mg
Monobasic Sodium Phosphate (monohydrate) USP
and 17.3 mg Adenine USP. pH may have been adjusted
with sodium hydroxide.

Affix
Collection/Processing
I.D. Label Here

CODE 4R6102
LOT M93L07066

Paranoid travelers
might pack this blood bag,
which contains 450ml of blood
plus 63ml of anticoagulant, for use in
countries where the blood supply may
be unreliable. Be warned, though: "This
product may transmit infectious agents."

**Überängstliche
Reisende**
sollten diese Blutkonserve
einpacken, die 450 ml Blut und
63 ml Antikoagulanzien enthält – ideal für den
Gebrauch in Ländern ohne gesicherte Blutver-
sorgung. Vorsicht ist jedoch geboten: „Dieses
Produkt kann Infektionserreger übertragen."

Free food The best way to get people to try unfamiliar food may be to give it to them free. Especially if they're so hungry they can't refuse. Food multinationals are increasingly eager to donate their products to starving populations, says Carlos Scaramella, of the World Food Programme in Rome, Italy. The practice is expensive—1kg of packaged spaghetti costs more than 10kg of grain. The United Nations agency tries not to confuse "marketing goals" with humanitarian aid. But nothing can stop food multinationals from killing two birds with one stone. In 1991, emergency food airdropped from US planes to Kurds in northern Iraq included peanut butter, America's favorite sandwich spread. And during the 1992-95 war in Bosnia, Muslims forced to rely on food parachuted from American planes discovered an extra treat in the crates—chewing gum. This container was originally filled with cooking oil—when empty it can be used to carry grain distributed by aid workers.

Gratisessen Will man Leute dazu bringen, dass sie unbekannte Lebensmittel ausprobieren, dann sollte man diese vielleicht gratis verteilen. Dies gilt umso mehr, wenn die Menschen so hungrig sind, dass sie kaum nein sagen können. Nahrungsmittelkonzerne zeigen sich zunehmend spendierfreudig, wenn es um Entwicklungsländer geht, meint Carlos Scaramella vom Welternährungsprogramm in Rom. Das Verfahren ist kostenintensiv – eine 1000-g-Packung Spaghetti kostet mehr als 10 kg Getreide. Die Vereinten Nationen versuchen, „Marketingziele" und humanitäre Hilfe strikt zu trennen. Aber die Nahrungsmittelkonzerne lassen sich durch nichts davon abhalten, zwei Fliegen mit einer Klappe zu schlagen. 1991 enthielten die Notrationen, die von den Amerikanern für die Kurden im Norden des Irak abgeworfen wurden, auch Erdnussbutter, den beliebtesten amerikanischen Brotaufstrich. Während des Bosnienkrieges 1992 bis 1995 entdeckten Moslems, die ganz auf die von amerikanischen Flugzeugen abgeworfenen Essenspakete angewiesen waren, darin auch ein kleines Extra: Kaugummi. Dieser Behälter enthielt ursprünglich Speiseöl; wenn es aufgebraucht ist, können die Hilfsmannschaften ihn nutzen, um darin Getreide zu transportieren.

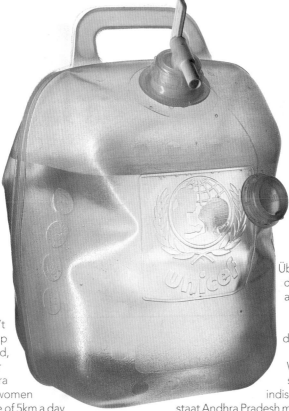

Convenient

More than four
billion people
worldwide don't
have a water tap
at home. Instead,
they carry water
(in India's Andhra
Pradesh state, women
walk an average of 5km a day
to get water). To help out, UNICEF,
the United Nations Children's Fund,
distributes a universal water container.
The lightweight, collapsible jug re-
places gourds, plastic bags, brass pots,
drums and buckets (all are either frag-
ile, heavy, expensive or cumbersome).

Verfügbar

Über vier Milliar-
den Menschen
auf der ganzen
Welt leben
ohne fließen-
des Wasser; sie
müssen ihr
Wasser heran-
schleppen. Im
indischen Bundes-
staat Andhra Pradesh müssen Frauen
dafür durchschnittlich 5 km am Tag laufen.
Ihnen hilft UNICEF, das Kinderhilfswerk der
Vereinten Nationen, mit einem universellen
Wasserbehälter. Der leichte, zusammenlegbare
Behälter ersetzt Kürbisflaschen, Plastiktüten,
Messingtöpfe, Trommeln und Eimer, die löchrig
werden, schwer, teuer oder sperrig sind.

Edible This plate is fit for human consumption. Made of potato starch, the Biopac plate was a smashing success at the 1994 Winter Olympics in Norway, where starch tableware was used in all official food outlets. The plates don't taste very good, but then, they're not supposed to: Their main advantage is that they can be used as compost. Unlike Styrofoam packaging, which takes some 500 years to decompose, the starch plates dissolve in only two days. The plates may represent the future of packaging. And, with 20 percent of the world's population starving or malnourished, they might one day represent the future of food, too.

Essbarer Teller Dieser Teller kann mitgegessen werden. Der aus Kartoffelstärke hergestellte Biopac Teller war der Renner der Olympischen Winterspiele von 1994 in Norwegen, wo er an allen offiziellen Speiseausgaben verwendet wurde. Das Geschirr schmeckt zwar nicht besonders, aber darum geht es auch gar nicht. Der Hauptvorteil liegt darin, dass es kompostierbar ist. Im Unterschied zu Styroporverpackungen, die bis zu 500 Jahre zum Verrotten brauchen, lösen sich Stärketeller in knapp zwei Tagen auf. Die Teller sind vielleicht die Verpackung der Zukunft. Und wer weiß, für 20 % der Weltbevölkerung, die an Hunger oder Unterernährung leiden, könnten sie sogar die Nahrung der Zukunft sein.

Chopsticks are good for you. The Chinese—faithful users for 30 centuries—believe that using them exercises your mind. And they definitely exercise your fingers: It takes 30 bone joints and 50 muscles to manipulate them (a factor the Chinese believe is behind their success at table tennis). Now you can improve your chopstick skills with Forkchops: If you start to fumble, you can easily switch to the knife and fork. According to their Italian-American creator Donald BonAsia, Forkchops are the key to cultural harmony. "If I go to someone's house and the table is set with Forkchops, it means they're prepared for anyone to come."

Stäbchen sind gut für dich. Die Chinesen schwören seit über 30 Jahrhunderten darauf und sind der Meinung, sie helfen, das Gehirn in Schwung zu halten. Auf jeden Fall bleiben die Finger in Form: Man benötigt rund 30 Gelenke und 50 Muskeln zu ihrer Handhabung (so erklären sich die Chinesen ihre Erfolge im Tischtennis). Jetzt kannst du deine Stäbchenkünste mit Forkchops verbessern: Wenn du dich nicht geschickt genug anstellst, dreh sie einfach um und verwende sie als Messer und Gabel. Laut Donald BonAsia, ihrem italo-amerikanischen Erfinder, sind die Gabelstäbchen der Schlüssel zu kultureller Harmonie. „Wenn ich irgendwo zum Essen eingeladen bin und den Tisch mit Forkchops gedeckt vorfinde, weiß ich, dass man auf jeden Gast eingestellt ist."

Exotic In advertising, several products—like cocoa— are often linked with Africa. The relationship goes back to the European colonialization of the continent. To make their product seem more exotic, Spanish candy maker Conguitos adopted an African tribal warrior as its mascot. In this promotional pendant he's shown with spear and fat red lips in a smile that works hard to sell sugar-coated chocolate. Fortunately, the designer forgot to stick a bone through his nose.

Exotisch Für Werbezwecke werden viele Produkte – z.B. Kakao – mit Afrika in Verbindung gebracht. Die Ursachen dafür reichen bis in die Kolonialzeit zurück. Um seinem Produkt ein exotisches Flair zu verleihen, wählte der spanische Süßwarenhersteller Conguitos einen afrikanischen Stammeskrieger als Werbesymbol. Hier wird er mit Bastrock, Speer und einem werbenden Lächeln auf den dicken roten Lippen dargestellt, mit dem er so viel Schokozeug wie möglich verkaufen soll. Zum Glück hat der Zeichner vergessen, ihm einen Knochen durch die Nase zu rammen.

Changed The cookie's the same but the name has been changed. To avoid offense, the Australian manufacturers of popular Golliwog cookies changed the brand name to Scalliwag. "Golliwog" has racist overtones, and though "scalliwag" was a negative term for white people in the South who collaborated with the federal government after the US Civil War, it is used mainly to refer to a playful child.

Verändert Der Keks ist derselbe, aber er heißt jetzt anders. Um niemanden zu beleidigen, änderte der australische Hersteller der beliebten Golliwog-Kekse den Markennamen in Scalliwag. „Golliwog" hat rassistische Untertöne; zwar wurde „scalliwag" früher in den Südstaaten der USA für Weiße verwendet, die nach dem Sezessionskrieg mit Washington kollaborierten, doch die Hauptbedeutung ist heute „verspielte Kinder".

Teeth Eating too much sugar can make you bloated and give you diarrhea. And it also causes tooth decay. To limit sugar's effects on your teeth, you should limit contact—candy that sticks to your teeth does more harm than a soda drunk through a straw. But sugar can be a hidden menace: In Europe, cookies made for toddlers can legally contain up to 40 percent sugar (much more than you'll find in adult sweets). And in Scotland they're the leading cause of tooth decay in children from one to two years old (11 percent show decay). Once they become aware of their sweet tooth, there's no turning back—70 percent of Scotland's young people require a daily sugar fix. They don't have the worst teeth in the world, though: Children in Brazil, Peru, Bolivia and Uruguay do—with 6.5 cavities before they reach the age of 12.

Zähne Zu viel Zucker kann Blähungen und Durchfall verursachen. Außerdem führt er zu Karies. Wenn du deine Zähne davor schützen willst, solltest du nichts Süßes an sie herankommen lassen – klebrige Schokolade ist schädlicher als ein Erfrischungsgetränk , das mit dem Strohhalm getrunken wird. Aber oft ist nicht einmal klar, wieviel Zucker deine Nahrung eigentlich enthält: In Europa dürfen Kekse für Kleinkinder bis zu 40 % Zucker enthalten, viel mehr, als in Süßigkeiten für Erwachsene zu finden ist. In Schottland sind diese Kekse die Hauptursache für Karies bei Kindern zwischen dem ersten und dem zweiten Lebensjahr – 11% in dieser Altersgruppe haben Zahnprobleme. Und wenn die Kinder erst mal Süßes mögen, gibt es kein Zurück: 70 % der jungen Schotten brauchen ihre tägliche Dosis an Zucker. Allerdings haben sie nicht die schlechtesten Zähne der Welt. Diesen Rekord halten die Kinder in Brasilien, Peru, Bolivien und Uruguay mit durchschnittlich 6,5 Karieslöchern vor dem zwölften Lebensjahr.

Sweet These seagull droppings are made of sugar and powdered milk, so eating them won't kill you. But real seagull droppings can be lethal. They can carry *E.-coli* (bacteria that cause diarrhea and are particularly dangerous for young children). Eight-year-old Heather Preen, of Birmingham, UK, died of *E.-coli* 0157 poisoning after playing on a beach. It's suspected she picked up the infection from dog or human feces or seagull droppings.

Süß Dieser Möwendreck besteht aus Zucker und Milchpulver und wird dich nicht umbringen. Echter Möwendreck kann dagegen tödlich sein, da er in vielen Fällen Kolibakterien enthält, die Durchfall verursachen können und besonders für Kinder gefährlich sind. Die achtjährige Heather Preen aus Birmingham starb an Vergiftung mit E.-coli 0157, nachdem sie am Strand gespielt hatte. Wahrscheinlich infizierte sie sich an Exkrementen von Menschen oder Hunden – oder an Möwendreck.

Oral fixation Kola nuts, high in caffeine, are a popular accompaniment to the local brew in the bars of Cameroon. Join the locals in Nepal and suck on a piece of dried yak's milk, or *churpi*. A mulala tree branch from Mozambique is much more versatile than a cigarette: For a gleaming smile, fray the end of the stick and vigorously rub your teeth. To combat your smoker's cough, follow the lead of the Sri Lankans and suck on *sukiri*, a potent mix of sugar cane and spices. Alternately, try a Mighty Morphin' Power Rangers Lazer Pop Sword (opposite), named after a popular US television show.

Oralfixierung Die hoch koffeinhaltigen Kolanüsse werden in Bars in Kamerun gern zum einheimischen Bier konsumiert. Mach es wie die Einheimischen in Nepal und steck dir ein Stück getrocknete Yak-Milch oder *churpi* in den Mund. Dieser Mulala-Zweig aus Mosambik ist erheblich vielseitiger als eine Zigarette: Für ein strahlendes Lächeln genügt es, ein Ende auszufransen und damit kräftig die Zähne zu reiben. Ein Tipp aus Sri Lanka, um deinen Raucherhusten loszuwerden: Eine wirksame Mischung aus Zuckerrohr und Gewürzen namens *sukiri*. Oder probiert den „Mighty Morphin' Power Rangers Lazer Pop Sword" (siehe rechte Seite), der nach einer beliebten Popsendung im amerikanischen Fernsehen benannt wurde.

Vegemite isn't just a spread,

it's an Australian icon: Australians buy 22 million jars a year. It can be found in 90 percent of Australian homes—not to mention local branches of McDonald's and on Australian airlines. Made from yeast, it's one of the world's best known sources of Vitamin B. Its salty taste doesn't always appeal to the uninitiated, but if you want to try it, here are some serving suggestions: Add to soup or stews for extra flavor or do what most Australians do—spread on buttered toast for a tasty, healthy breakfast.

Vegemite ist nicht nur ein Brotaufstrich,

es steht ganz einfach für Australien: Die Australier kaufen jährlich 22 Millionen Gläser Vegemite. Es ist in 90 % aller australischen Haushalte zu finden und natürlich auch in McDonald's-Restaurants und bei allen nationalen Fluglinien. Es besteht aus Hefe und enthält große Mengen Vitamin B. Sein salziger Geschmack ist ein wenig gewöhnungsbedürftig, aber wenn ihr es probieren möchtet, hier ein paar Tipps. Würzt eure Suppen oder Fleischspeisen damit oder macht es wie die meisten Australier: Streicht es auf euren Buttertoast und genießt ein gesundes, schmackhaftes Frühstück.

10 million glasses of Guinness are sold each day around the world. At 260 calories a pint, it's no more caloric than other beers, and it is one of Ireland's better-known exports. Check to see where yours comes from—Guinness is now brewed in 35 countries. And make sure your local bartender serves it properly—a proper pint must be pulled in two parts to leave a smooth, creamy head on the beer.

Zehn Millionen Gläser Guinness werden täglich auf der ganzen Welt ausgeschenkt. Guinness enthält 260 Kalorien pro Pint, ist damit keineswegs kalorienreicher als andere Biere und einer der bekanntesten Exportartikel Irlands. Schau aufs Etikett, wenn du wissen willst, woher genau dein Guinness kommt – es wird derzeit in 35 Ländern gebraut. Und pass auf, dass es dir korrekt serviert wird: Ein anständiges Pint wird in zwei Arbeitsgängen gezapft, damit auf dem Bier ein weicher, cremiger Schaum entsteht.

Cheese Only the most expert cheese connoisseurs know where to get hold of Le Fumaison. The sheep's milk cheese, made by Patrick Baumont in the French region of Auvergne, is available at only seven places worldwide. Gérard Poulard, director of cheese at Parisian restaurant Le Montparnasse 25, highly recommends the smoked, sausage-shaped delicacy. FF280 (US$56) for 2kg.

Why do beans make you fart?

They contain oligosaccharides (sugars) which, if not broken down during digestion, ferment in the intestine. To reduce digestion problems, "hot-soak" dried beans (boil them for three minutes before soaking) and always pour off and replace the soaking water before cooking. The body learns, in time, to handle oligosaccharides. But you can help by choosing beans (such as chickpeas, lima beans and black-eyed peas) which contain as little of these sugars as possible. Alternatively, try Beano®, "a natural food enzyme that…helps break down the complex sugars found in gassy foods into simple sugars that our bodies can digest."

Käse Nur eingeweihte Kenner wissen, wo man Le Fumaison bekommt. Dieser Käse aus Schafsmilch, von Patrick Baumont in der französischen Auvergne hergestellt, ist nur an sieben Plätzen dieser Erde erhältlich. Gérard Poulard, Käsechef im Pariser Restaurant Le Montparnasse 25, kann die geräucherte, wurstförmige Delikatesse sehr empfehlen. 280 FF (56 US$) für 2 kg.

Warum muss man pupsen, wenn man Bohnen gegessen hat? Sie enthalten Oligosacharide (Zucker), die im Darm gären, wenn sie nicht bei der Verdauung in ihre Bestandteile zerlegt werden. Um Verdauungsprobleme zu vermeiden, sollte man trockene Bohnen vor dem Einweichen drei Minuten lang kochen und sie nie im selben Wasser kochen, in dem man sie eingeweicht hat. Der Körper kann mit der Zeit lernen, mit Oligosachariden fertig zu werden, aber man kann Beschwerden vorbeugen, indem man die Arten Hülsenfrüchte wählt, die so wenig Zucker wie möglich enthalten (wie z.B. Kichererbsen oder Limabohnen). Als Alternative probiert Beano®, „ein natürliches Nahrungsenzym, das die komplexen Zucker in blähenden Speisen in einfache Zucker zerlegt, die der Körper verdauen kann".

Life-size Plastic tuna sushi—beautiful and non-perishable—is a visual way to show the menu of the day. For the ultimate Tokyo plastic food experience, go to the city's Kappabashi neighborhood: The old merchant district's few streets are chock-a-block with shops selling restaurant supplies. You will find plastic ducks, steaks, soups and everything you need to lure customers.

Lebensgroß Thunfischsushi aus Plastik – hübsch anzusehen und unverwüstlich – zeigt anschaulich, welches Tagesgericht heute angeboten wird. Wenn ihr in Tokio vom Plastikessen nicht genug kriegen könnt, besucht den Stadtteil Kappabashi: Die Straßen des ehemaligen Händlerviertels sind voller Geschäfte, die Restaurantbedarf verkaufen. Dort gibt es Enten, Steaks und Suppen aus Plastik sowie alles weitere, was man braucht, um Kunden anzulocken.

Death from overwork
(*karoshi*) has reportedly killed 30,000 people in Japan. Working an average of 2,044 hours a year (that's 400 more than the average German) can lead to burst blood vessels in the brain and exhaustion. Japanese inventors have come up with many time-saving devices to accommodate the increasingly busy lifestyle in the workplace. The handy soy sauce container above dispenses meal-size portions so you don't have to leave your desk at lunchtime.

An Überarbeitung sollen in Japan bisher 30 000 Menschen gestorben sein; der japanische Ausdruck dafür lautet *karoshi*. Japaner arbeiten im Jahr durchschnittlich 2044 Stunden (400 Stunden mehr als der Durchschnittsdeutsche). Das kann zum Gehirnschlag und zu totaler Erschöpfung führen. Japanische Erfinder haben sich zahlreiche Geräte ausgedacht, mit denen man am Arbeitsplatz Zeit sparen kann: Dieser handliche Sojasoßenspender spuckt genau die Menge aus, die für ein Mittagessen reicht, sodass der gestresste Angestellte seinen Schreibtisch nicht einmal während des Essens verlassen muss.

Locusts are considered a high source of protein in Africa. And they're free. Now the Scots—not known for their culinary adventurousness—have taken a liking to the winged creatures. Locusts are available in exclusive hotel restaurants for UK£800 (US$1,225)/kg. Popular appetizers include the "John the Baptist": locusts stir-fried with honey, dates and peppers.

Heuschrecken In Afrika isst man gerne Heuschrecken, da man sie für sehr proteinreich hält und weil sie nichts kosten. Jetzt haben die Schotten – sonst nicht gerade für ihre kulinarische Experimentierfreudigkeit bekannt – ihre Vorliebe für die geflügelten Insekten entdeckt. Heuschrecken sind in exklusiven Hotelrestaurants für 800 UK£ (1225 US$) das Kilo erhältlich. Eine beliebte Vorspeise ist „Johannes der Täufer": gebratene Heuschrecken mit Honig, Datteln und Paprika.

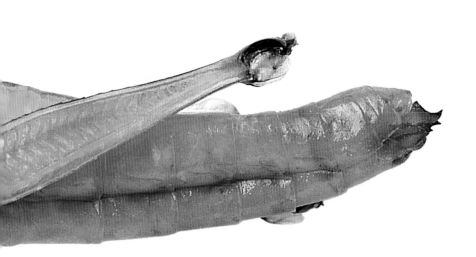

Spoiled beef It's not easy to produce *shimofuri* beef. Wagyu cattle (a large Japanese breed) are fed high-protein grain mixed with beer for 20 months. Animals also get a daily massage. The end result is meat that is marbled with fat and very tender. Although they still end up in the slaughterhouse, these cows can consider themselves lucky—US cattle are slaughtered at just over a year old, are only fed grain in the last few months and don't get massaged.

Es ist nicht einfach, *shimofuri*-Fleisch herzustellen. Wagyu-Kühe (eine große japanische Zucht) werden 20 Monate lang mit besonders proteinreichem Getreide gefüttert, das mit Bier vermischt wird. Außerdem bekommen die Tiere täglich eine Massage. Das Endergebnis ist wunderbar zartes, marmoriertes Fleisch. Auch wenn es im Endeffekt doch im Schlachthaus landet, kann sich dieses Vieh noch glücklich schätzen – in den USA werden die Kühe geschlachtet, wenn sie knapp über ein Jahr alt sind, bekommen nur in den letzten paar Monaten Getreide, und von einer Massage können sie nur träumen.

Italians consume 27kg of pasta a year (more than any other nationality) in a range of shapes. But there's only one kind that looks like a gondola. Gondola-shaped Arcobaleno pasta—naturally colored with squid ink, beet, spinach, tomato, pepper or cumin—is more popular with tourists as a souvenir than as a food.

Italiener konsumieren im Jahr 27 kg Pasta – mehr als alle anderen Völker der Erde. Doch es gibt nur eine Pasta, die aussieht wie eine Gondel. Die gondelförmige Arcobaleno-Pasta, mit Tintenfischextrakt, Roter Beete, Spinat, Tomaten, Paprika oder Kümmel natürlich gefärbt, wird von Touristen als Souvenir gekauft.

The Maya,
an indigenous
people of Mexico and
Guatemala, have few material possessions. But those they have follow them
to the grave: Mayan dead are buried
with simple eating utensils fashioned
from local forest fruit. The pear-shaped
object is actually a cup, which may have
contained *atole*, a drink made from corn.

Die Maya, die
Ureinwohner Mexikos
und Guatemalas, besitzen wenige
irdische Güter, aber was sie haben, nehmen
sie mit ins Jenseits. Ihre Toten erhalten Grab-
beigaben wie einfache Essgeräte aus Wald-
früchten. Der birnenförmige Gegenstand
diente als Becher, aus dem wohl *atole*,
ein Maisgetränk, getrunken wurde.

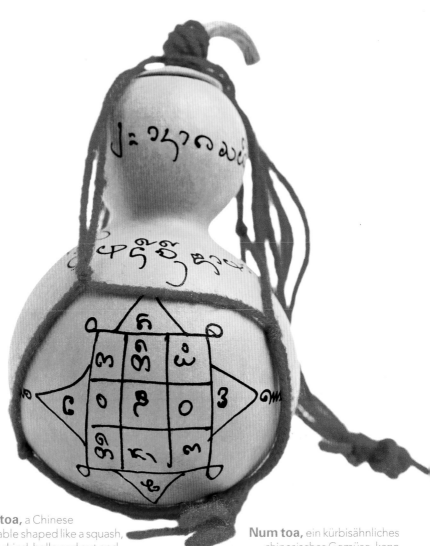

Num toa, a Chinese vegetable shaped like a squash, can be dried, hollowed out and used as a water jug. Unfortunately, they are gradually being replaced by plastic containers. Give them as a present or wear miniature ones around your neck as a good luck charm.

Num toa, ein kürbisähnliches chinesisches Gemüse, kann getrocknet und ausgehöhlt als Wasserkrug benutzt werden. Leider müssen die Gefäße jetzt Plastikbehältern weichen. Verschenkt sie an Freunde oder tragt eine Minikalebasse als Glücksbringer um den Hals.

Blind passengers receive a 50 percent discount on Saudi Arabian Airlines economy-class fares (apparently because of the influence of a blind relative of the Saudi royal family). The airline designed a special meal for its 7,000 blind passengers per year, with the help of organizations for the blind. The menu, printed in Braille (Arabic and English), gives the position of the foods on the tray. "Pepper" is stamped in Braille syllables on the shaker; a large linen napkin is provided; and the foods are precut to be eaten with a spoon (an aspect of the meal that goes too far, says the American Foundation for the Blind). The airline also provides a Braille in-flight magazine.

Blinde Fluggäste zahlen in der Economy Class der saudi-arabischen Fluggesellschaft die Hälfte (wahrscheinlich auf Veranlassung eines blinden Mitglieds des saudi-arabischen Königshauses). Die Fluggesellschaft kreierte mit Hilfe von Blindenorganisationen für die ca. 7000 blinden Fluggäste im Jahr eine besondere Blindenmahlzeit. Die Speisekarte in Braille (auf Arabisch und Englisch) gibt die Position der verschiedenen Speisen auf dem Tablett an. „Pfeffer" ist in Braille auf den Streuer gedruckt; eine große Leinenserviette ist dabei und die Speisen sind zerkleinert, sodass sie mit dem Löffel gegessen werden können (was der amerikanische Blindenverband als übertrieben bezeichnet). Das Bordmagazin der Fluggesellschaft liegt ebenfalls in einer Brailleversion vor.

Chopsticks For a quick, clean method of disposal, consider cremation. Modern gas-powered ovens will take just over an hour to burn your body, leaving behind bone fragments and dental fillings. The hair is first to burn, followed by muscles and the abdomen (it bursts due to a buildup of intestinal steam). You'll be doing your family a favor: Cremation costs up to 80 percent less than burial. In Japan, where 96 percent of the people get cremated because of lack of burial space, relatives can even watch the process from viewing galleries. Following the cremation your bones will be delicately placed in an urn with these chopsticks.

Begräbnis-Essstäbchen Am schnellsten und saubersten entsorgt man eine Leiche mittels Feuerbestattung. In modernen Gasöfen dauert es eine knappe Stunde, bis von deinem Körper nur noch Knochenreste und Zahnfüllungen übrig sind. Zuerst verbrennen die Haare, dann Muskeln und Unterleib (er explodiert durch die Gase im Verdauungstrakt). Deiner Familie tust du damit einen Gefallen: Feuerbestattungen kosten ungefähr 80 % weniger als Beerdigungen. In Japan, wo wegen der Knappheit an Gräbern 96 % aller Leichen verbrannt werden, können die Verwandten die Verbrennung sogar von Besuchergalerien aus verfolgen. Nach der Verbrennung werden deine Knochen sorgfältig zusammen mit diesen Stäbchen in einer Urne aufbewahrt.

Does your mother love you?
In South Korea, schoolchildren can tell how much their mothers love them by the size of their lunch boxes. Every day mother cooks and packs a lunch—she might even use recipes from a lunch box cookbook. A typical meal used to include steamed rice, vegetables or meat and sometimes soup and dessert. But now children want Western-style foods like pizzas and hamburgers (blamed for an increase in obesity). Another sign of a mother's love is a picture of your favorite cartoon character on the lunch box.

Hat dich deine Mama lieb? In Korea können Schulkinder die Liebe ihrer Mütter am Inhalt ihrer Lunchbox messen. Jeden Tag bereitet Mutter ihnen das Mittagessen zu – dafür gibt es sogar ganz spezielle Lunchbox-Kochbücher – und packt es in die Box. Eine typische Mahlzeit besteht aus gedämpftem Reis, Gemüse oder Fleisch und manchmal auch Suppe und Nachtisch. Heute essen viele Kinder aber lieber westliche Gerichte wie Pizza oder Hamburger – weshalb es immer mehr Übergewichtige geben soll. Die Liebe deiner Mutter zeigt sich auch daran, dass deine Lunchbox mit dem Bild deiner Lieblingskartoonfigur geschmückt ist.

Indian lunch box Tiffins come in various types of metals and various sizes, but they're usually made of two or three round steel containers stacked on top of one another and secured with a clasp. During delivery, the tiffin is carried inside a round aluminum box. Sita Ram is a *dabba-wala*, one of the 2,500 men who carry lunches from the residential suburbs of Mumbai to offices downtown. Housewives complain if he is late to pick up the lunches. "The lunches are all the same. *Chapati* [flat bread], *dal* [pulses], one vegetable, in three little compartments in a box," says Sita. "Sometimes we carry messages to the office and are tipped for the effort. Once a lady told me to tell her husband that his father had died and that he was urgently needed back home. The boxes reach each office at 12:45 pm sharp and are collected at 1:30 pm sharp. Each box is 2–2.5 kg. Each crate holds 35–40 boxes. Each full crate weighs about 90 kg. Only when I die will I get out of this."

Indische Lunchbox Behälter für warmes Essen gibt es in verschiedenen Größen und Materialien. Ein Set besteht meistens aus zwei oder drei Edelstahlschüsseln, die übereinander gestellt und mit einer Klammer gesichert werden. Das Ganze wird in einer runden Aluminiumform befördert. Sita Ram ist ein *dabbawala*, einer der 2500 Männer, die warme Mittagessen aus den Vorstädten von Bombay in die Büros im Zentrum der Stadt bringen. Wenn er die Lunchbox zu spät abholt, gibt es Ärger mit der Hausfrau, die das Essen für ihren Mann zubereitet hat. „In den drei Abteilungen der Box ist immer das Gleiche: *chapati* (Fladenbrot), *dal* (Bohnen) und Gemüse", sagt Sita. „Manchmal überbringen wir den Männern auch Botschaften und kriegen dafür ein Extratrinkgeld. Einmal trug mir eine Frau auf, ihrem Mann auszurichten, dass sein Vater gestorben sei und er zu Hause dringend gebraucht werde. Das Essen kommt pünktlich um 12.45 Uhr an, und die Schüsseln werden um genau 13.30 Uhr wieder eingesammelt. Jeder Behälter wiegt 2 bis 2,5 kg, und in jede Tragekiste passen 35 bis 40 Behälter. Eine volle Kiste wiegt ca. 90 kg. Nur der Tod kann mich von dieser Last erlösen."

Seaweed People in China eat 20kg of seaweed per capita per year. Koreans and Japanese are close runners-up, consuming nearly 14kg each. Make drab seaweed more appetizing with Heart Nori Punch, a set of *nori* seaweed cutters. Use it to decorate rice balls and sushi with seaweed in heart, star and teddy bear shapes.

Seetang In China werden im Jahr 20 kg Seetang pro Kopf verzehrt. Ebenfalls viel Tang wird in Korea und Japan gegessen, nämlich fast 14 kg. Das eher fade Seegras könnt ihr mit dem Heart-Nori-Punch, einem Förmchenset für Nori Tang interessanter machen. Garniert Reisklößchen und Sushi mit Herzen, Sternchen und Teddys aus Tang.

Waffles In Norway, *vafler* (waffles) aren't eaten at breakfast, as they are in the USA. They're more likely to be a late afternoon, teatime snack. The batter can contain different ingredients, like sour cream, barley or cardamom (brought to Norway from the Middle East more than 1,000 years ago). This waffle maker produces crisp, heart-shaped waffles, to be topped with jam, goat's cheese, or sugar.

Waffeln In Norwegen werden *vafler* (Waffeln) nicht wie in den USA zum Frühstück gegessen. Man genießt sie dort am späten Nachmittag zum Tee. Waffelteig wird auf verschiedene Arten zubereitet und kann saure Sahne, Gerste oder Kardamom (der vor über 1000 Jahren erstmals aus dem Nahen Osten nach Norwegen eingeführt wurde) enthalten. Mit diesem Waffeleisen kann man knusprige, herzförmige Waffeln backen, die mit Marmelade, Quark oder Zucker gegessen werden.

Only two out of 1,000 people drink water right out of the faucet in Seoul, South Korea. The rest boil it first. Alternatively, put any kind of charcoal in tap water—it serves as a permanent water filter and helps to get rid of chlorine and harmful contaminants. And the water tastes better, too: It's free of odor and heavy metal! Wash the charcoal's surface, let it dry and then drop 20-30g of charcoal into one liter of water. After using it 10 times, let the charcoal dry out, then reuse it.

Nur zwei von 1000 Menschen trinken in Seoul, Südkorea, Wasser direkt aus dem Hahn. Alle anderen kochen es ab oder geben ins Leitungswasser etwas Holzkohle. Sie dient als Wasserfilter und hilft Chlor und Schadstoffe zu entfernen. Das Wasser schmeckt besser, weil es frei von Gerüchen und Schwermetallen ist. Spült die Holzkohle ab, lasst sie trocknen und legt 20–30 g Kohle in 1 Liter Wasser. Wenn ihr sie zehnmal benutzt habt, lasst die Kohle gut trocknen und verwendet sie erneut.

Why waste energy and effort transporting bottled water? Restaurants and bars can now bottle their own, thanks to a new Norwegian method. The Pure Water Company provides you with reusable glass bottles, a water filter and carbonation equipment. You can filter, cool and carbonate your tap water. Then simply fill the bottles and sell it as bottled water.

Warum Energie und Kraft beim Transport von Wasserflaschen verschwenden? Restaurants und Bars können nun dank einer neuen Methode aus Norwegen selbst Wasser abfüllen. Die Pure Wasser Company liefert wiederverwendbare Glasflaschen, Filter und eine Kohlensäure-Patrone. Damit kann man das Leitungswasser filtern, kühlen und mit Kohlensäure versetzen. Dann wird es abgefüllt und verkauft.

Sugar cane Try sugar cane, a popular chew in much of South America and Africa. Take a length of cane, crush the end so that it splinters, then suck and chew. In Brazil, where 274 million tons of sugar cane were produced last year, the juice is distilled to make ethanol, a fuel for cars and buses. Unfortunately, sugar cane alone isn't enough to power humans. In northern Brazil, where sugar cane is a staple of both the economy and the diet, malnutrition has left an estimated 30 percent of the population physically stunted or mentally impaired: Sugar cane cutters (the majority of the population) don't make enough money to buy more nutritious food.

Chewing gum South Korea has a chewing gum to suit every need, from Eve (made especially for women) to Brain (for those who want to boost their intelligence). Kwangyong Shin, assistant overseas manager at the Lotte company (makers of 200 gum varieties) recommends Dentist for healthy teeth and CaféCoffee for an instant caffeine hit. KyungRae Lee at Haitai (Lotte's big rival) suggests DHA-Q, which contains a "special ingredient" that "promotes the cells of the human brain." For better vision he recommends Eye Plus, which, with its bilberry extract, " protects the nerve cells of the eyes from exterior influence."

Probiert mal Zuckerrohr, das sich in Südamerika und Afrika größter Beliebtheit erfreut. Man nehme ein Stück Zuckerrohr, quetsche ein Ende bis, es fasrig wird und kaue und lutsche daran. In Brasilien, wo letztes Jahr über 274 Millionen Tonnen geerntet wurden, wird der Saft destilliert, um Äthanol daraus herzustellen, einen Biokraftstoff für PKWs und Busse. Leider ist für den Menschen Zuckerrohr als Nahrungsmittel allein nicht ausreichend. Im Norden Brasiliens, wo Zuckerrohr die Basis der Wirtschaft wie auch der Ernährung bildet, verursacht Mangelernährung bei etwa 30 % der Bevölkerung körperliche oder geistige Behinderungen. Die Zuckerrohrschneider (der überwiegende Teil der Bevölkerung) verdienen nicht genug Geld, um sich nährstoffreichere Lebensmittel zu leisten.

Koreanischer Kaugummi

Südkorea produziert Kaugummi für jeden Bedarf: von Eve (insbesondere für Frauen, bis Brain (Intelligenzverstärker). Kwangyong Shin, stellvertretender Leiter für das Auslandsgeschäft von Lotte (Hersteller von 200 Kaugummisorten), empfiehlt Dentist für gesunde Zähne und CaféCoffee für einen sofortigen Koffein-Stoß. KyungRae Lee von Haitai (Hauptkonkurrent von Lotte) schlägt DHA-Q mit einem „speziellen Inhaltsstoff zur Aktivierung der Hirnzellen" vor. Schärferes Sehen garantiert der Blaubeerenextrakt in Eye Plus, denn „dadurch werden die Augennervzellen vor Umwelteinflüssen geschützt".

Coffee credit Want an espresso but don't have the money to pay for it? Go to a cafe in Naples, Italy, and ask the cashier if there's a *caffè pagato* (coffee credit). When regular customers pay for their own coffee, they often add money for an extra one. The coffee credit can be used on request by anyone who can't afford to pay for his own. Meet the locals and leave a coffee credit at Bar Fleming, in Vico Tiratoio, near the outdoor market in Piazzetta Sant' Anna di Palazzo. To make Neapolitan coffee in your own home, you'll need this special coffee pot, sold at local houseware shops.

If you think sugar cubes are cool, you'll love Cubical Coffee—"a new conception of coffee." Just pop a cube into a cup, add hot water, stir and enjoy.

Gratiskaffee Hast du Lust auf einen Espresso, aber kein Geld, um ihn zu bezahlen? Geh in eine Bar in Neapel und frag den Kassierer, ob ihm ein *caffè pagato* (ein Bon für einen Gratiskaffee) vorliegt. Wenn Stammkunden ihren Espresso bezahlen, geben sie oft das Doppelte, um so jemandem einen Kaffee auszugeben, der sich keinen leisten kann. Trink deinen Espresso mit echten Neapolitanern in der Bar Fleming, im Vico Tiratoio, am Markt auf der Piazzetta Sant'Anna di Palazzo und hinterlass einen Kaffeebon. Wenn du dir auch zu Hause neapolitanischen Kaffee kochen willst, brauchst du diese spezielle Kaffeekanne, die es in den Haushaltswarengeschäften der Stadt gibt.

Wenn du auf Zuckerwürfel stehst, ist vielleicht auch Cubical Coffee, „das innovative Kaffee-Konzept", dein Ding. Einen Würfel Kaffee in die Tasse, heißes Wasser drauf, umrühren und fertig ist der Kaffee.

Argentines abroad can be easily identified when sipping a herbal brew called maté from a pumpkin gourd or this travel-ready plastic kit.

Easy It's the 4 percent caffeine in coffee that stimulates the heart and respiratory system and helps you stay awake. For the fastest, easiest cup of coffee, try Baritalia's self-heating espresso. Simply press the bottom of the cup, shake for 40 seconds, and sip steaming Italian roast. Hot chocolate option available.

Argentinier im Ausland sind daran zu erkennen, dass sie ihren Kräutertrank Mate aus einem Kürbis oder einem reisefertigen Plastik-behälter trinken.

Einfach und schnell Der Wachmacher im Kaffee sind die vier Prozent Koffein, die die Herztätigkeit und das Atmungssystem anregen. Eine einfache, schnelle Art, zu einer Dosis Kaffee zu kommen, hat Baritalia entwickelt: Espresso, der sich selbst erhitzt. Drückt einfach auf den Knopf auf der Tasse, schüttelt 40 Sekunden lang und schlürft die kräftige italienische Röstmischung. Das System gibt es auch für heiße Schokolade.

Regal This British Royal teapot isn't made of fine china. It doesn't even come from the UK—it's made in Taiwan. And you can't make tea in it. According to the manufacturers, the item is for decorative purposes only, and is not to be used as a teapot. If you have one that you can actually use, don't wash it with soap— that would alter the flavor of your tea. Use baking soda instead.

Königlich Diese königlich-britische Teekanne ist nicht aus echtem Porzellan. Sie kommt nicht einmal aus Großbritannien, sondern aus Taiwan. Und Tee kannst du damit auch nicht machen. Nach Angaben des Herstellers ist die Kanne ausschließlich für dekorative Zwecke bestimmt und nicht als Teekanne verwendbar. Wenn du eine Kanne hast, die du tatsächlich zum Teemachen benutzt, wasch sie nicht mit Seife aus – das könnte den Geschmack des Tees beeinträchtigen. Putz sie stattdessen mit Natron.

Serving *chimarrão* to house guests is considered a sign of union and friendship in southern Brazil. To prepare the drink, fill two-thirds of a *cuia* (gourd) with crushed maté leaves and top off with hot water (boiling water burns the herb). Then sip it with a *bomba* (a metal straw with a filter) and enjoy.

Chimarrão **bietet man** seinen Gästen in Südbrasilien an, um Gastfreundschaft und Harmonie zu demonstrieren. So wird das Getränk zubereitet: zwei Drittel einer *cuia* (Flaschenkürbis) wird mit zerstoßenen Mateblättern gefüllt und mit heißem Wasser übergossen (kochendes Wasser verbrennt die Kräuter). Der Trank wird durch eine *bomba* (Strohhalm aus Metall mit Filter) geschlürft.

Nootropics, or smart drugs,
attack age-related memory decay.
They range from nutrients to prescription drugs, most of which are
used to treat degenerative diseases
of the brain like Parkinson's or Alzheimer's. Epanutin was created to
treat epilepsy. Many people believe
it increases intelligence, concentration and learning. The most popular
nootropic, Piracetam, generates
sales of US$1 billion a year.

Nootropika oder sogenannte Intelligenzpil-
len wirken gegen altersbedingte Gedächtnis-
schwäche. Die Palette reicht von Nährstoffen
bis zu rezeptpflichtigen Medikamenten, die
zumeist bei degenerativen Hirnsyndromen
wie Parkinson oder Alzheimer verschrieben
werden. Epanutin wurde zur Behandlung
von Epilepsie entwickelt und soll angeblich
die Intelligenz und das Konzentrations-
und Lernvermögen steigern. Das gängigste
Nootropikum, Piracetam, erzielt Umsatzerlöse
von 1 Milliarde US$ pro Jahr.

Dried shrimp, chicken livers and eel are just some of the ingredients in Dr. Nakamats's "brain foods." The doctor spent 10 years researching his range of cerebral nutrients. He claims that by eating them, or drinking his Brain Tea, you can live to the age of 144.

Getrocknete Garnelen, Hühnerleber und Aal sind nur einige der Zutaten für Dr. Nakamats „Hirnspeisen". Der Arzt forschte zehn Jahre lang auf dem Gebiet zerebraler Nährstoffe. Er behauptet, mit dieser Ernährung, oder durch das Trinken seines „Hirn-Tees", könne man 144 Jahre alt werden.

Dirt When South African San bushmen come home, they smear their tongues with dirt to express their love of the earth. If you can't quite manage that, try Dirt Cupcakes instead. A packet contains cupcake mix, cookie crumb toppings and gummy worms to stick on the 12 finished cakes.

Barbie food Cans of Barbie Pasta Shapes in Tomato Sauce contain classic glamour shapes associated with the infamous doll: necklace, bow, heart, bouquet of flowers and high-heeled shoes. The product is targeted at young girls—3.7 million tins were sold in 1997, making it the best-selling character pasta on the market. At 248 calories per 200g can, see how many you can eat before surpassing Barbie's sexy vital statistics of 45kg, 99cm bust, 46cm waist and 84cm hips.

Sand Wenn südafrikanische San-Buschmänner nach Hause kommen, reiben sie ihre Zunge mit Erde ein, um der Liebe zu ihrem Land Ausdruck zu verleihen. Wer das nicht ganz hinkriegt, kann es stattdessen mit Dirt Cupcakes (Sandkuchen) versuchen. Eine Packung enthält eine Plätzchen-Mischung, Streusel zur Dekoration und Gummi-Würmer, die man in die zwölf fertigen Kuchen steckt.

Barbiepasta In den Dosen mit Barbie-Pasta in Tomatensoße fanden wir die klassischen Glamour-Accessoires der berüchtigten Puppe wie Kolliers, Schleifchen, Herzen, Blumen-Bouquets und hochhackige Schuhe. Das Produkt wurde für junge Mädchen entworfen und ist mit 3,7 Millionen Dosen, die im letzten Jahr verkauft wurden, die beliebteste Pasta dieser Art. Eine 200-g-Dose enthält 248 Kalorien: Wieviel darfst du wohl davon essen, wenn du Barbies Idealmasse (45 kg, 99 cm Brust-, 46 cm Taillen- und 84 cm Hüftumfang) nicht überrunden willst?

Eco-bottle When Alfred Heineken, head of the Dutch beer company, visited the Dutch Antilles, he noticed people living in shanties and streets .littered with Heineken bottles. He set out to kill two birds with one stone. His invention, the "World Bottle," is square instead of round so that it can be used as a brick.

Ökoflasche Bei einem Besuch auf den Holländischen Antillen bemerkte Alfred Heineken, der Chef der holländischen Brauerei, die improvisierten Häuser und den vielen Müll auf den Straßen, darunter jede Menge Heineken-Flaschen. Er erfand daraufhin die viereckige „Weltflasche", die leer als Baustein genutzt werden kann.

Packaging Kool-Aid, which is 92 percent packaging, is traditionally sold in powdered form. Water is added to reconstitute the drink. Enough powder to make about a liter of (artificially flavored) Kool-Aid costs US$0.21. However, you can buy the same amount of liquid in the Kool-Aid Bursts six-pack (or Squeezits, the competing brand, pictured) for $2.69—eleven times its normal price. But you do get something for your extra money: water—and packaging.

Verpackung Kool-Aid ist eine Instantlimo, die zu 92% aus Verpackung besteht. Sie wurde ursprünglich als Pulver verkauft, das man mit Wasser aufgießt, um ein Getränk zu erhalten. Das Pulver für einen Liter Kool-Aid (mit künstlichen Aromastoffen) kostet 0,21 US$.

Jetzt kann man das fertige Getränk unter dem Namen Kool-Aid Bursts im Sechserpack kaufen – oder die hier abgebildete Konkurrenzmarke Squeezits. Kostenpunkt: 2,69 US$, also elfmal teurer als das Ursprungsprodukt. Aber ihr bekommt auch mehr für euer Geld: Wasser – und die Verpackung.

Names Through supermarket loyalty cards, multinationals obtain customer databases. Procter & Gamble has the names and addresses of three-quarters of the UK's families. Kraft is said to have more than 40 million names.

Namen Durch die Treuekarten der Supermärkte kommen die großen Konzerne an die Daten der Kunden. Procter & Gamble verfügt über Namen und Adressen von drei Viertel aller britischen Familien. Von Kraft wird gesagt, dass sie über 40 Millionen Namen in ihrer Kartei hätten.

Alias In Iran, name-brand products are banned but copied. With slight modifications. Crest toothpaste, by Procter & Gamble, becomes Crend, by Iran-based Dr. Hamidi Cosmetics company.

Alias Im Iran sind Markenprodukte aus dem Westen zwar nicht erhältlich, werden aber gerne mit leichten Veränderungen kopiert. Crest-Zahnpasta von Procter & Gamble wird zu Crend von der iranischen Firma Dr. Hamidi Cosmetics.

Violin bar case It was designed in Germany for partygoers in Muslim countries, where religion forbids drinking alcohol. It's a best-seller among Saudi Arabians.

Die Bar im Geigenkasten wurde in Deutschland für Partylöwen in moslemischen Ländern entworfen, wo die Religion den Alkoholgenuss verbietet. In Saudi-Arabien erfreut sie sich großer Beliebtheit.

Poultry carrier This chicken cage from Zimbabwe is made from twigs tied together with the dried stalks of banana trees. It sells for Z$40 (US$5) at the Mbare market in Harare.

Geflügeltransporter Dieser Hühnerkäfig aus Simbabwe ist aus Zweigen und einem Geflecht aus den getrockneten Fasern von Bananenstauden gefertigt. Er wird auf dem Mbare-Markt in Harare für 40 Simbabwe-Dollar (5 US$) verkauft.

Plastic Most bottled water is packaged in plastic. In the USA alone, people empty 2.5 million plastic bottles an hour (each takes 500 years to decompose). That's why Argentinians Mirta Fasci and Luis Pittau designed EMIUM, reusable bottles that slot together like Lego bricks. Empties can be recycled and used to make furniture, or as insulation, or—when filled with cement—as construction bricks.

Plastik Das meiste Trinkwasser wird in Plastikflaschen abgefüllt. Allein in den USA werden 2,5 Millionen Plastikflaschen pro Stunde geleert – jede Flasche mit einer Verfallszeit von ca. 500 Jahren. Daher haben Mirta Fasci und Luis Pittau, beide aus Argentinien, EMIUM entworfen, wiederverwertbare Flaschen, die man wie Legosteine ineinander stecken kann. Die leeren Flaschen lassen sich recyceln und bei der Herstellung von Möbeln oder Abdichtungsmaterial weiterverwenden. Mit Zement gefüllt, werden sie zu Bausteinen.

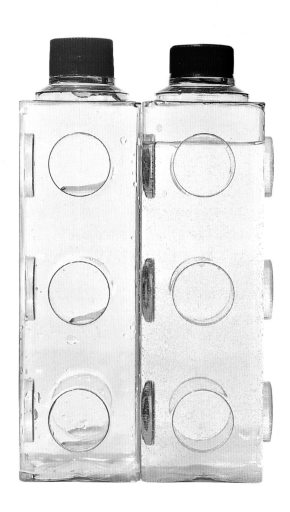

Can't find a recycling bin for your glass water bottles? Cut a bottle in half, turn it upside down, round off the rim and fuse it to a base to make a drinking glass that is environment-friendly and beautiful, too. This one is an initiative of Green Glass, a South Africa-based organization that fosters creative recycling.

Du kannst keinen Recycling-Container für deine Glasflaschen finden? Schneide eine Flasche in halber Höhe durch, dreh die obere Hälfte um, schleif den Rand ab und verschmilz sie mit einer Basis. Das gibt ein nettes, umweltfreundliches Wasserglas. Dieses hier geht auf eine Initiative von Green Glass zurück, einer Organisation mit Sitz in Südafrika, die kreatives Recycling fördert.

Eiswein German producers of ice wine, or Eiswein, leave the grapes on the vine late into winter. After the water in the fruit has frozen, the grape is crushed between marble slabs. Because it takes a lot of grapes to produce one bottle of wine, this 1985 Eiswein Riesling Rheingau retails for US$510.

Eiswein Deutsche Winzer, die Eiswein produzieren, lassen die Trauben bis spät in den Winter am Rebstock. Nachdem das Wasser in den Früchten gefroren ist, werden die Trauben zwischen Marmorsteinen ausgepresst. Da man sehr viele Trauben für eine Flasche braucht, liegt der Ladenpreis für diesen Eiswein, einen 1985er Rheingau Riesling, bei 510 US$.

Fuel At gypsy funerals in the Czech Republic, the deceased are often buried with alcohol and cigarettes. Most corpses get one bottle of spirits (often locally produced Becherovka, the national drink) and several packs of Marlboro cigarettes: Because Marlboros cost 7CKS (US$0.20) more than domestic brands, they're seen as a status symbol—even in the afterlife.

Kraftstoff In der Tschechischen Republik bekommen Verstorbene oft Alkohol und Zigaretten mit ins Grab. Besonders beliebt sind eine Flasche Schnaps – oft der tschechische Becherovka, der als Nationalgetränk gilt – und ein paar Päckchen Marlboro, die sieben tschechische Kronen (0,20 US$) mehr kosten als inländische Marken und daher als Statussymbol gelten, sogar im Jenseits.

Patapata-chan, or "Little Flapetty-flap" is a penguin that will warn you if you leave your water running. This small, wing-flapping tap attachment from Japan also entices children to wash their hands after using the toilet.

Patapata-chan oder „Kleiner Flattermann" ist ein Pinguin, der dich daran erinnern soll, den Wasserhahn immer zuzudrehen. Der kleine flügelschlagende Hahnaufsatz ermahnt auch Kinder, sich nach dem Klo brav die Hände zu waschen.

Itinerant monks and
other travelers in rural Thailand quench their thirst from an
orng num. These ceramic bowls
are filled with fresh water and placed
outside village houses. Though they're
communal, each household has to
provide its own, according to tradition.

Bettelmönche
und andere Rei-
sende im ländlichen
Thailand stillen ihren
Durst und trinken aus
orng num. Diese Keramik-
schälchen werden mit frischem
Wasser gefüllt und in Dörfern vor die Häuser
gestellt. Die Schälchen sind allen zugänglich
und werden traditionell von der betreffenden
Familie zur Verfügung gestellt.

Give mom a traditional *licitarsko src* on Mother's Day (celebrated on the second Sunday in May) in the Slavonia region of Croatia. This red, heart-shaped cake serves as a decoration rather than a foodstuff (which is why it comes complete with mirror, message and a ribbon for hanging).

You know you've made it as a comedian in Japan when you have your face on green tea candies (¥400, US$3.50). Pop into Kato Cha's shop in Tokyo for some tofu cheese curls, green tea jelly and other paraphernalia with the funny man's face on it.

Überrascht Mama am Muttertag mit einem traditionellen *Licitarsko srce*. In der kroatischen Region Slawonien wird das Fest am zweiten Maisonntag gefeiert. Der rote, herzförmige Kuchen dient eher zum Schmuck als zum Essen, weshalb er auch mit Schleife, Spiegel und Briefchen verkauft wird.

Wenn du Komödiant bist und dir in Japan dein Gesicht auf grünenTeebonbons entgegenlächelt, dann ist das das untrügliche Zeichen, daß du es geschafft hast. Bei Kato Cha gibt es außer den Bonbons noch Käsecracker, grüne Teemarmelade und anderen Krimskrams mit den lachenden Gesichtern.

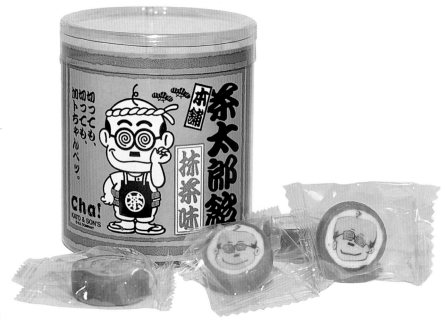

Pratila te uvijek sreća
A u žitku radost veća.

"**Collectors,** nationalists, jokers and the nostalgic buy the Hitler wine," says Andrea, son of Italian wine seller Alessandro Lunarelli. Production has increased ever since a 1995 court ruling declared that the label is legal advertising (and not political propaganda). Alessandro Lunarelli ships 15,000 bottles of the red Merlot a year. "Some people smash them in the store, or write over the label," adds Andrea.

„**Sammler,** Nationalisten, Witzbolde und Nostalgiker kaufen den Hitler-Wein", sagt Andrea, Sohn des italienischen Weinhändlers Alessandro Lunarelli. Die Produktion wurde deutlich angekurbelt, nachdem 1995 ein Gerichtsurteil offiziell bestätigt hatte, dass es sich bei dem Etikett lediglich um einen Werbegag handele – und nicht etwa um politische Propaganda. Alessandro Lunarelli verschickt jährlich etwa 15 000 Flaschen dieses roten Merlots. „Manche Leute zerschlagen die Flaschen im Laden oder streichen das Etikett durch", erzählt Andrea.

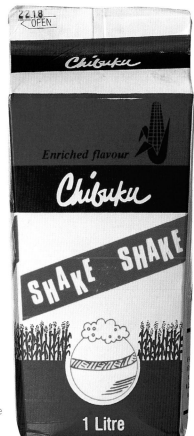

The wrong beer

Drinking in Zambia can be social suicide. Many Zambians will only drink the local *chibuku* beer in the privacy of their own homes. Chibuku, made with fermented maize, millet and sorghum, is considered so low-class that one Zambian told us he'd rather die than drink it in public. Commercial chibuku can be purchased for 900 kwacha (US$0.50) at National Breweries Ltd. on Sheki Sheki Road in Lusaka. Or quaff unprocessed chibuku at the Pamu Pamu Tavern on Los Angeles Boulevard for 100 kwacha ($0.05).

Mit dem falschen Bier

sollte man sich in Sambia nicht erwischen lassen – soziale Ächtung könnte die Folge sein. Viele Sambier trinken ihr selbst gemachtes Chibuku-Bier ausschließlich zu Hause. Chibuku, das aus gegärtem Mais und Hirse hergestellt ist, gilt als Proletengetränk, weshalb mancher Sambier lieber sterben würde, als es in der Öffentlichkeit zu trinken. Chibuku aus der Brauerei kostet bei der National Breweries Ltd an der Sheki Sheki Road in Lusaka 900 Kwacha (0,50 US$). Hausgemachtes Chibuku gibt's in der Pamu Pamu Taverne am Los Angeles Boulevard für 100 Kwacha (0,05 US$).

Designer drugs Now the discerning addict can order his or her drugs by brand name. Below is a bag for "$$" heroin. Other brands include "Headline," "Happy Day" and "Playboy"; each contains enough for a four-hour high. New York City dealers are out to corner markets by branding their hard drugs, just as if they were selling jeans or perfume.

Designerdrogen Jetzt kann der Drogensnob seinen Stoff beim Namen nennen: unten sehen wir ein Tütchen „$$"-Heroin. Andere Marken sind „Headline" (Schlagzeile), „Happy Day" und „Playboy"; jede Dosis reicht für einen vierstündigen Rausch. Dealer in New York setzen den Markt unter Druck, indem sie ihren harten Drogen Markennamen geben, als handele es sich um Jeans oder Parfüm.

Eating chocolate is like falling in love. When you have a crush on someone, you feel euphoric because your brain releases phenylethylamine, a chemical that increases happiness, raises your heart rate and gives you energy. Because the pituitary gland controls its release, anyone whose pituitary was damaged in childhood may never feel the ecstasy of falling in love—though they can show affection. Chocolate contains the same chemical, and that's why people crave it when they break up with a sweetheart. In China, where the high cost of chocolate bars means the average person eats only one a year, Liu Li, of Kunming, is the exception—she consumes 365. "I usually eat one each day," she says, "I love chocolate; it makes me feel comfortable. My parents think it'll do bad things to my teeth." Her parents can relax: Recent studies show chocolate contains an antiplaque agent that may prevent tooth decay.

Schokolade essen ist wie sich verlieben. Wenn du in jemanden verknallt bist, fühlst du dich euphorisch, weil dein Gehirn Phenyläthylamine, einen chemischen Wirkstoff produziert, der Glücksgefühle hervorruft, den Herzschlag steigert und richtig Energie gibt. Da die Hirnanhangdrüse den Ausstoß kontrolliert, kann jemand, dessen Hypophyse in der Kindheit angegriffen wurde, dieses ekstatische Verliebtheitsgefühl gar nicht empfinden. Zu Zuneigung ist er indessen schon fähig. Schokolade enthält den gleichen chemischen Wirkstoff und ist daher oft ein Trostmittel bei Herzschmerz. In China, wo die hohen Preise für Schokoladenriegel dazu führen, dass der Durchschnittseinwohner nur einen pro Jahr bekommt, ist Liu Li, 18, aus Kunming eine Ausnahme: sie konsumiert 365. „Gewöhnlich esse ich einen pro Tag", erklärt sie. „Ich liebe Schokolade; damit fühle ich mich gleich wohler. Meine Eltern meinen, ich schade damit meinen Zähnen." Die können sich beruhigen: Aktuelle Studien ergaben, dass Schokolade einen Anti-Zahnstein-Wirkstoff enthält, der vor Karies schützen soll.

Avoid human contact More than half of consumers who shop online buy more than they would at a store, according to US-based Boston Consulting. And by 2002 global online retail trading will be worth US$700 billion. Supermarkets and fast-food restaurants also reduce consumers' interaction with other human beings. Traditionally, homemade Japanese *ramen* (broth with meat and noodles) was sold directly from vendors' carts on the streets of Tokyo. "There are convenience stores everywhere now," says Hitoshi Tachibana, one of Tokyo's few remaining ramen vendors, "so people buy more readymade food and instant ramen." Fastfood outlets and vending machines also are competitors, yet Hito-shi is optimistic that his customers will stand by him. "We talk, get to know each other, and I become part of the neighborhood. There's something in humans that demands communication on a one-to-one level, and franchise fast-food restaurants don't offer that." What do they offer that Hitoshi doesn't? "Unlike me, they're open on rainy nights."

Menschlichen Kontakt vermeiden Über die Hälfte der Verbraucher, die online shoppen, kaufen nach der US-Beraterfirma Boston Consulting mehr, als sie im Geschäft kaufen würden. Bis zum Jahr 2002 wird der Online-Einzelhandel weltweit einen Umsatz von etwa 700 Milliarden US$ erzielen. Auch durch Supermärkte und Fastfoodketten verarmt der Austausch mit anderen Menschen. Früher gab es die hausgemachte japanische Suppe *Ramen*, eine Brühe mit Fleisch und Nudeln, direkt bei Straßenverkäufern in Tokio. „Jetzt gibt es überall diese Läden", meint Hitoshi Tachibana, einer von Tokios wenigen verbliebenen *Ramen*-Verkäufern. „Da kaufen die Leute lieber Fertigprodukte und Instant-Suppen." Schnellrestaurants und Verkaufsautomaten sind ebenfalls Konkurrenten, aber Hitoshi ist optimistisch, dass ihm seine Kunden treu bleiben. „Wir kommen ins Gespräch, lernen uns kennen, und ich gehöre zur Nachbarschaft. Da ist etwas im Menschen, das persönliche Kommunikation braucht, und das gibt's in den Fastfood-Filialen nicht." Was haben die, was Hitoshi nicht hat? „Sie haben auch an Abenden geöffnet, an denen es regnet – dann schließe ich."

fashion
Mode

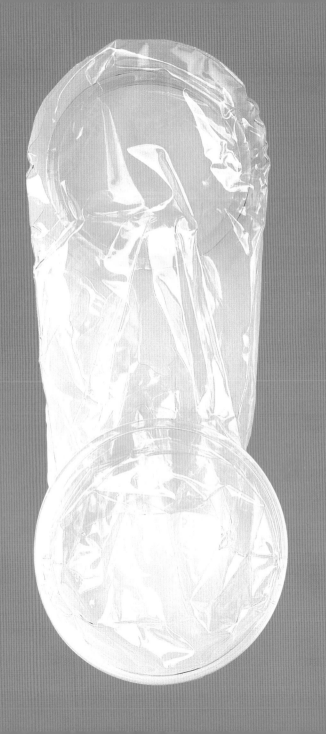

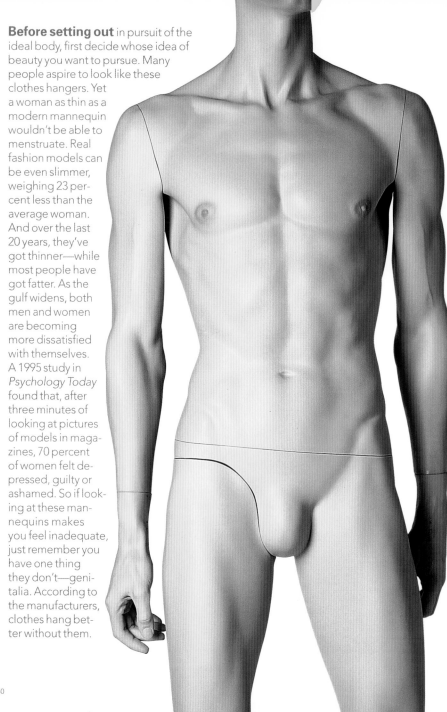

Before setting out in pursuit of the ideal body, first decide whose idea of beauty you want to pursue. Many people aspire to look like these clothes hangers. Yet a woman as thin as a modern mannequin wouldn't be able to menstruate. Real fashion models can be even slimmer, weighing 23 percent less than the average woman. And over the last 20 years, they've got thinner—while most people have got fatter. As the gulf widens, both men and women are becoming more dissatisfied with themselves. A 1995 study in *Psychology Today* found that, after three minutes of looking at pictures of models in magazines, 70 percent of women felt depressed, guilty or ashamed. So if looking at these mannequins makes you feel inadequate, just remember you have one thing they don't—genitalia. According to the manufacturers, clothes hang better without them.

Bevor du das schwierige Unterfangen angehst, deinen Körper in den idealen Körper zu verwandeln, solltest du dir vielleicht erst einmal überlegen, welches Schönheitsideal du anstrebst. Viele Leute würden gerne wie diese Modellpuppen aussehen, aber bei einer Frau, die so mager ist wie ein Mannequin, bleibt die Menstruation aus. Ein richtiges Berufsmodel kann sogar noch dünner sein und 23 % weniger wiegen als die Durchschnittsfrau. In den letzten 20 Jahren sind Models immer magerer geworden – und wir anderen dicker. Je tiefer die Kluft zwischen Realität und Ideal, desto unzufriedener sind Männer und Frauen mit sich selbst. 1995 ging aus einer Studie der Zeitschrift „Psychology Today" hervor, dass sich 70 % der Frauen, die drei Minuten lang Fotos von Models in einer Zeitschrift anschauten, deprimiert, schuldig und beschämt fühlten. Wenn der Anblick dieser Models bei dir also Minderwertigkeitsgefühle hervorruft, denk daran, dass du was hast, was sie nicht haben: Geschlechtsmerkmale. Designer meinen, ohne die passen die Kleider besser.

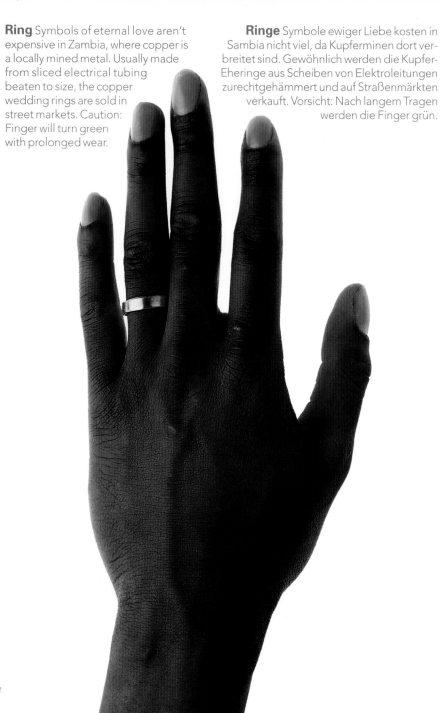

Ring Symbols of eternal love aren't expensive in Zambia, where copper is a locally mined metal. Usually made from sliced electrical tubing beaten to size, the copper wedding rings are sold in street markets. Caution: Finger will turn green with prolonged wear.

Ringe Symbole ewiger Liebe kosten in Sambia nicht viel, da Kupferminen dort verbreitet sind. Gewöhnlich werden die Kupfer-Eheringe aus Scheiben von Elektroleitungen zurechtgehämmert und auf Straßenmärkten verkauft. Vorsicht: Nach langem Tragen werden die Finger grün.

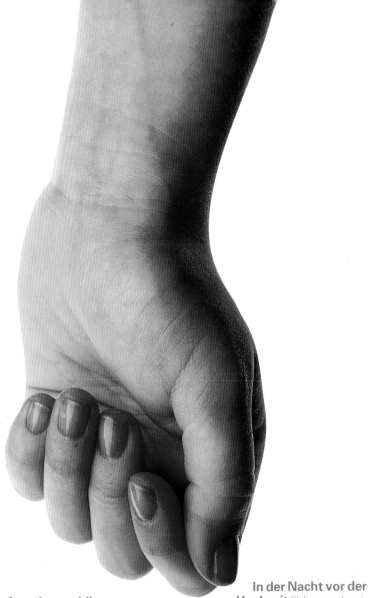

The night before the wedding,
Malaysian Muslim women stain all 10
fingers up to the first joint with henna,
a dye that's supposed to prevent evil
spirits from entering the body through
the extremities. Take care when apply-
ing, as henna stains for two months.

**In der Nacht vor der
Hochzeit** färben malaysi-
sche Frauen moslemischen Glaubens alle
zehn Fingerkuppen mit Henna, einem Färbe-
mittel, das böse Geister davon abhalten
soll, durch die Extremitäten in den Körper
einzudringen. Vorsicht beim Auftragen, da
Hennaflecken zwei Monate lang halten.

Illegal the black ski mask, made world-famous by the Zapatistas, is great for negotiating with the Mexican government and keeping out the cold. But, you can't buy one in Chiapas, home of the Zapatistas—they're illegal.

Eyeliner Lead is a heavy metal that causes poisoning in humans. Children are most affected by continuous exposure, which may lower intelligence. In many developed countries, lead has been removed from products that are used in daily life, like high-gloss paints and gasoline. But lead lurks in unsuspected places like *kohl*, a mineral compound that is used as a cosmetic by women (and children in some countries) to enhance the eyes. This *kohl* comes from Morocco.

Illegal Die schwarze Skimaske der Zapatisten funktioniert wunderbar bei Verhandlungen mit der mexikanischen Regierung und hält Kälte ab. Aber in Chiapas, der Heimat der Zapatisten, bekommt man sie nicht – dort sind sie illegal.

Blei ist ein Schwermetall, das bei Menschen zu schweren Vergiftungen führen kann. Am gefährlichsten ist der ständige Kontakt mit Blei für Kinder – es beeinträchtigt die Entwicklung des Gehirns und mindert so die Intelligenz. In vielen entwickelten Ländern enthalten Waren des täglichen Bedarfs wie Hochglanzlacke oder Benzin kein Blei mehr. Aber auch ganz unverdächtige Dinge können bleihaltig sein, z.B. *kohl*, ein anorganisches Präparat, mit dem sich Frauen – und in einigen Ländern auch Kinder – die Augen schminken. Dieses *khol* kommt aus Marokko.

Pink and red just don't match! If you're blind, you're probably sick of sighted people telling you how to dress. So invest in some color-coded plastic buttons. Each shape represents a different color: Black is square, yellow is a flower. Simply attach a button on the edge of your clothes and your dress sense will never be questioned again.

Rosa und rot passen einfach nicht zusammen! Wenn du blind bist, hast du wahrscheinlich die Nase voll von Sehenden, die dir sagen, was du anziehen sollst. Besorg dir Plastikknöpfe für einen Farbcode. Jede Form symbolisiert eine Farbe: Quadratische Knöpfe stehen für Schwarz, eine Blume für Gelb. Näh an jedes Kleidungsstück einen solchen Knopf und orientiere dich bei der Zusammenstellung deiner Klamotten daran: Niemand wird mehr deinen guten Geschmack in Zweifel ziehen.

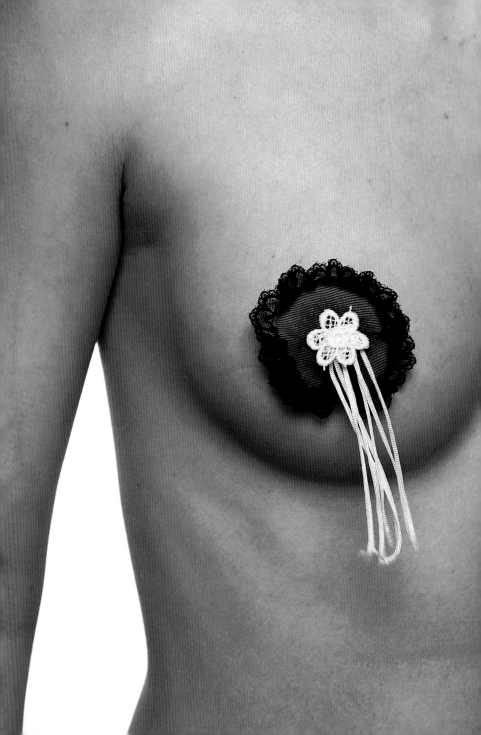

Glue Just stick them on. Somebody somewhere decided to call them "pasties" (they come with a special glue that's kind to the nipple). The Pink Pussycat store in New York City, USA, sells pairs for between US$15 and $25, depending on the style. New lines include a camouflage design for romps in the jungle and leather pasties with a 5cm spike for heavy metal fans. The Pasties Appreciation Society claims they hang better from the larger breast. According to a spokesman for Scanna, the European distributor, the pasties business is kept afloat by prostitutes, strippers and "odd" girls. The British invented them.

Sex trade In Egypt, teenage entrepreneurs tear apart Western lingerie catalogs, arrange the pictures on corkboards, and sell them on Opera Square in the center of Cairo. A 100-page Victoria's Secret catalog has a street value of E£150 (US$43, or 16 times the original UK price). Strict Muslim laws ban all forms of "pornography" in Egypt. Western magazines, for example *Cosmopolitan*, are readily available, but with any revealing pages torn out.

Klebt sie auf! Irgendjemand hat sie „pasties" (Kleber) getauft. Der Pink-Pussycat-Laden verkauft das Paar für 15 bis 25 US$, je nach Modell. In der neuen Kollektion gibt es auch welche mit Tarnungsmuster zum Rumtoben im Dschungel und ein Ledermodell mit 5 cm langen Spitzen für Heavy-Metal-Fans. Die Pasties Appreciation Society versichert, dass sie am besten von einer großen Brust baumeln. Ein Sprecher von Scanna, der Vertriebsfirma in Europa, meint, der Markt blühe dank Prostituierter, Stripteasetänzerinnen und abgefahrener Mädchen. Erfunden wurden sie in Großbritannien.

Sexhandel In Ägypten schneiden unternehmungslustige Teenager Bilder aus westlichen Unterwäschekatalogen aus, für Collagen auf Korkplatten, die sie auf dem Opera Square in Kairo verkaufen. Ein 100 Seiten dicker Victoria's-Secret-Katalog kostet auf dem Schwarzmarkt 150 ägyptische Pfund (43 US$), also 16 Mal mehr als der Originalpreis in Großbritannien. Das streng islamische Gesetz verbietet in Ägypten jede Art Pornografie. Westliche Zeitschriften wie *Cosmopolitan* werden zwar verkauft, die einschlägigen Seiten aber vorher herausgerissen.

Fantasy feet Gary Richards says he always wanted to be an entrepreneur. Flipping through a magazine for foot fetishists (people who are sexually aroused by feet), he realized there was a market waiting to be exploited. Richards made a rubber cast of his wife's feet and advertised it in the magazine. Now he has his own rubber foot factory in Florida, USA, and customers around the world. To keep up with the enormous demand, Richards uses living feet to cast three new models a month. Some sexologists say the best way to treat a fetish is to allow the patient to integrate it into his or her sex life. Usually this means finding a suitable partner. Until then, Fantasy Feet come with separate and flexible toes.

Fußphantasien Gary Richards sagt, er wollte schon immer Unternehmer werden. Als er in einer Zeitschrift für Fußfetischisten, also für Leute, die durch Füße sexuell erregt werden, blätterte, kam ihm eine Idee: Er fertigte ein Gummimodell von den Füßen seiner Frau und machte dafür in der Zeitschrift Reklame. Inzwischen hat er seine eigene Gummifußfabrik in Florida und Kunden in der ganzen Welt. Um mit der enormen Nachfrage Schritt zu halten, bringt er pro Monat drei neue, lebensnahe Modelle auf den Markt. Sexualforscher meinen, dass ein Fetisch ins Sexualleben des Patienten integriert werden muss. Natürlich braucht man dazu einen passenden Partner. Bis der gefunden ist, gibt es die Phantasie-Füße mit einzelnen, biegsamen Zehen.

Status shoes give men an extra 5cm in height. "All sorts of people buy them—anyone who wants to be taller," explains Peter Schweiger, managing director of the UK-based company. "They really look like an ordinary shoe. Last year we sold about 300 to 400 pairs."

Status Shoes lassen Männer bis zu 5 cm größer erscheinen. „Jeder kauft sie, alle wollen größer sein", so Peter Schweiger, der Direktor des Herstellers mit Sitz in Großbritannien. „Sie sehen aus wie ganz normale Schuhe. Letztes Jahr haben wir 300 bis 400 Paar verkauft."

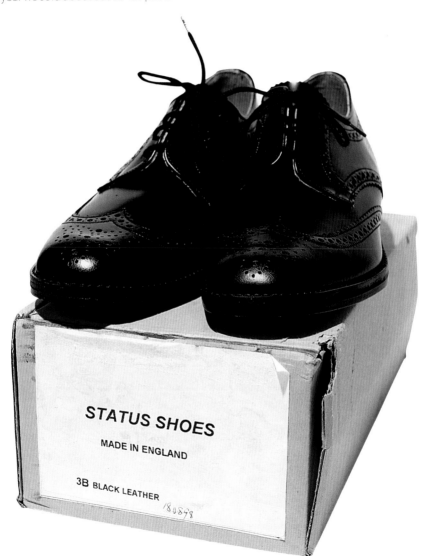

STATUS SHOES

MADE IN ENGLAND

3B BLACK LEATHER

Most prison tattooists use homemade tattoo guns like this one, fashioned from guitar string, a propelling pencil, a motor from a personal stereo, and batteries. Ink is made by burning black chess pieces or carbon paper, then mixing the ash with water. No color—it's too cartoonish. "Unlike on the outside, there are no duplicate patterns," said one tattooist. "Prison tattoos have to be one of a kind." Standardized gang affiliation tattoos are also popular, though: "13" denotes southern Mexicans, for example, and a clover means a Nazi (the number 5150 is police code for "insane person"), but consultation is advised before going under the needle. "A lot of tatts get done in juvenile detention," continues our source. "Say a young white guy has a clover—if the Nazis don't think he's worthy of it, they'll remove it, by skinning him or whatever."

Die meisten Gefängnis-Tätowierer benutzen selbst gemachte Spritzen, wie diese hier, die aus einer Gitarrensaite, einem Drehbleistift, einem kleinen Stereo-Motor und Batterien hergestellt ist. Für die Tinte verbrennt man schwarze Schachfiguren oder Kohlepapier und mischt dann die Asche mit Wasser – keine Farben, das wirkt zu albern. „Hier drinnen gibt es ja keine Bildvorlagen", meint ein Tätowierer. „Gefängnistätowierungen sind daher zwangsläufig Einzelstücke." Trotzdem erfreuen sich standardisierte Banden-Tattoos großer Beliebtheit. „13" bezeichnet z.B. Südmexikaner. Ein Kleeblatt steht für Nazi – die Nummer 5150 bedeutet im Polizeicode „Geisteskranker" –, aber man sollte sich vor dem ersten Nadelstich gut informieren. „Die meisten Tätowierungen kriegen die Leute schon in der Jugendhaftanstalt", führt unsere Quelle weiter aus. „Sagen wir mal, ein junger Weißer kommt mit einem Kleeblatt an. Wenn die Nazis ihn nicht für dessen würdig halten, werden sie es ihm wegmachen, ihm das Stückchen Haut abziehen oder so."

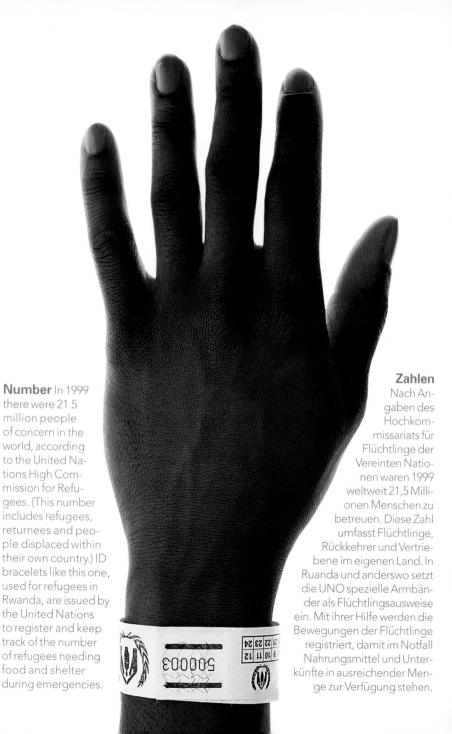

Number In 1999 there were 21.5 million people of concern in the world, according to the United Nations High Commission for Refugees. (This number includes refugees, returnees and people displaced within their own country.) ID bracelets like this one, used for refugees in Rwanda, are issued by the United Nations to register and keep track of the number of refugees needing food and shelter during emergencies.

Zahlen Nach Angaben des Hochkommissariats für Flüchtlinge der Vereinten Nationen waren 1999 weltweit 21,5 Millionen Menschen zu betreuen. Diese Zahl umfasst Flüchtlinge, Rückkehrer und Vertriebene im eigenen Land. In Ruanda und anderswo setzt die UNO spezielle Armbänder als Flüchtlingsausweise ein. Mit ihrer Hilfe werden die Bewegungen der Flüchtlinge registriert, damit im Notfall Nahrungsmittel und Unterkünfte in ausreichender Menge zur Verfügung stehen.

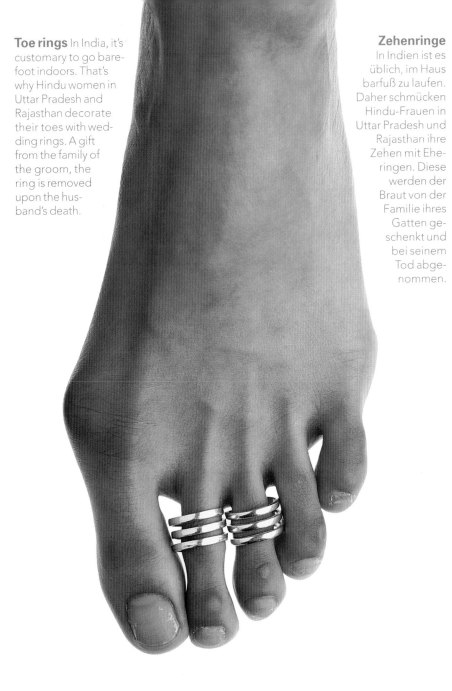

Toe rings In India, it's customary to go bare-foot indoors. That's why Hindu women in Uttar Pradesh and Rajasthan decorate their toes with wedding rings. A gift from the family of the groom, the ring is removed upon the husband's death.

Zehenringe In Indien ist es üblich, im Haus barfuß zu laufen. Daher schmücken Hindu-Frauen in Uttar Pradesh und Rajasthan ihre Zehen mit Eheringen. Diese werden der Braut von der Familie ihres Gatten geschenkt und bei seinem Tod abgenommen.

The earring at right is handcrafted in Mozambique and has a durable cardboard core wrapped in the distinctive coral-colored packaging of Palmar-brand cigarettes. They're available at Arte Dif, a craft shop in Maputo that sells items made by war victims, for 4,000 meticais (US$0.50) a pair.

Bullets These earrings from Cambodia are made out of bullet shells left over from the regime of the Khmer Rouge. There probably aren't that many around, though—soldiers were instructed to save bullets. Slitting throats was a popular killing method for adults, as was anything involving farm tools or bricks. For children, smashing skulls against walls was more common.

Moose droppings
were popular souvenirs in Norway during the 1994 Lillehammer Olympics. In Sweden, they're always popular—2,000 jars a year are sold. If you don't want a whole jar, go for the dangling clip-on earrings made from them.

Diese Ohrringe aus Mosambik sind handgemacht und bestehen aus einem festen Kartonkern, der im typischen Korallenrot der *Palmar*-Zigarettenpackungen dekorativ umkleidet ist. Man bekommt sie für 4000 Metikais (0,50 US$) das Paar bei Arte Dif, einem Laden für Kunsthandwerk in Maputo. Er verkauft Objekte, die von Kriegsopfern hergestellt werden.

Geschosse Diese Ohrringe aus Kambodscha sind aus Patronenhülsen gefertigt, einem Überbleibsel aus der Zeit der Schreckensherrschaft der Roten Khmer. Allzu viele gibt es davon allerdings nicht – die Soldaten waren angewiesen, Munition zu sparen. Daher wurde Erwachsenen oft die Kehle durchgeschnitten, oder man brachte sie mit landwirtschaftlichen Geräten oder Steinen um. Kindern wurde an der nächsten Mauer kurzerhand der Schädel eingeschlagen.

Elchkot war bei den Olympischen Winterspielen 1994 im norwegischen Lillehammer ein beliebtes Souvenir. In Schweden ist er immer sehr gefragt. Jährlich werden 2000 Töpfe davon verkauft. Wenn ihr keinen ganzen Fladen wollt, empfehlen sich die unwiderstehlichen Elchkot-Ohrclips.

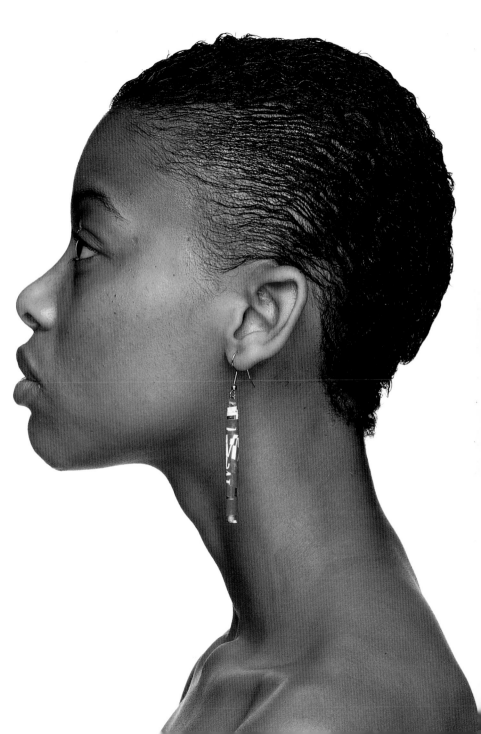

Until 30 years ago, the Zo'é Indians lived in peaceful obscurity in the Brazilian Amazon. Then Protestant missionaries arrived, pressuring the Zo'é to change their religion, diet and traditions. "They didn't understand difference," says Sydney Possuelo of Brazil's National Indian Foundation (FUNAI). "Since the white man came, the Zo'é population has gone down." For now, the Zo'é custom of inserting large bits of wood through the lip has been left undisturbed. The wooden plug (*poturu*) is inserted into a child's lower lip through a hole punched with a sharpened monkey bone. As the child grows, the plug is regularly replaced by a larger one. "It doesn't make eating difficult," says one Zo'é specialist. "Zo'é cuisine includes a lot of porridge. And kissing is not their way of showing affection—it's rarely practiced by Amazonian Indians."

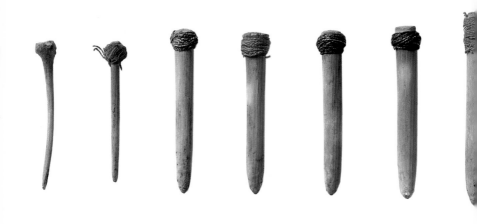

Bis vor 30 Jahren lebten die Zo'é-Indianer friedlich und unbehelligt in der brasilianischen Amazonasregion. Als dann protestantische Missionare kamen, übten sie Druck aus, dass die Zo'é ihre Religion, ihr Essen und ihre Traditionen änderten. „Sie sahen den Unterschied nicht", erklärt Sydney Possuelo von der brasilianischen Nationalen Indianer-Stiftung (FUNAI). „Seit der weiße Mann da ist, ist die Bevölkerungszahl der Zo'é stark zurückgegangen." Bislang blieb die Zo'é-Tradition, sich große Holzstücke durch die Lippe zu stecken, allerdings unangetastet. Der Holzpflock *poturu* wird in ein Loch gesteckt, das mit einem spitzen Affenknochen in die Unterlippe des Kindes getrieben worden ist. Beim Heranwachsen des Kindes wird der Pflock regelmäßig durch einen größeren ersetzt. „Essen wird dadurch nicht unbedingt schwieriger", meint ein Zo'é-Experte. „Die Zo'é-Küche besteht ja vor allem aus Grütze. Und Küssen wird als Liebesbeweis unter den Amazonas-Indianern äußerst selten praktiziert."

Aryan costume What do racist bigots give their kids to play with? These fetching satin robes are quite popular, according to the North Carolina, USA, chapter of the Knights of the Ku Klux Klan. Dedicated to "the preservation of the White race," KKK members don a similar outfit for ceremonies. Although young Knights rarely take part in public outings, they can practice dressing up at home in costumes made to order in small sizes by the KKK's Anna Veale. Optional KKK accessories include a toy monkey hung by a noose from a belt (it represents a person of African descent). Dwindling membership—down from five million in 1920 to 2,500 in 1998—has been bad for the toy robe business, though. And with only "pure White Christian members of non-Jewish, non-Negro and non-Asian descent" welcome, the KKK has already eliminated most of its global customer base.

Ethnic bandage Every day, millions of people worldwide reach for a Band-Aid. According to its makers, Johnson & Johnson, this sterile adhesive dressing is one of "the world's most trusted woundcare products." Not everyone can wear them discreetly, though: The pinkish hue of Band-Aids stands out glaringly on dark flesh. Now, however, darker-skinned people can dress their wounds with Multiskins, the "adhesive bandages for the human race." Produced in the USA, the "ethnically sensitive" dressings come in three shades of brown.

Arier-Kostüme Was geben bigotte Rassisten ihren Kindern zum Spielen? Diese eleganten Satinkleider seien ziemlich beliebt, heißt es bei den Rittern des Klu-Klux-Klan von North Carolina, USA. KKK-Mitglieder, die sich der „Bewahrung der weißen Rasse" verschrieben haben, tragen ein ähnliches Outfit bei ihren Zeremonien. Obwohl junge Ritter selten an öffentlichen Auftritten teilnehmen, können sie schon mal zu Hause üben, denn es gibt die Kostüme auch in kleinen Größen zu bestellen: bei Anna Veale vom KKK. Nach Wunsch gibt es auch einen Spielzeugaffen dazu, den man sich an den Gürtel hängen kann – er steht für eine Person afrikanischer Abstammung. Der Mitgliederschwund beim KKK – von 5 Millionen 1920 auf 2500 im Jahr 1998 – hat dem Spielroben-Geschäft jedoch ziemlich geschadet. Und da der KKK ausschließlich „rein weiße christliche Mitglieder nicht-jüdischer, nicht-negroider und nicht-asiatischer Abstammung" aufnimmt, hat er den Großteil des weltweiten Kundenpotentials von vornherein ausgeschlossen.

Ethno-Pflaster Jeden Tag greifen Millionen Menschen in aller Welt zu einem Pflaster. Nach Angaben der Hersteller Johnson & Johnson sind diese sterilen Heftpflaster eines der „weltweit meistverwendeten Produkte zur Wundpflege". Allerdings kann nicht jeder sie so diskret tragen, wie er vielleicht möchte: So ein rosa Pflaster sieht man auf dunkler Haut meilenweit. Es gibt jetzt aber eine Alternative für Dunkelhäutige, nämlich Multiskins, das „Heftpflaster für alle Menschen". Die „ethnisch korrekten" Pflaster werden in den USA hergestellt und sind in drei Brauntönen erhältlich.

Food wrap Colombian transvestites consider plastic food wrap an important beauty aid. "The idea is to hide the penis and flatten the waist for a trim figure," explains Carlos, a transvestite from Bogotá. Generally dressed as a man, Carlos uses the wrap when competing in transvestite beauty contests. "My friends tell me I look fabulous," he says. "But to get it tight enough, you have to have two people help you wrap," Carlos admits. "Eventually it gets so hot you can't stand it. You start dripping in sweat, and the plastic starts to slide off. After an hour, it just doesn't work."

Pubic wig Known as a "Night Flower" in Japan, this fluffy clump of recycled human hair is worn on the pubis. "My grandfather made the first Night Flower 50 years ago," says Takashi Iwasaki, president of Komachi Hair Co. Komachi sells Night Flowers primarily to schoolgirls and brides ashamed of their relative lack of pubic hair. "Our best month is June, which is bridal season," said Iwasaki, "but we also sell a lot in spring and early fall, when the students go on class trips and the girls have to bathe together." For many customers, he explains, the Night Flower is a way to get through a difficult stage in their psychological development. "Eventually they're able to do without the wig altogether."

Klarsichtfolie Kolumbianische Transvestiten betrachten Lebensmittelfolie als wichtiges Mittel ihrer Schönheitspflege. „Damit kann man vorzüglich den Penis verbergen und ein paar Zentimeter Wespentaille gewinnen", erklärt Carlos, ein Transvestit aus Bogotà. Normalerweise trägt er Männerkleidung, die Folie kommt bei Schönheitswettbewerben zum Einsatz. „Meine Freunde finden mich hinreißend", meint er. „Damit die Folie richtig eng anliegt, braucht man zwei Leute zum Wickeln. Nach einiger Zeit wird es darunter so heiß, dass man es nicht mehr aushalten kann. Der Schweiß rinnt in Strömen und die Folie beginnt zu rutschen. Länger als eine Stunde geht das nicht", gibt Carlos zu.

Schamhaarperücke Die als „Blume der Nacht" in Japan bekannte Schamhaarperücke aus echtem Menschenhaar wird an der Scheide getragen. „Mein Großvater hat die ersten Blumen der Nacht vor 50 Jahren hergestellt", informiert uns Takashi Iwasaki, Direktor der Komachi Hair Company. Heutzutage verkauft Komachi die Blumen der Nacht hauptsächlich an Schulmädchen und Bräute, die sich schämen, weil sie nur einen schwachen Haarwuchs am Schambein haben. „Unsere Hauptsaison ist im Juni, dem Hochzeitsmonat", sagt Iwasaki, „aber wir verkaufen auch ganz gut im Frühjahr und im Spätsommer, wenn die Studenten Ausflüge machen und die Mädchen gemeinsam baden müssen." Die Blume der Nacht sei für viele Kundinnen ein guter Weg, über eine psychologisch schwierige Entwicklungsstufe hinwegzukommen, erklärt Iwasaki. „Später können sie dann ganz ohne Perücke auskommen."

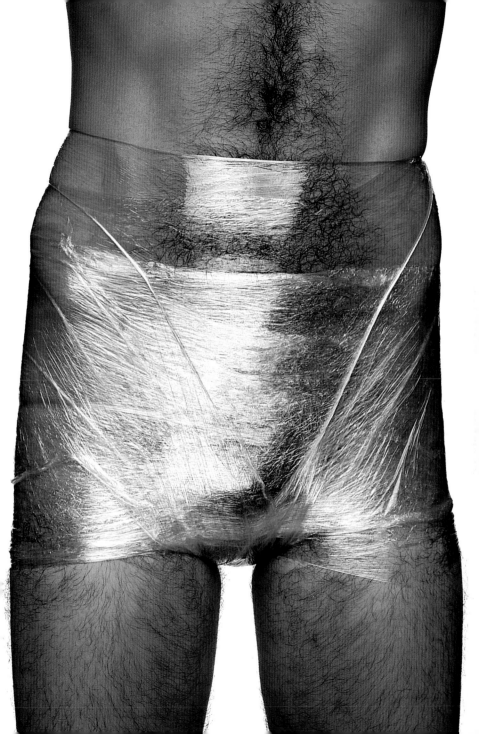

Tail Drinking deer's tail extract every morning will stimulate your metabolism, encouraging your body to burn more fat. Even if you're not satisfied, keep it handy: Its Chinese manufacturer claims the extract is ideal for treating senility and arthritis as well.

Schwanz Ein Sud aus Rehschwanz auf nüchternen Magen fördert den Stoffwechsel und bringt den Körper dazu, mehr Fett abzubauen. Auch wenn das nicht auf Anhieb klappt, sollte man Rehschwanzextrakt immer im Haus haben: Sein chinesischer Hersteller versichert, dass er gegen Verkalkung und Arthritis ebenfalls wirkt.

Mousse Rub in Redumax mousse from Argentina to "reduce and tone" your hips and thighs. Like thousands of other creams and potions on the market, it's supposed to get rid of cellulite (clumps of fat caused by toxins in the body, which give flesh a dimpled appearance).

Mousse Reib dich mit Redumax-Creme aus Argentinien ein, um deine Hüften und Schenkel zu straffen und den Umfang zu reduzieren. Wie Tausende anderer Cremes und Lotionen soll auch diese Creme Zellulitis, die sogenannte Orangenhaut, bekämpfen.

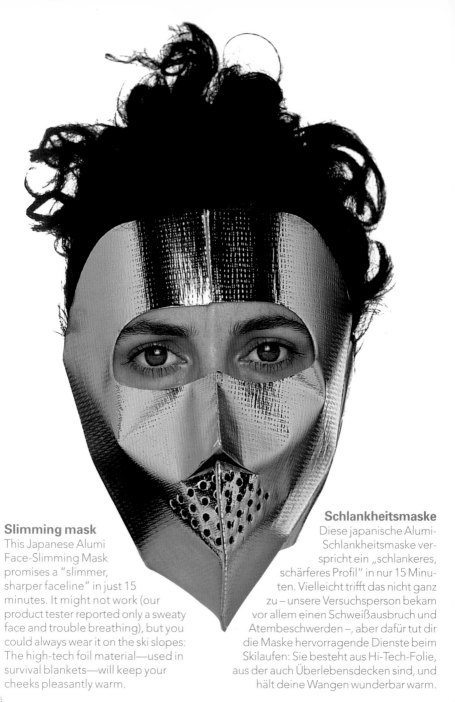

Slimming mask
This Japanese Alumi Face-Slimming Mask promises a "slimmer, sharper faceline" in just 15 minutes. It might not work (our product tester reported only a sweaty face and trouble breathing), but you could always wear it on the ski slopes: The high-tech foil material—used in survival blankets—will keep your cheeks pleasantly warm.

Schlankheitsmaske
Diese japanische Alumi-Schlankheitsmaske verspricht ein „schlankeres, schärferes Profil" in nur 15 Minuten. Vielleicht trifft das nicht ganz zu – unsere Versuchsperson bekam vor allem einen Schweißausbruch und Atembeschwerden –, aber dafür tut dir die Maske hervorragende Dienste beim Skilaufen: Sie besteht aus Hi-Tech-Folie, aus der auch Überlebensdecken sind, und hält deine Wangen wunderbar warm.

The paintball face mask is thickly padded to minimize bruises from the 300km-per-hour capsules of paint opponents fire at one another (frequently from within 10m!). The goggle lenses can withstand a shotgun blast from 20m.

Die Farbball-Gesichtsmaske ist gut ausgepolstert, um den Aufprall der Farbkapseln mit 300 km/h, mit denen man vom Gegner – oft aus weniger als 10 m Entfernung! – beschossen wird, möglichst gut zu dämpfen. Die Gläser der Maske halten Schüsse aus einer Entfernung von 20 m aus.

Baseball catchers wear face masks of steel wire coated with rubber to protect against balls speeding toward them at 130km per hour.

Baseball-Fänger tragen eine Maske aus Stahlgitter mit Gummiüberzug, um vor dem Ball sicher zu sein, der mit 130 km/h auf sie zuschießt.

The fencing helmet is a face mask of dense steel mesh, girded by a bib of leather or Kevlar (an industrial material that is virtually bulletproof).

Die Fechtmaske besteht aus engen Drahtmaschen und einem Halslatz aus Leder oder Kevlar, einem Kunstgewebe, das praktisch kugelsicher ist.

Nippon Kempo, developed in Japan in the 1960s, combines the martial arts of karate, judo and jujitsu. Because the head is a target for kicks and punches, contestants wear a face mask of five metal bars, a compromise between visibility and protection.

Nippon Kempo, das in den 1960er Jahren in Japan erfunden wurde, ist eine Kombination aus den Kampfsportarten Karate, Judo und Jiu-jitsu. Da der Kopf Zielscheibe für Schläge und Tritte ist, tragen die Kämpfer eine Maske mit einem Gitter aus fünf Metallstangen, durch die man sehen kann und trotzdem geschützt ist.

Temporary Madagascan corpses are laid in their tombs in woven straw mats like this one. If you're not happy with your mat, don't worry. After four to seven years, you'll be dug up again, danced around the village, and given a new one. The old mat is believed to have special fertility powers: Pieces are torn off by young women, who hope it will bring them many children.

Vorübergehend In Madagaskar werden Tote in geflochtenen Strohmatten begraben. Wenn dir deine nicht gefällt, mach dir nichts draus: Nach vier bis sieben Jahren wird das Grab geöffnet, und der Verstorbene wird zum Tanz auf den Dorfplatz geholt. Danach gibt es eine neue Matte. Die alte wird zu Fruchtbarkeitsriten benutzt: Junge Frauen reißen Stücke davon ab, weil sie hoffen, dadurch viele Kinder zu bekommen.

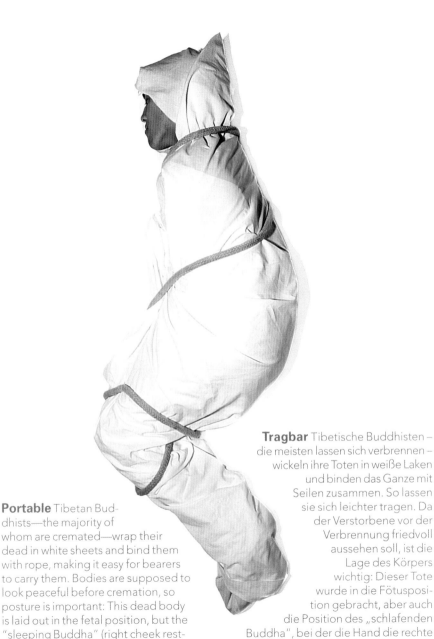

Portable Tibetan Buddhists—the majority of whom are cremated—wrap their dead in white sheets and bind them with rope, making it easy for bearers to carry them. Bodies are supposed to look peaceful before cremation, so posture is important: This dead body is laid out in the fetal position, but the "sleeping Buddha" (right cheek resting on hand) is a popular alternative.

Tragbar Tibetische Buddhisten – die meisten lassen sich verbrennen – wickeln ihre Toten in weiße Laken und binden das Ganze mit Seilen zusammen. So lassen sie sich leichter tragen. Da der Verstorbene vor der Verbrennung friedvoll aussehen soll, ist die Lage des Körpers wichtig: Dieser Tote wurde in die Fötusposition gebracht, aber auch die Position des „schlafenden Buddha", bei der die Hand die rechte Wange stützt, ist eine beliebte Alternative.

Status symbols

Until he can stretch his ears over his head, a Maasai medicine man isn't considered respectable, says our correspondent in Kenya. Favorite devices for stretching pierced ears include stones or tin cans, but Maasai elders also use these film canisters, which conveniently double as snuff carriers. When their aluminum cooking pots wear out, Kenya's Turkana tribesmen melt them down to make these handsome lip plugs, which are inserted into an incision in the lower lip. Worn only by married warriors, they're a quick way to show off your social standing.

Statussymbole

Ehe seine Ohren sich nicht bis über den Kopf ziehen lassen, kann ein Massai-Medizinmann keinen Respekt erwarten, so unser Kenia-Korrespondent. Beliebte Mittel, um mit Löchern versehene Ohren zu verlängern, sind Steine oder Konservendosen. Aber ältere Massai-Männer benutzen auch diese Filmdosen, die praktischerweise ebenfalls als Schnupftabakdosen dienen. Wenn Aluminium-Kochtöpfe abgenutzt sind, schmelzen Männer vom kenianischen Turkana-Stamm sie zu diesen hübschen Lippenscheiben, die in einen Einschnitt in der Unterlippe eingefügt werden. Sie werden nur von verheirateten Kriegern getragen und sind eine ideale Möglichkeit, auf den ersten Blick den sozialen Status deutlich werden zu lassen.

Happiness When a Hindu woman's husband dies, tradition dictates that she stop eating fish, wearing red and laughing in public. In Nepal, a widow's glass bangles and her *tika* (the red dot worn on the forehead) are placed with her husband's body. Worn for the first time at marriage, they are considered symbols of a woman's happiness. When her husband dies, they lose their meaning.

Glück Wenn der Ehemann einer Hindu-Frau gestorben ist, darf sie keinen Fisch mehr essen, keine rote Kleidung tragen und nicht mehr in der Öffentlichkeit lachen, so schreibt es die Tradition vor. In Nepal bekommt der Verstorbene die gläsernen Armreife seiner Frau, ihren Sindur – das rote Pulver, mit dem eine verheiratete Frau ihren Scheitel färbt – und ihren Tika, also den roten Punkt auf der Stirn, mit in den Sarg. Da eine Frau diese Dinge bei ihrer Hochzeit zum ersten Mal trägt, werden sie als Symbole für ihr Glück betrachtet. Stirbt der Ehemann, verlieren sie ihre Bedeutung.

East Timor, a Portuguese colony for 270 years, formed its first independent government on November 28, 1975. Nine days later, Indonesia invaded, eager to seize its vast oil resources and worried that a free East Timor would encourage separatist movements at home. Indiscriminate killings, forced resettlements, famine and bombings took 60,000 East Timorese lives in the first two months of the 1975 invasion—an operation undertaken with the prior knowledge of the USA and Australia. Between 1975 and 1995, Indonesia wiped out 210,000 East Timorese. That's one-third of the population.

The sniper veil— French Foreign Legion issue—is essential garb for anyone hoping to bag a turkey or two in the wild. Put on your camouflage veil, and you can blend into the forest and start your killing spree.

Ost-Timor bildete nach 270 Jahren unter portugiesischer Vorherrschaft am 20. November 1975 seine erste unabhängige Regierung. Neun Tage später marschierte Indonesien ein, um an die reichen Ölreserven zu gelangen. Zudem wurde befürchtet, dass ein freies Ost-Timor separatistischen Bewegungen im eigenen Land Auftrieb geben könnte. Bei Massakern und Zwangsumsiedlungen, durch Hunger und Bomben kamen in den ersten zwei Monaten nach der Invasion von 1975 – über die die USA und Australien vorab informiert waren – 60 000 Einwohner Ost-Timors ums Leben. Zwischen 1975 und 1995 hat Indonesien 210 000 Timoresen, d.h. ein Drittel der Bevölkerung, ausgelöscht.

Der Scharfschützenschleier der französischen Fremdenlegion ist unabdingbar für Hobbyjäger, die es auf Wildenten abgesehen haben. Legt den Schleier an, und ihr könnt das Tarnungsmake-up zu Hause lassen.

A successful sumo (Japanese wrestler) is well fed, well paid, and is showered with gifts by his fans. He lives and trains in a stable with other wrestlers where teenage apprentices cook for him, do his laundry—and even wipe his bottom if he is too fat to reach it himself. When he wants to get married he has little trouble finding a bride—often among Japan's top models or actresses. Luckily for his new wife, he will lose weight after retiring (usually in his early 30s). By that time, he may be able to perform his toilet duties alone.

Ein erfolgreicher Sumo, wie die japanischen Ringer heißen, ist wohlgenährt, gut bezahlt und wird von seinen Fans mit Geschenken überhäuft. Er lebt und trainiert mit anderen Ringern in einem Trainingscenter, wo die jungen Azubis für ihn kochen, waschen – und ihm sogar den Hintern abputzen, wenn er zu fett ist, um selber dran zu kommen. Wenn er heiraten will, ist das gar kein Problem – unter den Kandidatinnen finden sich oft Models oder Schauspielerinnen. Zum Glück für seine Frau wird er abnehmen, sobald er, gewöhnlich mit Anfang 30, in Rente gegangen ist. Da wird er dann wohl imstande sein, allein aufs Klo zu gehen.

Veil When Lady Diana Spencer married Prince Charles (heir to the British crown) in 1981, she wore a veil that had been hand-embroidered with 10,000 tiny mother-of-pearl beads. A decade later she was photographed wearing a Muslim veil during a visit to the Al-Azhar mosque in Cairo, Egypt. Perhaps that's what inspired manufacturers of the *hijabat al iman* (veils of faith) veil from Syria to use her face on the package.

Schleier Als Lady Diana Spencer 1981 den britischen Thronerben Prinz Charles ehelichte, trug sie einen Schleier, der von Hand mit 10 000 winzigen Perlen aus Perlmutt bestickt war. Zehn Jahre danach wurde sie beim Besuch der Al-Azhar-Moschee in Kairo, Ägypten, mit einer moslemischen Kopfbedeckung fotografiert. Vielleicht inspirierte das den syrischen Hersteller der *hijabat al iman* (Schleier des Glaubens) dazu, sie auf seinen Verpackungen abzubilden.

The Bruise Busta Economy Chest Guard, molded from polyethylene, is designed to give sportswomen greater coverage under the arm, and above and below the breast. The 4mm airholes are small enough to keep the tip of a fencing foil or saber at bay. Although created for football, rugby and hockey, the chest guard is currently most popular with tae kwon do and karate artists.

Running sandals With logging interests threatening their land, runners from the Rarámuri tribe of northern Mexico now compete in a prestigious 160km cross-country footrace in the USA to raise money for their cause. In 1992, five Rarámuri ran the race in sneakers, but their feet swelled in the unfamiliar shoes and none of them finished. In 1993, six Rarámuri competed wearing *huaraches* (leather sandals with soles made from discarded tires). They finished 1st, 3rd, 5th, 7th, 10th and 11th in a field of 295.

Der Bruise Busta Economy Chest Guard aus Polyäthylen soll sportliche Frauen unter den Armen, über und unter dem Busen schützen. Die 4 mm großen Luftlöcher sind klein genug, um eine Florett- oder Säbelspitze abzuhalten. Obwohl der Brustschutz für Fußball, Rugby und Hockey entworfen wurde, tragen ihn vor allem Tae-Kwon-Do und Karate-Kämpferinnen.

Rennsandalen Seit Holzwirtschaftsunternehmen ihr Territorium bedrohen, nehmen Läufer des Rarámuri-Stammes in Nordmexiko an einem berühmten 160-km-Lauf durch die USA teil, um Geld für ihr Anliegen zu beschaffen. 1992 liefen fünf Rarámuri das Rennen in Sportschuhen, aber ihre Füße schwollen in dem ungewohnten Schuhwerk an, und keiner von ihnen konnte das Rennen beenden. 1993 liefen sechs Rarámuri in *huaraches* – Ledersandalen mit Sohlen aus alten Autoreifen. Sie kamen bei 295 Teilnehmern auf den 1., 3., 5., 7., 10. und 11. Platz.

Caribou skin, according to Rick Riewe, a winter survival teacher from Manitoba University, Canada, will keep you warmest this winter. In a recent study volunteers wore different types of clothing and sat in -28°C temperatures. The core temperatures of those wearing traditional Inuit clothing made of caribou actually increased. These water-repellent sealskin kamiks (boots) were made 27 years ago by their owner and wearer Monica Sateana who lives in the Canadian territory of Nunavut (she lent them to us while undergoing foot surgery). They can be worn all year round—just wear caribou skin socks in winter.

Karibufell Was hält im Winter am wärmsten? Karibufell, meint Rick Riewe, Leiter eines Winter-Überlebenskurses an der Universität von Manitoba, Kanada. In einer Studie setzten sich Freiwillige in verschiedener Kleidung Temperaturen bis zu -28°C aus. Die Körpertemperatur derjenigen, die traditionelle Inuit-Kleidung aus Karibuhaut anhatten, erhöhte sich sogar. Die wasserdichten Seehundfell-Stiefel (kamiks) wurden vor 27 Jahren von ihrer Besitzerin Monica Sateana angefertigt. Sie können das ganze Jahr über getragen werden (im Winter mit Socken aus Karibufell).

Sun screen The Ivatan people live in the sunny and very windy Batanes Islands, in the northern Philippines. To protect themselves, the women wear *vaculs* like this one (the men wear a version that looks more like a vest). Locals fashion them out of long leaves of wild palm that are stitched and then woven together. They're usually made by the older men and women of the area who pass on the craft to the younger generations. Take care of yours and it will protect you for more than a year.

Sonnenschutz Das Volk der Ivatan lebt auf den sonnigen, windgepeitschten Batan-Inseln nördlich der Philippinen. Um sich zu schützen, tragen die Frauen *vaculs* (die Männer haben eine eigene, westenähnliche Version davon). Sie werden aus den Wedeln der wilden Palme angefertigt, die man zusammennäht und -webt. Normalerweise machen das die älteren Männer und Frauen, die ihr Handwerk an die jüngere Generation weitergeben. Wenn du deinen vacul richtig pflegst, schützt er dich über ein Jahr.

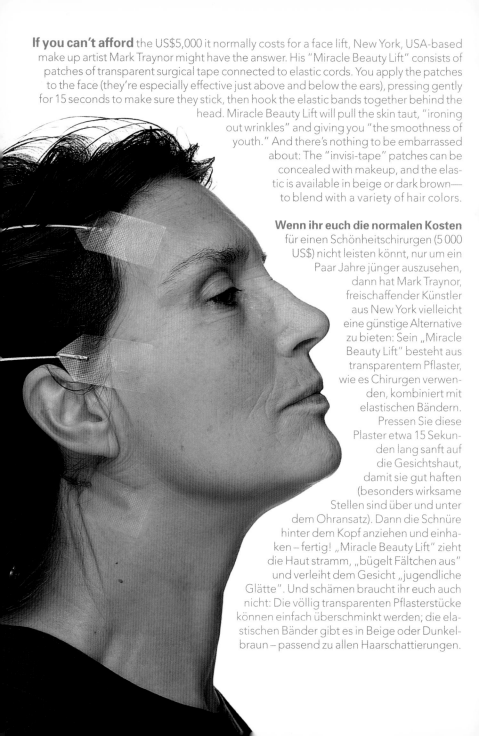

If you can't afford the US$5,000 it normally costs for a face lift, New York, USA-based make up artist Mark Traynor might have the answer. His "Miracle Beauty Lift" consists of patches of transparent surgical tape connected to elastic cords. You apply the patches to the face (they're especially effective just above and below the ears), pressing gently for 15 seconds to make sure they stick, then hook the elastic bands together behind the head. Miracle Beauty Lift will pull the skin taut, "ironing out wrinkles" and giving you "the smoothness of youth." And there's nothing to be embarrassed about: The "invisi-tape" patches can be concealed with makeup, and the elastic is available in beige or dark brown— to blend with a variety of hair colors.

Wenn ihr euch die normalen Kosten für einen Schönheitschirurgen (5 000 US$) nicht leisten könnt, nur um ein Paar Jahre jünger auszusehen, dann hat Mark Traynor, freischaffender Künstler aus New York vielleicht eine günstige Alternative zu bieten: Sein „Miracle Beauty Lift" besteht aus transparentem Pflaster, wie es Chirurgen verwenden, kombiniert mit elastischen Bändern. Pressen Sie diese Plaster etwa 15 Sekunden lang sanft auf die Gesichtshaut, damit sie gut haften (besonders wirksame Stellen sind über und unter dem Ohransatz). Dann die Schnüre hinter dem Kopf anziehen und einhaken – fertig! „Miracle Beauty Lift" zieht die Haut stramm, „bügelt Fältchen aus" und verleiht dem Gesicht „jugendliche Glätte". Und schämen braucht ihr euch auch nicht: Die völlig transparenten Pflasterstücke können einfach überschminkt werden; die elastischen Bänder gibt es in Beige oder Dunkelbraun – passend zu allen Haarschattierungen.

"I used to have this bunch of fat underneath my chin, said Gene Shaffer of the USA, inventor of the Chin Gym. "I would pinch it and think, 'If you didn't have that fat, Gene, you'd be a much better-looking guy.'" After eight months of experimenting with door hinges and a boxer's mouthguard in his Los Angeles garage, Gene's chin had stopped sagging. Friends at the local square dance club noticed the improvement, and when Gene told them about his invention, they all wanted one. The Chin Gym was born. The contraption requires almost no effort: You bite on the mouthpiece, add the metal weights, and allow the plastic arm to press against your sagging chin for up to 15 minutes a day.

„Ich hatte immer diese Speckfalten unterm Kinn", erklärt Gene Shaffer, der Erfinder von Chin Gym. „Manchmal zwickte ich mich dort und dachte: Wenn da nicht diese Fettwülste wären, würdest du viel besser aussehen, Gene." Nach achtmonatigem Experimentieren mit Türangeln und einem Boxermundschutz in seiner Garage in Los Angeles hing Genes Kinn endlich nicht mehr schlaff herunter. Seine Freunde im Square Dance-Club bemerkten die Verbesserung sofort und als Gene ihnen von seiner Erfindung erzählte, wollten alle sie ausprobieren. Chin Gym war geboren. Die Anwendung macht kaum Mühe: Man beißt auf ein Mundstück, hängt Gewichte an und lässt einen Plastikarm etwa 15 Minuten täglich gegen das schlaffe Kinn pressen.

Eye enhancers Only 15 percent of Asians are born with the "double eyelids" common to Caucasians. If you're in the other 85 percent, Eye Talk glue from Japan promises to "gentle your hardened look." Just stretch out your eyelid, shape as desired with the handy applicator, and dab with glue to seal skin in place. "The slight ammonia smell is normal," the catalog assures, but remember to remove before sleeping: "If you forget, your skin might chap." Another option is Eye Tape, produced in Japan and marketed throughout East Asia. Of course, the best way to alter your eye shape is with plastic surgery, which costs up to US$3,500 but may well be worth it: Statistics suggest that those who have it done fare better in the competitive Japanese job market.

Augenvergrößerer Nur 15 % der Ost- und Südostasiaten werden mit den „doppelten Augenlidern" geboren, die anderswo auf der Welt verbreitet sind. Wenn ihr zu den anderen 85 % gehört, verspricht Eye-Talk-Klebstoff euren „harten Blick zu mildern". Zieht einfach das Lid hoch, formt es nach Belieben mit dem handlichen Applikator und tragt den Klebstoff auf, damit die Haut in dieser Position bleibt. „Der leichte Ammoniak-Geruch ist ganz normal", versichert der Katalog, aber denkt daran, den Klebstoff vor dem Schlafengehen zu entfernen: „Wenn ihr es vergesst, kann die Haut rissig werden." Eine andere Möglichkeit ist ein Augenklebeband, das in Japan hergestellt und in ganz Ost- und Südostasien vertrieben wird – das Eye Tape haben wir in Ho-Chi-Minh-Stadt erworben. Der beste Weg zu größeren Augen führt immer noch über die Schönheitschirurgie. Die Kosten von bis zu 3500 US$ sind es wahrscheinlich wert: Laut Statistik haben Leute nach einer solchen Operation auf dem heiß umkämpften japanischen Arbeitsmarkt bessere Karrierechancen.

ASTRAEA V.

Just one of the special items to cover
professional needs. 20pairs

Eye Tape

アイテープ

まぶたの上に貼るだけ
自然で
きれいな二重をつくる

New person There is a chemical in your head called serotonin. Scientists have found that it is connected with feelings of confidence and self-esteem: The higher your serotonin level, the better you feel about yourself. Now you can take a drug called Prozac to raise your serotonin level. Approved in the US in 1987 to treat severe depression, Prozac is already one of the top-selling drugs ever. This is partly because doctors prescribe it not only for depression, but for all kinds of supposed psychological shortcomings, from shyness to over-seriousness. More than 11 million people are taking Prozac at the moment (including one in 40 people in the USA), and millions of others have used it to overcome short-term crises. In 1993 worldwide Prozac sales reached US$1.2 billion. The US media reports that the latest wave of Prozac users are ambitious professionals who want to improve their confidence and competitiveness in the workplace. If you're not on Prozac already, you may soon have to take it to compete with them. One capsule costs about $2.

Wie neugeboren In unserem Kopf gibt es eine Chemikalie namens Serotonin. Wissenschaftler haben herausgefunden, dass Serotonin mit unserer Zufriedenheit und unserem Selbstwertgefühl in Zusammenhang steht: Je höher dein Serotoninspiegel ist, desto besser geht es dir. Jetzt gibt es eine Pille namens Prozac, die den Serotoninspiegel heraufsetzt. Prozac wurde 1987 als Antidepressivum in den USA auf den Markt gebracht und ist eines der bestverkauften Medikamente aller Zeiten. Das kommt zum Teil daher, dass Ärzte Prozac nicht nur gegen Depressionen verschreiben, sondern auch gegen eine Vielzahl von seelischen Wehwehchen, von Schüchternheit bis zu übermäßigem Pflichtgefühl. Derzeit nehmen über elf Millionen Menschen Prozac – in den USA jeder Vierzigste –, und Millionen andere haben damit kurzzeitige Krisen überwunden. 1993 wurde Prozac im Wert von 1,2 Milliarden DM verkauft. Amerikanische Medien berichten, dass neuerdings vor allem solche Menschen das Mittel einnehmen, die Karriere machen und ihre Konkurrenzfähigkeit am Arbeitsplatz steigern wollen. Wenn du noch kein Prozac nimmst, musst du es wahrscheinlich bald tun, wenn du im Rennen bleiben willst. Eine Kapsel kostet ca. 2 US$.

Fringe benefits In 1998, Mayor Elcio Berti of Bocaiúva Do Sul, Brazil, handed out free Viagra to raise the town's population. Every second, somewhere in the world, three men swallow Viagra to raise their penises.

Sonderzulage 1998 verteilte der Bürgermeister Elcio Berti aus Bobaiúva Do Sul, Brasilien, Gratisproben von Viagra, um das Bevölkerungswachstum der Stadt anzukurbeln. Jede Sekunde schlucken drei Männer weltweit Viagra, als Stützhilfe für ihren Penis.

The chest belt, or breast flattener, originated in the Hellenic period of ancient Greece. It was incorporated into the world of Catholic lingerie in the Middle Ages. Until the late 1930s, nuns wrapped themselves up in the wide linen band daily. This one is trimmed with an embroidered cross.

Curves have the look, feel and bounce of real breasts. Inserted in your bra or swimsuit, these waterproof, silicone gel pads (below) will enhance your bust by up to 2 1/2 cups—without any messy surgery or adhesives. According to the manufacturer, Curves' 150,000 customers include "some of the most confident women in the world." But in case you're not the typical, self-assured Curves customer, the pads are "shipped in a plain, discreet box."

Der Brustgurt wurde im antiken Griechenland in der Epoche des Hellenismus entworfen, um die Brust flach zu halten. Im Mittelalter wurde er in die große Familie der katholischen Unterwäsche aufgenommen. Bis 1930 wickelten sich Nonnen diese breiten Leinenstreifen um den Leib. Dieser ist mit einem gestickten Kreuz geschmückt.

Diese „Curves" (Kurven) sehen aus wie richtige Brüste, fühlen sich auch so an und hüpfen ähnlich. In den BH oder Badeanzug eingefügt können diese wasserfesten Kissen aus Silikon-Gel den Brustumfang bis zu 2 1/2 Körbchen vergrößern, ganz ohne umständliche Operation oder Klebevorrichtungen. Laut Hersteller gehören zu den 150 000 Kundinnen von Curves „die selbstbewusstesten Frauen der Welt". Aber für den Fall, dass ihr nicht zu den typischen Curves-Kundinnen mit großem Selbstvertrauen gehört, werden diese Kissen in „diskreten Standard-Paketen" versandt.

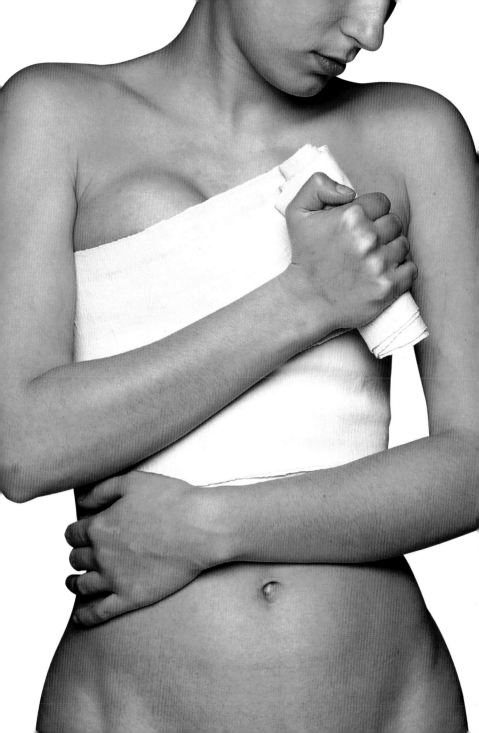

Prosthetics Each year 25,000 people step on land mines. Ten thousand of them die. The lucky ones restart their lives as amputees. One of the first problems they face is getting a new leg—not an easy task in a war-torn, mine-ridden country. Handicap International, a relief organization, teaches local workshops how to make cheap and effective legs from available resources. The "Sarajevo Leg," constructed of stainless steel and polyurethane, is found only in countries with the machinery to assemble it. Victims in less developed countries—Vietnam, for example—might be fitted with a rubber foot, attached to a polypropylene leg. And when there's nothing at all, people recycle the garbage left behind by war: One child's prosthetic from Cambodia was fashioned from a 75mm rocket shell and a flip-flop sandal.

Prothesen 25 000 Menschen treten jedes Jahr auf Landminen. Zehntausend von ihnen sterben. Die Glücklicheren beginnen ein neues Leben als Krüppel. Eins der ersten Probleme, mit denen sie konfrontiert werden, ist die Beschaffung eines neuen Beins – gar nicht so einfach in einem kriegsgebeutelten, minenverseuchten Land. Die Hilfsorganisation Handicap International bringt Arbeitsgruppen vor Ort bei, wie man mit den verfügbaren Mitteln billig und effektiv Beine herstellt. Das „Sarajewo-Bein" aus rostfreiem Stahl und Polyurethan findet man nur in Ländern, die Maschinen haben, um es zusammenbauen zu können. Für die Minenopfer in weniger entwickelten Ländern – wie Vietnam – bleiben Gummifüße, die an einem Polypropylen-Bein befestigt werden. Und wo es gar nichts mehr gibt, behelfen sich die Betroffenen mit dem Müll, den der Krieg hinterlassen hat: In Kambodscha bastelte man eine Kinderprothese aus einer 75 mm-Granate und einer Gummi-Sandale.

Feet High heels are bad for your health. Heels more than 5.7cm high distribute your weight unevenly, putting stress on the spine and causing back pain. In addition, they put excessive pressure on the bones near the big toe, leading to stress fractures and hammer toes—inward curving joints resembling claws. Prolonged wear can even bring on arthritis. According to shiatsu (a Japanese massage therapy), energy lines running through the body end in "pressure points" in the feet. Massaging the pressure points, practitioners believe, relieves aches and pains elsewhere in the body. So after a long day's work, slip on these shiatsu socks. The colored patches mark pressure points: You massage the big blue one, for example, to soothe a troubled liver. And the green one near the heel? That's for sexual organs and insomnia—all in one.

Füße Hohe Hacken schaden der Gesundheit. Absätze, die höher als 5,7 cm sind, beeinträchtigen die gleichmäßige Verteilung des Gewichts, beanspruchen das Rückgrat und verursachen Rückenschmerzen. Außerdem stehen die Knochen um den großen Zeh unter übermäßigem Druck, wodurch es zu Belastungsbrüchen und der Bildung von Hammerzehen – nach innen gebogenen, klauenähnlichen Zehen – kommen kann. Das jahrelange Tragen zu hoher Absätze kann sogar Arthritis verursachen. Nach den Lehren des Shiatsu, einer japanischen Massagetherapie, laufen Energielinien durch unseren ganzen Körper und enden als „Druckpunkte" in unseren Füßen. Diejenigen, die Shiatsu praktizieren, glauben, dass die Massage dieser Druckpunkte Schmerzen und Unwohlsein im Körper lindern kann. Nach einem langen Arbeitstag sind diese Shiatsu-Socken genau das Richtige. Die bunten Flecken kennzeichnen die Druckpunkte: Wenn du z. B. den dicken blauen massierst, ist das eine Wohltat für die Leber. Und der grüne da am Absatz? Der ist gleichzeitig für die Sexualorgane und gegen Schlaflosigkeit zuständig.

Gel According to sources in the Japanese porn industry, Pepee gel is used by actors to make their genitals glisten on camera.

Padding You can't please everyone all of the time. While some people would give anything to have a flat backside, in Japan some women buy padding to wear under their panties. Pad manufacturer Wacoal estimates that 60 percent of Japan's female population admire the "fuller" Western figure and want to imitate it without the pain and expense of plastic surgery. They wear pads to enlarge the breasts and to round the bottom.

Gel Nach Aussagen der japanischen Sexfilmbranche wird „Pepee" von Pornodarstellern benutzt, damit erogene Zonen im Scheinwerferlicht schön feucht glänzen.

Pölsterchen Man kann nicht allen gleichermaßen gefallen. Während einige Leute alles geben würden, um einen kleinen Hintern zu haben, kaufen sich einige Japanerinnen Pölsterchen, die sie unter dem Schlüpfer tragen. Der Polsterhersteller Wacoal schätzt, dass 60 % der Japanerinnen ihre Geschlechtsgenossinnen aus der westlichen Welt um ihre „üppigere" Figur beneiden. Sie wollen ihnen gleichen, scheuen aber die Schmerzen und Kosten einer Schönheitsoperation und tragen deshalb Polster, die die Brust vergrößern und den Hintern runder erscheinen lassen.

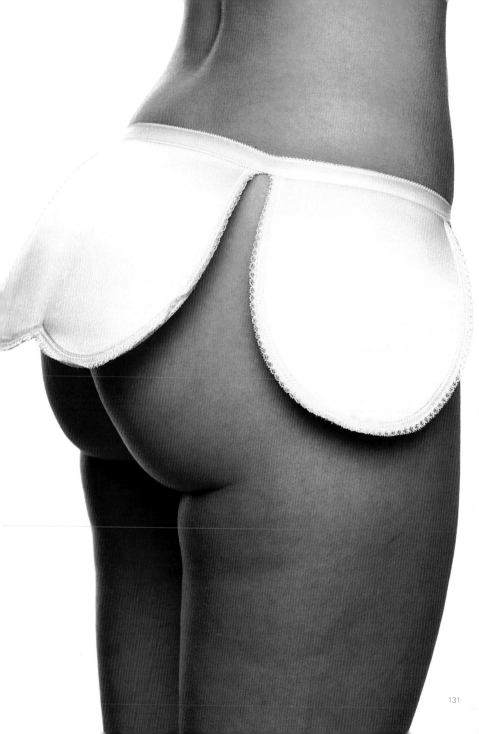

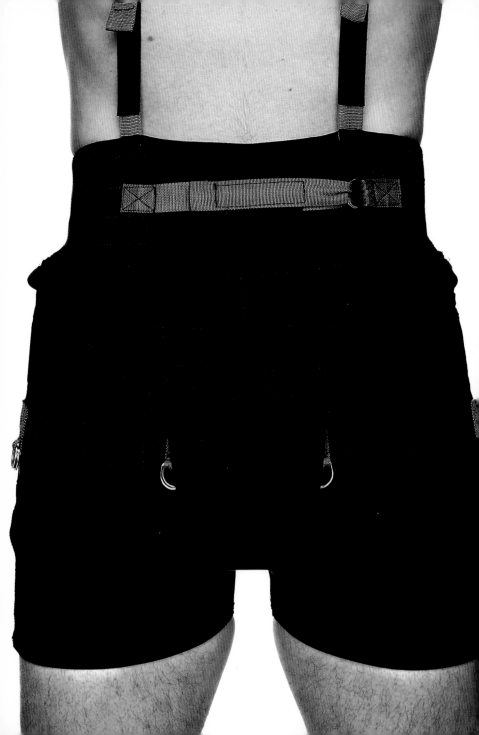

Bulletproof underwear These bulletproof shorts are manufactured by the same company that supplied former Russian president Boris Yeltsin with protective vests. Founded in 1942 to develop tank armor, Moscow's Steel Research Institute now caters to Russia's bullet-shy businessmen. About the weight of the Madrid yellow pages (both volumes)—these sturdy nylon shorts conceal seven steel plates, strategically placed to protect the lower stomach, hips and crotch. They can deflect a bullet shot from a Markarov pistol or Uzi at 5m. But are they comfortable? We couldn't get an interview with any Russian customers, so we had to ask a little closer to home. "Well, I wouldn't sleep in them," said our model. "But they're fairly easy on your private parts."

Safe date Some women are buying fake men to protect themselves from real ones. This is Safe-T-Man. He is 185cm tall and weighs 5kg. His face and hands are latex and his facial features have been painted on. "When traveling," his brochure says, "simply place Safe-T-Man in the passenger seat of your car. When alone in your home, set a place for Safe-T-Man at the dinner table. Watch TV with him, or place him by a desk." You can choose light or dark skin for your Safe-T-Man and blond, dark or gray hair. Button-on legs are optional.

Kugelsichere Unterwäsche Diese kugelsicheren Unterhosen werden von der Firma hergestellt, die auch den ehemaligen russischen Präsidenten Boris Jelzin mit kugelsicheren Westen ausstattete. Das Moskauer „Stahlforschungsinstitut" wurde im Jahre 1942 gegründet, um Panzer so stabil wie möglich zu machen. Heute hat es Stammkunden unter russischen Geschäftsleuten, die Schusswunden vermeiden wollen. Diese soliden Nylonshorts – mit einem Gewicht, das in etwa dem zweibändigen Telefonbuch von Madrid entspricht – haben es wirklich in sich. An strategischen Stellen des Unterleibs, der Hüften und der Schamgegend sitzen sieben Stahleinlagen. Das genügt, um Kugeln aus einer Makaroff-Pistole oder einer Uzi auch bei fünf Meter Abstand abzulenken. Wie steht es aber mit dem Tragekomfort? Wir konnten keine russischen Kunden befragen und wandten uns daher an unser Testopfer: „Schlafen würde ich in den Dingern nicht gerade, aber die wichtigsten Körperteile haben ganz gut Platz darin."

Sicherheitsmann Frauen können sich jetzt einen falschen Mann zulegen, der sie vor den echten Männern schützt. Hier haben wir den *Safe-T-Man*. Der Sicherheitsmann ist 1,85 m groß und wiegt 5 kg. Gesicht und Hände sind aus Latex, die Gesichtszüge sind aufgemalt. In der beiliegenden Info-Broschüre steht: „Im Auto wird der *Safe-T-Man* einfach auf den Beifahrersitz gesetzt. Wenn Sie alleine zu Hause sind, setzen Sie ihn an den Esstisch, vor den Fernseher oder an den Schreibtisch." Dein *Safe-T-Man* kann hell- oder dunkelhäutig sein und blondes, dunkles oder graues Haar haben. Ansteckbare Beine auf Wunsch.

Blood type condoms Millions of people worldwide consult astrological horoscopes to understand their true personality. In Japan, however, another theory of human nature—based on the four human blood types—has taken hold. People with Type A blood are said to be orderly, soft-spoken and calm, albeit a little selfish; Type B people are independent, passionate and impatient; Type AB, rational, honest but unforgiving; and Type 0, idealistic and sexy but unreliable. Now an array of products tailored to the blood type of consumers has hit the Japanese market. Osaka-based Jex Company manufactures blood type condoms. "For the always anxious, serious and timid A boy," the appropriate condom is of standard shape and size, pink and .03mm thick. For "the cheerful, joyful and passionate 0 boy," the condom is textured in a diamond pattern. Each packet comes with instructions and mating advice for each blood type. (The ideal couple, in case you were wondering, is an 0 man and an A woman. According to the packet, they would earn 98 out of 100 "compatibility points.") Two million blood type condoms are sold every year in Japan.

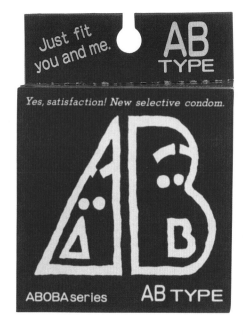

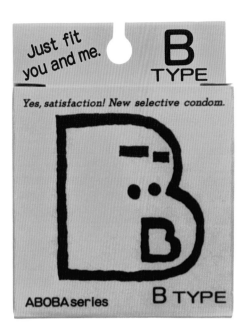

Blutgruppenkondome Millionen von Menschen konsultieren weltweit astrologische Horoskope, um ihre wahre Persönlichkeit zu verstehen. In Japan hat sich indessen eine ganz andere Theorie zur menschlichen Natur durchgesetzt: Sie gründet sich auf die vier Blutgruppen. Menschen der Blutgruppe A sollen ordentlich, höflich und ruhig sein, wenn auch etwas egoistisch; Blutgruppe B-Typen sind unabhängig, leidenschaftlich und ungeduldig; Typ AB ist rational, ehrlich, aber kompromisslos; und Type O ist idealistisch und sexy, aber nicht verlässlich. Ein ganzes Sortiment an blutgruppenspezifischen Produkten hat inzwischen den japanischen Markt erobert. Die Jex Company aus Osaka stellt Blutgruppenkondome her. „Für die immer ängstlichen, ernsten, schüchternen A-Jungen" empfiehlt man ein Kondom in Standardgröße und -form, rosafarben und etwa 0,03 cm dick. Für die „fröhlichen, lustigen und leidenschaftlichen O-Jungen" präsentiert sich das Kondom hingegen mit Diamantenaufdruck. Jedes Paket enthält Anweisungen und Liebesratschläge für die jeweilige Blutgruppe. (Das ideale Paar, falls ihr euch das schon gefragt habt, ist übrigens die Kombination O-Mann und A-Frau. Laut Paket würden sie 98 von 100 „Kompatibilitätspunkten" erlangen.) Pro Jahr werden zwei Millionen Blutgruppenkondome in Japan verkauft.

Penis gourd Along the Sepik River in Papua New Guinea, the penis gourd is an indispensable accessory for men. "With the heat, humidity and lack of laundry facilities," says Kees Van Denmeiracker, a curator at Rotterdam's Museum of Ethnology, "it's better to use a penis gourd than shorts. It's great for hygiene, and besides, textiles are so expensive." Made from forest-harvested calabash fruit, gourds are sometimes topped off with a small receptacle that's ideal for carrying around tobacco, money and other personal effects. Members of the Yali clan sport gourds up to 150cm long, though more modest gourds (like the 30cm model featured here) are the norm. Most men make their gourds for personal use, but thanks to an increasing demand from tourists, penis gourds can occasionally be purchased at local markets for use abroad.

A solid punch from a trained boxer can deliver the force of a 6kg padded mallet striking you at 30km per hour. But blows below the waist often receive only warnings from referees, so boxers have to watch out for themselves. The Everlast groin protector consists of a hard plastic cup embedded in a thick belt of dense foam.

Penisfutteral Längs des Flusses Sepik in Papua-Neuguinea ist das Penisfutteral ein unabdingbares Zubehör jeden Mannes. „Bei der Hitze, der Feuchtigkeit und dem Mangel an Waschgelegenheiten", so Kees Van Denmeiracker, Kustos am Völkerkundemuseum in Rotterdam, „ist es besser, ein Penisfutteral zu tragen als Shorts. Es ist viel hygienischer, und außerdem sind Textilien ja so teuer." Das Futteral wird aus der im Wald geernteten Kalabasch-Frucht hergestellt und manchmal auch mit einem kleinen Behältnis versehen, in dem man Tabak, Geld oder andere persönliche Kleinigkeiten gut aufbewahren kann. Mitglieder des Yali-Clans tragen bis zu 150 cm lange Futterale, wobei bescheidenere Exemplare wie das hier abgebildete 30-cm-Modell eher üblich sind. Die meisten Männer stellen sie für den persönlichen Gebrauch her, aber dank der steigenden Nachfrage von Touristen können Penisfutterale auch gelegentlich auf lokalen Märkten für den Gebrauch im Ausland erworben werden.

Ein sauberer Boxhieb kann dich mit der Wucht eines gepolsterten 6 kg Hammers treffen, der mit 30 km/h aufprallt. Für Tiefschläge gibt es trotzdem vom Ringrichter oft nur eine Verwarnung, deshalb sollten Boxer gut auf sich aufpassen. Der Everlast-Leistenschutz besteht aus einer harten Plastikschale, die in einen dicken Gürtel aus Schaumstoff eingebettet ist.

Bracelet In 1985, 1.3 million Nuba lived in the fertile Nuba Hills of central Sudan. Then the Sudanese goverment decided to remove them to secure the hills against southern rebels and use the land for industrial farming. An estimated 100,000 Nuba have been killed or "disappeared." Another 750,000 have been sent to concentration camps (the government calls them "peace camps"). Men are put to work as government militiamen or as slaves on confiscated Nuba farmland. Women have been raped and forced to work as unpaid servants in Muslim households in the north. Children have been sold into slavery, purportedly for as little as US$12. In 1995, only 200,000 Nuba were left in the hills. Athletic events at Nuba festivals —wrestling matches and bouts with sticks and sharp bracelets—are an important part of the celebrations. They are also illegal, thanks to a Sudanese law prohibiting gatherings of more than four people.

Kiss of Death lipstick Twist the base and a blade appears instead of lipstick. "Female agents working to break prostitution rings use this for protection when their undercover outfits don't allow for conventional weapons."

Armreifen 1985 lebten 1,3 Mio. Nuba auf den fruchtbaren Nuba-Hügeln im Zentralsudan. Dann beschloss die Regierung, sie umzusiedeln, um das Gebiet gegen südsudanesische Rebellen zu sichern und es im großen Stil landwirtschaftlich zu nutzen. Rund 100 000 Nuba wurden getötet oder „verschwanden". Weitere 750 000 wurden in Konzentrationslager – im Regierungsjargon „Friedenslager" – gesperrt. Die Männer wurden zur Regierungsmiliz eingezogen oder als Landarbeiter auf dem Nuba-Land versklavt. Frauen wurden vergewaltigt und gezwungen, sich als unbezahlte Dienstmädchen im moslemisch geprägten Norden zu verdingen. Kinder wurden für 12 US$ als Sklaven verkauft. Heute leben nur noch 200 000 Nuba auf den Hügeln, und man weiß kaum etwas über sie. Die Regierung hat die Straßen gesperrt und verweigert humanitären Hilfsorganisationen den Zugang. Wettkämpfe – Ringkämpfe und Kraftproben mit Stöcken und scharfkantigen Armreifen – gehören bei den Nuba-Festlichkeiten dazu. Sie sind ebenfalls illegal, da das sudanesische Gesetz Versammlungen von mehr als vier Personen verbietet.

Lippenstift „der Todeskuss" Wenn man unten an ihm dreht, erscheint anstelle des Lippenstifts eine Klinge. „Polizistinnen, die verdeckt arbeiten, um Prostitutionsringe aufzudecken, benutzen ihn, wenn ihre Tarnkleidung keine konventionellen Waffen zulässt."

The Wildlife Camo Compact
should be in every soldier's purse.
Available in two-tone (brown and olive)
or four-tone (brown, olive, black and
tan), this camouflage makeup comes
in a compact with a durable mirror.

Wildlife Camo Compact sollte zur Standardausrüstung jedes Soldaten gehören. Das Tarnungsmake-up gibt es in Spiegeletuis in verschiedenen Farbkombinationen: braun und oliv, oder braun, oliv, schwarz und beige.

Sweet Lover is a battery-powered portable vibrator disguised as a flaming pink lipstick. Fits into your handbag for easy access.

„Sweet Lover" ist ein batteriebetriebener Vibrator, der sich als knallroter Lippenstift tarnt. Passt in jede Handtasche.

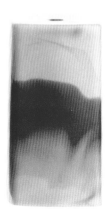

Keep dry In rural areas of the Philippines, people weave palm leaves together in a conical shape to make a *salakot* , a hat that protects them from rain. In Manila, enterprising locals build bridges made of wooden planks or concrete blocks over flooded streets and charge pedestrians a toll to cross. Colombians in Bogotá do the same with soft-drink crates. Others use muscle: In Zambia, boys known as *kaponyas* carry women across puddles for 500 kwacha (US$0.22) a ride.

Bleib trocken In ländlichen Gegenden der Philippinen werden Palmblätter zu spitzen *sakalots* verwoben, die wunderbar vor Regen schützen. In Manila bauen Anwohner mit unternehmerischer Initiative aus Planken oder Betonblöcken Brücken über überflutete Straßen und fordern ein Wegegeld für die Überquerung. In Bogotá werden zum selben Zweck leere Getränkekanister benutzt. Eine weitere Möglichkeit ist Muskelkraft: In Sambia tragen junge Männer, die *kaponyas* genannt werden, Frauen für 500 kwacha (0,22 US$) über tiefe Pfützen.

Water Lesotho is a mountainous country surrounded by South Africa. The Sotho people (formerly known as the Basuto), who live in the southern part of the country, wear conical rain hats made out of straw. They'll soon have to share their rainwater with their neighbors: In 1991 work started on dams that are part of a hydroelectric project designed to supply South Africa's dry Gauteng province with power and water.

Leaf If you live in the tropics, grab a giant leaf to use as an umbrella. Nature designed rain forest leaves to deflect water (even though water makes up 90 percent of leaf weight). Or wait until the leaves are dry and weave them into a hat like this one, made in India of coconut leaves.

Wasser Lesotho ist ein kleiner Bergstaat, der ganz von südafrikanischem Territorium umgeben ist. Die Angehörigen des Volk der Sotho, ehemals Basuto genannt, die im südlichen Teil des Landes leben, tragen spitze Regenhüte aus Stroh. Bald werden die Sotho das Regenwasser mit ihren Nachbarn teilen müssen: 1991 wurde mit dem Bau einer Reihe von Staudämmen für ein Wasserkraftwerk begonnen, das Südafrikas trockene Provinz Gauteng mit Strom und Wasser versorgen soll.

Blatt Wenn du in den Tropen vom Regen überrascht wirst, benutz ein großes Blatt als Regenschirm. Die Natur hat die Blätter des Regenwaldes so gestaltet, dass sie Wasser optimal ableiten, auch wenn dies 90 % ihres Eigengewichts ausmacht. Oder warte, bis die Blätter trocken sind, und flechte dir daraus einen Hut wie diesen, der aus Indien stammt und aus Kokosblättern gefertigt ist.

Mask This is the face of the average European. She/he is 51 percent female and 49 percent male, 18 percent Italian, 3 percent Greek and 0.1 percent Luxembourger. Living in a two-person household, she/he consumes 42 liters of wine a year, is 31.5 years old, and probably works in the hotel and catering trade. Based on European demographic statistics, the mask was created by two UK-based artists as a political statement. But if you live in Europe and your face doesn't look like this one, wearing the mask could make your life easier: In the UK, there are 130,000 racially motivated incidents every year. And in France, where five million legal residents are of African or Arabic origin, two out of three people questioned in a 1996 UN survey said they had witnessed racial harassment—and the same number confessed to having racist attitudes themselves.

Maske Hier das Gesicht eines Durchschnittseuropäers. Er/sie ist zu 51 % weiblich und zu 49 % männlich, zu 18 % italienisch, zu 3 % griechisch und zu 0,1 % luxemburgisch. Er/sie lebt in einem Zwei-Personen-Haushalt, trinkt jährlich 42 Liter Wein, ist 31,5 Jahre alt und arbeitet vermutlich im Hotel- oder Lebensmittelgewerbe. Diese Maske wurde auf der Grundlage einer europäischen Bevölkerungsstatistik von zwei in Großbritannien ansässigen Künstlern als politisches Statement geschaffen; denn wenn du in Europa lebst und dein Gesicht nicht wie dieses aussieht, könnte dir das Tragen dieser Maske deine Existenz erleichtern: In Großbritannien werden jährlich 130 000 rassistisch motivierte Zwischenfälle verzeichnet. Und in Frankreich, wo fünf Millionen Bürger afrikanischer oder arabischer Herkunft leben, hat 1996 eine Umfrage der UNO ergeben, dass zwei von drei Personen rassistischen Belästigungen ausgesetzt waren. Etwa die gleiche Zahl gestand ein, selbst rassistisches Benehmen an den Tag zu legen.

She's beautiful, she's plastic, and she comes with 12 accessories (including brush, comb and curlers). The Valentina Beauty Center also comes in an identical white-skinned version. "She doesn't have black features because we used a single mold," says Roberto Bonazzi of Valentina's Italian manufacturer Grazioli. "We only changed the skin color—it's a matter of costs." Because of lack of demand, production of Valentina stopped in 1994. "There's no call for black dolls in Europe. But even our competitors in the USA don't make black dolls with the correct racial features: Realistic black features aren't very pleasant on a doll's face, they're pretty heavy. We only produce white, normal dolls now."

Sie ist wunderschön, sie ist aus Plastik und wird mit zwölf Accessoires geliefert, darunter Bürste, Kamm und Lockenwickler. Beim Valentina Beauty Center ist sie in einer erstaunlich ähnlichen weißhäutigen Version erhältlich. „Sie hat keine negroiden Gesichtszüge, da wir für beide die gleiche Form benutzt haben", erklärt Roberto Bonazzi vom italienischen Hersteller Grazioli. „Wir haben nur die Hautfarbe geändert – eine Kostenfrage." Bedauerlicherweise musste 1994 die Valentina-Produktion mangels Nachfrage eingestellt werden. „In Europa wollen sie einfach keine schwarzen Puppen. Aber selbst unsere amerikanischen Konkurrenten produzieren keine Puppen mit korrekten Gesichtszügen. Realistische negroide Züge sehen bei Puppen einfach nicht gut aus, sie wirken viel zu schwer. Jetzt stellen wir nur noch weiße, normale Puppen her."

Don't smoke it, wear it. Tütün Kolonyasi (Tobacco Cologne), a Turkish perfume made with tobacco extract, has a fresh, lemony scent and is often used by tired travelers to refresh themselves on a long journey.

Nicht rauchen, sondern tragen. Tütün Kolonyasi (Tabak-Kölnischwasser), ein türkisches Parfüm mit Tabakextrakten, hat einen frischen Zitrusduft und wird gerne zur Erfrischung auf lange Reisen mitgenommen.

De-smoke After a night in a smoky bar, try the Japanese Smoke Cut for Hair, a hair spray that promises to leave your hair fresh, clean and silky soft.

Entrauchen Nach einer Nacht in einer verrauchten Bar könnt ihr es mal mit dem Anti-Rauch-Haarspray „Hair Freshener" probieren. Es verspricht frisches, sauberes und seidig weiches Haar.

Design your own chin wig or false beard at Archive and Alwin in London, UK. A chin wig takes about two weeks to make, mainly from yak belly hair. Or choose from a wide selection of ready-to-wear styles (the Salvador Dalí and bright blue goatee models are very popular).

Nach eigenen Entwürfen eine Kinnperücke oder einen falschen Bart gibt es bei Archive and Alwin in London. Die Herstellung eines falschen Kinnbarts dauert etwa zwei Wochen. Er besteht hauptsächlich aus Yak-Bauchfell. Auch prêt-à-porter Perücken können aus einem breiten Spektrum an Modellen ausgewählt werden; sehr beliebt sind der Salvador-Dalí-Look und das hellblaue Ziegenbärtchen.

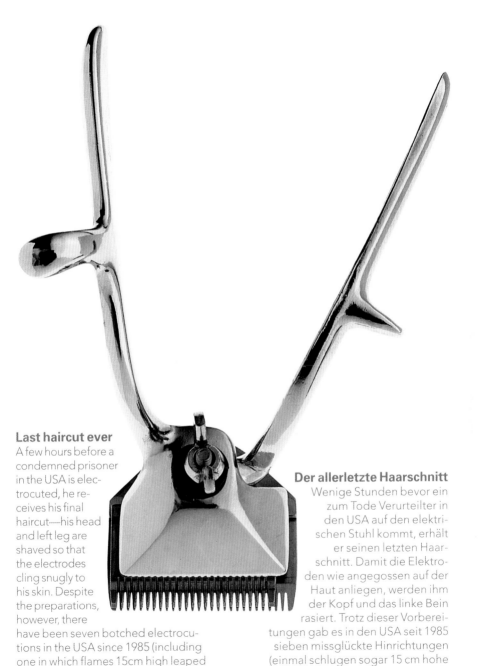

Last haircut ever
A few hours before a condemned prisoner in the USA is electrocuted, he receives his final haircut—his head and left leg are shaved so that the electrodes cling snugly to his skin. Despite the preparations, however, there have been seven botched electrocutions in the USA since 1985 (including one in which flames 15cm high leaped from the prisoner's head).

Der allerletzte Haarschnitt
Wenige Stunden bevor ein zum Tode Verurteilter in den USA auf den elektrischen Stuhl kommt, erhält er seinen letzten Haarschnitt. Damit die Elektroden wie angegossen auf der Haut anliegen, werden ihm der Kopf und das linke Bein rasiert. Trotz dieser Vorbereitungen gab es in den USA seit 1985 sieben missglückte Hinrichtungen (einmal schlugen sogar 15 cm hohe Flammen aus dem Kopf des Sträflings).

Curlers Wherever you go in Cuba, women are working, shopping or hanging out—with tubes, pipes and toilet paper rolls twisted into their hair. If you had never seen curlers before, you might guess they were some sort of sexy head decoration, or maybe a religious accessory. In fact, they are worn to give the hair more body: "We don't get fashion magazines here," explains Mario Luis, the most sought-after hairstylist in Baracoa, "so women choose hairstyles from the soap operas for which you need curlers." Mario Luis, who favors a more natural look, discourages his clients from relying on curlers. But a much more serious fashion crime, he says, is wearing them in public. "The culture of dressing up has been lost here. It has to do with the general lack of culture and aesthetics. Most women don't have a daily regimen—they don't go to breakfast at important places or show off their figures at the office. When food arrives at the store, a housewife runs out to buy some, because if not, the food runs out and everyone goes hungry. If you have your curlers on, you leave them on."

Lockenwickler Überall auf Kuba begegnen euch Frauen beim Arbeiten, Einkaufen oder Klönen, die ihr Haar auf Röhren, Schläuche oder Klopapierrollen aufgerollt haben. Wenn ihr noch nie Lockenwickler gesehen hättet, dann würdet ihr wahrscheinlich denken, es handle sich um eine verführerische Kopfdekoration oder um religiöse Accessoires. Tatsächlich werden sie getragen, um dem Haar mehr Fülle zu geben: „Wir bekommen hier keine Modezeitschriften", erklärt Mario Luis, der beliebteste Haarstylist in Baracoa, „daher wählen die Frauen nach den Seifenopern ihre Frisur, und dafür sind Lockenwickler unerlässlich."

Mario Luis, der einen natürlicheren Look vorzieht, rät seinen Kundinnen davon ab, auf Lockenwickler zu bauen. Aber ein weit größeres Modeverbrechen sieht er darin, sie öffentlich zu tragen. „Die Kunst, sich chic zu machen, ist hier verloren gegangen. Das hat mit einem generellen Mangel an Kultur und Ästhetik zu tun. Die meisten Frauen haben keine Tagesordnung – sie gehen nicht zu offiziellen Frühstücken an wichtige Orte, müssen nicht im Büro Eindruck machen. Wenn irgendwo Lebensmittel in einem Geschäft ankommen, dann rennt die Hausfrau los und kauft ein, denn wenn sie das nicht tut, gibt's nichts mehr, und alle bleiben hungrig. Wenn du gerade Lockenwickler im Haar hast, dann lässt du sie eben drin."

Tired of bad hair days?
Try consulting the patron saint of hairdressers and barbers—St. Martin de Porres. His Miracle Shampoo, from St. Toussaints, is guaranteed to leave your hair silky and manageable. Or so the packaging claims. If not, he might be busy protecting someone else: he's also responsible for public health workers, people of mixed race, public education and Peruvian television.

Immerzu Haarprobleme? Sprich ein ernstes Wort mit dem Schutzpatron der Friseure und Barbiere, dem heiligen Martin von Porres. Sein Wundershampoo von St. Toussaints garantiert seidiges, leicht frisierbares Haar. Das steht jedenfalls auf der Packung. Wenn es ausgerechnet bei dir nicht klappt, hat der Heilige wahrscheinlich gerade anderswo zu tun: Zu seinem Verantwortungsbereich gehören nämlich auch das Heil- und Pflegepersonal, Abkömmlinge von Eltern verschiedener Hautfarbe, das öffentliche Erziehungswesen und das peruanische Fernsehen.

Unemployed youth in Zambia collect multicolored plastic bags to make flowerlike arrangements and funeral wreaths. In Lusaka, plastic flowers are sold in the mornings along Nationalist Road and near the University Teaching Hospital mortuary.

Arbeitslose Jugendliche sammeln in Sambia farbige Plastiktüten, um daraus bunte Sträuße und Trauerkränze zu binden. In Lusaka werden solche Plastikblumen morgens an der Nationalist Road und in der Nähe der Pathologie der Universitätsklinik zum Verkauf angeboten.

Penis ring This furry sexual aid, known as the Arabian Goat's Eye, is designed to heighten sensations in women and hold back ejaculation in men. Worn just behind the head of the fully erect penis during intercourse, the Goat's Eye is shrouded in mystery and legend. The ring is fashioned from a slice of deer's leg, not from a goat. Slipped onto the penis before arousal, its hold tightens as the shaft engorges.

Penisring Die pelzige Sexhilfe, auch als „arabisches Ziegenauge" bekannt, soll das Lustgefühl bei der Frau steigern und die männliche Ejakulation hinauszögern. Er wird während des Verkehrs gleich hinter der Spitze des voll erigierten Penis getragen. Um das Ziegenauge ranken sich Mysterien und Legenden. Der Ring wird aus der Scheibe eines Hirschknochens gefertigt, stammt also keineswegs von einer Ziege. Kurz vor der Erektion auf den Penis gezogen, sitzt er immer fester, je steifer das Glied wird.

South Africa's murder rate is almost 10 times higher than that of the USA, according to the latest police statistics. (That's 55 murders per 100,000 citizens, versus six per 100,000 in the USA.) So police officers wear bulletproof vests when responding to crime calls. To deter criminals, people can carry a tote bag shaped like an AK-47 automatic rifle. The brainchild of French apparel and accessories maker A-net, it costs FF999 (US$144) and comes in menacing black only.

Südafrikas Mordrate ist nach den neuesten Statistiken der Polizei fast zehnmal so hoch wie die der USA (d.h., auf 100 000 Einwohner kommen 55 Mordfälle, gegen sechs Morde auf 100 000 Bürger in den USA). Aus diesem Grund tragen Polizisten kugelsichere Westen, wenn sie an den Ort eines Verbrechens gerufen werden. Um Missetäter abzuschrecken, trag eine Tasche in Form einer AK-47-Maschinenpistole. Die Schöpfung des französischen Kleidungs- und Zubehörfabrikanten A-net kostet 999 FF (144 US$) und ist nur in bedrohlichem Schwarz erhältlich.

Tall Platform shoes are the rage among young Japanese women. Soles can be as tall as 45cm, but wear them with caution: Sore feet and sprained ankles are common. A study found that one in four women wearing them falls—and 50 percent of falls result in serious sprains or fractures. Ayako Izumi, who has been wearing them for a year, says they're not uncomfortable, "but they are a lot heavier than regular shoes. When I'm tired, they're sort of a burden, and I drag my feet." And as for falling, "On an average day, I might stumble five or six times," she says." I don't actually fall down. I like them because they make me feel taller, and they make my legs look longer and slimmer." They won't help you drive better, though. A platform-clad driver crashed her car, causing the death of a passenger (her high-soled shoes kept her from braking in time). So there may soon be a fine for driving in them—drivers can already be fined ¥7,000 (US$65) for wearing traditional wooden clogs.

Hoch Plateauschuhe sind in Japan der letzte Schrei. Die Sohlen sind bis zu 45 cm hoch, aber Vorsicht ist geboten: Schmerzende Füße und Verstauchungen sind an der Tagesordnung. Jede vierte Trägerin ist bisher von ihren Schuhen gestürzt und bei 50 % der Stürzen kam es zu Verstauchungen und Brüchen. Ayako Izumi trägt seit einem Jahr Plateauschuhe, sagt, sie seien nicht unbequem, „aber viel schwerer als normale Schuhe. Wenn ich müde bin, schleife ich meine Füße nur noch so herum." Und was ist mit Unfällen? „Im Durchschnitt stolpere ich fünf- oder sechsmal am Tag", sagt sie. „Gefallen bin ich allerdings nie. Ich finde sie gut, weil sie meine Beine länger und schlanker machen." Zum Autofahren sind sie denkbar ungeeignet: Unlängst hatte ein Unfall tödliche Folgen, da die Fahrerin wegen ihrer Plateausohlen nicht rechtzeitig auf die Bremse treten konnte. Ihre Freundin auf dem Beifahrersitz kam ums Leben. Plateausohlen am Steuer könnten bald teuer werden: Schon jetzt kostet Fahren mit traditionellen Holzsandalen bis zu 7000 ¥ (65 US$).

Autonomy Less than 0.5 percent of the land south of the Yukon is given over to the Canadian indigenous people (who make up 2.7 percent of the population). Eleven times more aboriginals are incarcerated in provincial jails than other Canadians. These mittens were made with handspun wool by members of the Cowichan tribe in western Canada.

Autonomie Weniger als 0,5 % des Landes südlich des Yukon gehört den ursprünglichen Einwohnern Kanadas, die immerhin 2,7 % der Bevölkerung stellen. Die Rate der Gefängnisinsassen ist bei der Urbevölkerung elfmal höher als bei anderen Kanadiern. Die Handschuhe aus handgesponnener Wolle sind von Indianern des Cowicha-Stammes in Westkanada hergestellt.

The Lovers' Mitten lets you hold hands even when temperatures are below freezing. A set consists of three matching mittens—two single mittens (for the "outside" hands of both partners) and one shared mitten (with two openings) for the "holding hands." Sets are handmade with Peer Gynt Norwegian wool.

Mit dem Handschuh für Verliebte können Paare sogar bei Temperaturen um den Gefrierpunkt Händchen halten. Ein Set besteht aus einem Handschuh mit zwei Löchern zum Reinschlüpfen und zwei Handschuhen für die „äußeren" Hände der Partner. Sie sind aus norwegischer Peer-Gynt-Wolle handgestrickt.

Instant beauty Some people pay hundreds of dollars to have minor skin blemishes removed. It costs a lot less to put them on, with the Beauty Mark! cosmetic kit from Temptu Marketing. Dip a plastic applicator into the bottle of Beauty Mark! formula, dot your face (or wherever), and allow two minutes to dry. These waterproof beauty marks don't smudge or run, but fade naturally: Feel like Marilyn Monroe, Madonna or Cindy Crawford for up to 12 hours. The Beauty Mark! kit comes with 40 plastic applicators which, like the marks themselves, are completely disposable and require no long-term commitment.

Instantschönheit Einige Leute zahlen Hunderte von Dollars, um sich kleine Flecken auf der Haut entfernen zu lassen. Viel billiger ist es, sich mit dem Beauty-Mark!-Schönheitskit von Temptu Marketing einen Schönheitsfleck aufzusetzen. Taucht ein Plastikstäbchen in eure Flasche Beauty-Mark!-Lösung, betupft euer Gesicht oder welchen Körperteil auch immer und lasst es trocknen. Dieser wasserfeste Schönheitsfleck verschmiert nicht, sondern verblasst mit der Zeit. Fühlt euch zwölf Stunden lang wie Marilyn Monroe, Madonna oder Cindy Crawford. Das Beauty-Mark!-Kit enthält 40 Stäbchen, die ihr wie euren Schönheitsfleck ohne Probleme loswerden könnt.

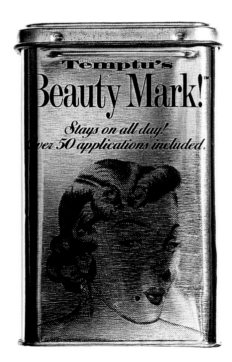

Marks on a
Yoruba boy from
Nigeria identify his
clan, village and tribe. Scari-
fication—designs scored into
the skin using a razor or knife—
used to be widespread in Africa,
but "modern times are reducing
old traditions," says Professor Isaac
Olugboyega Alaba, a specialist in
Yoruba studies at the University of
Lagos, Nigeria. "There are no more
tribal wars and no more slave trade,
so the problem of being mixed up
or getting lost is a thing of the past."
Even today, at least one member of
a chief's family is scarred to uphold
tradition. The marks are cut into an infant's skin, usually before dawn (before
the blood warms up, so less will be
lost). Other tribes rub ash or dirt into
the wound so the tissue builds up to
form a raised scar, but the Yoruba apply
the liquid found inside a snail shell—
calcium deposits from the shell soothe
pain and help clot the blood. To speed
up healing, the baby is fed plenty of
protein, like fish, meat and eggs.

Markierungen
auf dem Körper
eines Yoruba-Jungen
aus Nigeria bezeichnen
seinen Clan, sein Dorf
und seinen Stamm. Skari-
fizierungen – Zeichen, die
mit einer Rasierklinge oder einem Messer in die Haut geritzt
werden – waren in Afrika einst
weit verbreitet, aber „heutzutage
lösen sich die Traditionen auf", erklärt Professor Isaac Olugboyega
Alaba, ein Yoruba-Spezialist an der
Universität von Lagos, Nigeria. „Es gibt
keine Stammeskriege mehr, und auch
keinen Sklavenhandel. Da besteht auch
das Problem der Verwechslung oder
des Verlorengehens nicht mehr." Aber
sogar heute wird noch mindestens ein
Mitglied der Familie skarifiziert, um
die Tradition zu wahren. Die Zeichen
werden dem kleinen Kind gewöhnlich vor
der Morgendämmerung, also bevor sich
das Blut erwärmt, eingeritzt: So ist der Blut-
verlust geringer. Andere Stämme reiben
Asche oder Schmutz in die Wunden, damit
die Haut in Wülsten vernarbt, aber die
Yoruba nehmen die Flüssigkeit aus einem
Schneckengehäuse: Die Kalziumablagerun-
gen darin lindern den Schmerz und lassen
das Blut schneller gerinnen. Zur besseren
Heilung bekommt das Kind eiweißhaltige
Nahrung wie Fisch, Fleisch und Eier.

Brands—
designs burned into
the skin with hot metal—
were notoriously inflicted
on African slaves to symbolize ownership or punishment.
These days, the practice has been
"reclaimed" by gangs and by pre-
dominantly African-American college
fraternities. "They don't see it as harm-
ing themselves," says Michael Borrero,
director of the US-based Institute for
Violence Reduction. "It's a rite of passage. The more you can tolerate without yelling, the stronger a person you
are." To make the brand, heat a metal
object such as a fork, a paper clip, a
coat hanger or a cookie-cutter (like
the one pictured) over a stove and
press against the skin. It takes only a
second for the skin to shrivel around
the metal, leaving you with a perfectly
presentable third-degree burn.

Mit Brandeisen
wurden afrikanische Sklaven
bekanntlich markiert, um sie zu
strafen oder auch um den Besitz-
stand klarzustellen. Heutzutage
knüpfen Banden und vor allem afro-
amerikanische Studentenverbindun-
gen daran an. „Die betrachten das gar nicht
als Verletzung", erklärt Michael Borrero,
Direktor des amerikanischen Instituts für
Gewaltreduzierung. „Es ist eine Art Mutpro-
be. Je mehr man ohne Schreien ertragen
kann, desto stärker ist man." Für das
Brandmal müsst ihr eine Metallgabel, eine
Büroklammer, einen Bügel oder einen
Keksausstecher wie den hier abgebildeten
erhitzen und auf die Haut drücken. Schon
nach einer Sekunde schrumpft die Haut um
das Metall zusammen, und es bleibt eine
hübsche Verbrennung dritten Grades.

"True Love Waits" is a chastity movement that has attracted 340,000 young Americans since it was started by the Southern Baptist church in 1993. By wearing a "True Love Waits" gold ring, you too can show your commitment to sexual abstinence before marriage.

„Wahre Liebe wartet" ist der Name einer Keuschheitsbewegung, die sich seit ihrer Gründung durch die Southern Baptist Church im Jahre 1993 des Zulaufs von 340 000 jungen Amerikanern erfreut. Durch Tragen des entsprechenden Goldrings könnt ihr euer Engagement für sexuelle Enthaltsamkeit vor der Ehe demonstrieren.

Remedy If you want to buy a talisman from a witch doctor in Nigeria, the transaction will take about a week. The objects each cost about a month's salary, but the expense does not deter buyers. This *afeeri* should be worn around the waist to prevent accidents while traveling. It was purchased in a small village near Oyo. It should be removed before having sex.

Abhilfe Wenn du von einem Medizinmann in Nigeria einen Talisman kaufen willst, kann die Transaktion eine Woche dauern. Die Objekte kosten etwa ein Monatsgehalt, aber der Preis schreckt Käufer nicht ab. Dieser *Afeeri*, den wir in einem kleinen Dorf in der Nähe von Oyo erwarben, wird zum Schutz vor Unfällen auf Reisen um die Taille getragen. Er sollte vor dem Liebesakt abgelegt werden.

USA prison inmate Leland Dodd fashioned this stylish handbag out of 400 Kool-brand cigarette packs coated in shiny acetate. Dodd learned the technique from a cellmate at his medium-security prison in Oklahoma. While the bag has traveled around the country as part of an exhibition of inmate art, Dodd himself is serving life without parole for conspiracy to traffic in marijuana. "I'm nonviolent," Dodd told the exhibition's curator. "I didn't even have a pocket knife. They let murderers and rapists out every day. Who are you more afraid of, me or them?"

Der US-amerikanische Häftling Leland Dodd fabrizierte diese originelle Handtasche aus 400 mit glänzendem Kunststoff überzogenen Packungen der Zigarettenmarke Kool. In einem Sicherheitsgefängnis in Oklahoma hat ein Mitinsasse Dodd die Technik beigebracht. Während die Tasche als Teil einer Ausstellung über Häftlingskunst quer durch das Land gereist ist, sitzt Dodd wegen Anstiftung zum Marihuana-Schmuggel ohne Möglichkeit zur Strafaussetzung lebenslänglich ein. „Ich bin nicht gewalttätig", erklärte Dodd dem Ausstellungsmacher. „Ich hatte ja nicht einmal ein Taschenmesser. Und dabei lassen sie täglich Mörder und Vergewaltiger wieder frei. Vor wem habt ihr denn mehr Angst, vor denen oder vor mir?"

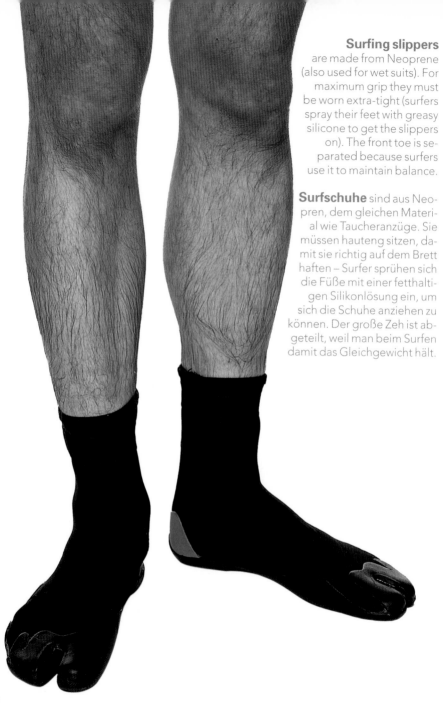

Surfing slippers
are made from Neoprene
(also used for wet suits). For
maximum grip they must
be worn extra-tight (surfers
spray their feet with greasy
silicone to get the slippers
on). The front toe is se-
parated because surfers
use it to maintain balance.

Surfschuhe sind aus Neo-
pren, dem gleichen Material wie Taucheranzüge. Sie
müssen hauteng sitzen, damit sie richtig auf dem Brett
haften – Surfer sprühen sich
die Füße mit einer fetthaltigen Silikonlösung ein, um
sich die Schuhe anziehen zu
können. Der große Zeh ist ab-
geteilt, weil man beim Surfen
damit das Gleichgewicht hält.

Bullfighter's slippers A bullfighter's costume is designed to help save his life, says Justo Algaba, who sells them in Madrid, Spain. The slippers are handcrafted for agility and the thick, skin-tight stockings and trousers are made to deflect the bull's horns.

Stierkampfschuhe Das Kostüm eines Stierkämpfers sei so entworfen, dass es sein Überleben sichere, sagt Justo Algaba, der solche Kostüme in Madrid verkauft. Die Schuhe sind passgenau angefertigt, damit der Stierkämpfer beweglich ist, und die dicken, eng anliegenden Strümpfe und Hosen sollen die Hörner des Stieres abgleiten lassen.

Cowboy boot urn Barbara Koloff of the US-based Kelco Supply Company knows quite a bit about cremation urns. "We have over 300 different models to choose from," she says. "Some people like the traditional urns, but we find that more and more people are searching for urns that reflect what they've done in their lives. That way you can keep the remains at home, and it doesn't look like a cremation urn…it's a piece of decorative artwork, I guess." As for this cowboy boot urn, Barbara says: "It's for people who loved country 'n western music, or people who lived in their boots. It's molded from sawdust and resin from plastic pop bottles, so it uses recycled products. For someone who is very environmentally conscious, this is a very good choice. It's been a popular urn, and it's virtually indestructible."

Cowboystiefel-Urne Barbara Koloff von der amerikanischen Kelco-Supply-Company kennt sich gut mit Einäscherungsurnen aus. „Wir haben über 300 verschiedene Modelle zur Auswahl", erklärt sie uns. „Ein paar Leute wollen traditionelle Urnen, aber wir stellen fest, dass immer mehr Leute sich eine Urne mit Bezug auf ihr Leben wünschen. So können die sterblichen Überreste zu Hause bleiben, ohne dass es nach einer Aschenurne aussieht … eher wie ein kunstgewerblicher Gegenstand, denke ich." Was die oben abgebildete Cowboystiefel-Urne angeht, so ist sie laut Barbara „für Leute, die Country und Western-Musik lieben oder die in ihren Stiefeln gelebt haben. Sägemehl und aus Plastikflaschen gewonnenes Kunstharz sind die Bestandteile der Stiefelurne, die also ein echtes Recycling-Produkt ist. Für jemanden mit ausgeprägtem Umweltbewusstsein ist das eine sehr gute Wahl. Die Urne ist sehr gefragt und praktisch unverwüstlich."

Cowboy golf boots In Texas, USA, golfers don't have to give up their rugged identity to chase a tiny white ball across manicured lawns. Dallas sells leather cowboy boots with standard 11-spike golf soles for US$370.

Cowboy-Golfstiefel In Texas brauchen Golfer nicht auf ihren Westernlook zu verzichten, wenn sie auf einem gepflegten Rasen einem kleinen weißen Ball nachjagen. In Dallas bekommt man Cowboystiefel aus Leder mit einer Standard-11-Spikes-Golfsohle für 370 US$.

Boots When you step on an antipersonnel land mine, the blast shoots shrapnel, soil and debris up into your leg. If you survive (the odds are 50-50) you'll probably have to live without your feet—unless they were encased in these Blast and Fragment Resistant Combat Boots. Developed by Singapore Technologies, the boots have soles made of a woven ceramic cloth (also used in space shuttles) that absorbs the impact of the explosion, leaving your foot with little more than a sprain. The boots are currently marketed to military customers—30 armies throughout the world have expressed interest.

Stiefel Wenn du auf eine Mine trittst, jagt dir die Detonation Splitter, Erde und Bruchstücke in die Beine. Solltest du überleben – die Chancen stehen etwa fifty-fifty –, wirst du in Zukunft wahrscheinlich ohne Füße auskommen müssen, es sei denn, sie steckten in diesen Blast and Fragment Resistant Combat Boots. Die Sohlen dieser von Singapore Technologies entwickelten Kampfstiefel sind aus gewebtem Keramikleinen, einem Material, das auch in Raumschiffen verwendet wird. Es fängt den Einschlag der Explosion ab, sodass an deinem Fuß schlimmstenfalls eine Verstauchung zurückbleibt. Derzeit werden die Stiefel Kunden aus dem militärischen Bereich angeboten. Weltweit haben bereits die Streitkräfte von 30 Ländern Interesse daran gezeigt.

Flip-flops are cheap, waterproof and versatile. They're a plastic or rubber version of wooden slippers worn throughout Asia for centuries. Flip-flops were imported and made popular in the USA during World War II by soldiers who had worn them on submarines. Most of those on the market today (they usually cost about US$1) are made in Taiwan and Singapore. A machine cuts the soles out of a sheet of rubber and punches a hole in each; a second machine forces a V-shaped thong through the hole. In Eastern Europe and South America, some flip-flops are made out of rubber tires. But they don't last forever. After several weeks of intensive wear they usually "blow out"—the thong pops out of the hole. And walking in them can be tiring (your toes have to work a lot).

Badelatschen sind billig, wasserfest und vielseitig einsetzbar. Sie sind die Plastik- oder Gummiversion der Holzsandalen, die seit Jahrhunderten in ganz Asien verbreitet sind. Während des Zweiten Weltkriegs wurden sie in den USA von amerikanischen Soldaten, die sie im Pazifik auf U-Booten getragen hatten, bekannt gemacht. Heute kommen die meisten Badelatschen aus Taiwan und Singapur und kosten etwa einen US$. Eine Maschine schneidet die Sohlen aus Gummi zu und stanzt ein Loch hinein, durch das eine zweite Maschine einen V-förmigen Riemen steckt. In Osteuropa und Lateinamerika werden Badelatschen oft aus Autoreifen gefertigt. Leider halten sie nicht ewig. Wenn man sie ein paar Wochen lang getragen hat, gehen sie kaputt – der Riemen rutscht aus dem Loch. In ihnen zu laufen ist ohnehin ziemlich anstrengend für deine Zehen, die dabei mehr arbeiten müssen als gewöhnlich.

Don't get caught wearing the wrong thing in Argentina—you could get beaten up. When they go to matches, soccer fans wear sweatshirts over their football shirts to avoid clashes with supporters of rival teams—until they get to their team's side of the stadium. Rafael D'Alvia, of Buenos Aires, says some people aren't so cautious. "There's always a group that doesn't give a fuck, and they wear the T-shirt of their team anyway. That's when fights start—they're looking for trouble. People here are very passionate about their clubs. In Europe it's not like that: It's more quiet, but also more boring. It's not fair that I have to hide my T-shirt to go to a game, but it's the price that you have to pay for being passionate." Rafael knows a thing or two about passion—he once had to hide his lucky team hat in his underpants to avoid a beating. If you're cautious, too, wear underpants like these to the next game.

Lass dich nicht erwischen, wenn du in Argentinien mit den falschen Klamotten unterwegs bist – das könnte üble Folgen haben. Wenn sie zum Fußball gehen, ziehen viele Fans Sweatshirts über ihre Vereins-T-Shirts, um Prügeleien mit den Fans der gegnerischen Mannschaft zu vermeiden – wenigstens solange, bis sie in der richtigen Fankurve angekommen sind. Rafael D'Alvia aus Buenos Aires sagt, dass nicht alle Fans derlei Vorsichtsmaßnahmen treffen. „Manchen ist das total egal – die ziehen einfach in ihren T-Shirts los, und dann gibt's Zoff. Die Leute hier bei uns haben sich ihren Vereinen mit Haut und Haaren verschrieben. In Europa geht es ruhiger zu, ist aber auch langweiliger. Gut finde ich's nicht, dass ich mein T-Shirt verstecken muss, wenn ich zum Spiel fahre, aber das gehört halt dazu." Rafael kann ein Lied davon singen – einmal musste er seine Vereinskappe in der Unterhose verstecken, um einer Tracht Prügel zu entgehen. Wenn auch dir deine Haut lieb und teuer ist, zieh eine Unterhose wie diese an, wenn du das nächste Mal zum Fußball gehst.

In Brazil every football team has an "official" fan club. The clubs—now banned in São Paulo—are responsible for Brazil's organized football violence. Rival fans caught wearing shirts of the opposing team are frequently tortured and killed; even fans of the same teams are attacked if they're not in the fan club. Marcos Thomaz, president of Young Force fan club, denounced three members of his club for murdering another fan. But he's a lone voice—only the police are targeting the soccer thugs.

In Brasilien hat jede Fußballmannschaft einen offiziellen Fanclub. Diese Clubs – in São Paulo sind sie inzwischen verboten – sind für die Gewalt in den brasilianischen Fußballstadien verantwortlich. Fans, die mit dem Trikot der gegnerischen Mannschaft erwischt werden, riskieren Folter und sogar Ermordung. Selbst Fans der eigenen Mannschaft werden angegriffen, wenn sie dem Club nicht beitreten. Marcos Thomaz, Präsident des Young Force-Fanclubs, zeigte drei Mitglieder wegen Mordes an einem anderen Fan an. Aber Marcos steht mit seiner Haltung ziemlich alleine da – sonst geht nur die Polizei gegen gewalttätige Fans vor.

Liquid latex Clothes that are too tight can lead to indigestion because food can't move naturally though the digestive system. If you really like latex and want to wear it even after eating, there's a simple solution: Fantasy Liquid Latex. Simply paint it onto your skin, then wait a few minutes for it to dry. The result: That all-over latex sensation. And you can create your own latex outfits. The latex is easily removed from non-porous surfaces (like bathroom tiles) but don't get it on fabric—it won't come off. Available in a range of colors, including black and fluorescent tones. Do not use if you're allergic to ammonia or latex.

Flüssiglatex Zu enge Kleidung kann zu Verdauungsstörungen führen, weil die Nahrung nicht ungehindert durch den Verdauungstrakt wandern kann. Wer auf Latex steht und es auch dann tragen möchte, wenn er mal tüchtig zugelangt hat, kann flüssiges Fantasy Liquid Latex benutzen. Streich es einfach auf die Haut und lass es ein paar Minuten trocknen. Resultat: Das absolute Latexgefühl am ganzen Körper. Zudem kannst du dir mit Flüssiglatex deine eigenen Phantasiekreationen aufmalen. Es lässt sich von glatten Oberflächen wie Badezimmerkacheln leicht entfernen, aber bekleckert eure Kleidung nicht damit – der Fleck geht nicht wieder heraus. Fantasy Liquid Latex ist in vielen Farben erhältlich, auch in Schwarz und metallic. Finger weg, wenn du gegen Ammoniak oder Latex allergisch bist!

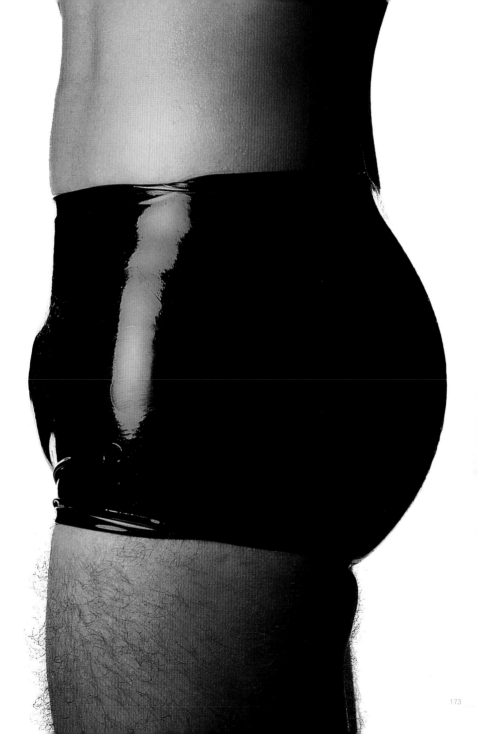

Barbie wig Hair is the ultimate accessory in Toyland, but only for female dolls: Most action figures have plastic hair. "Now you can dress as pretty as your Barbie doll" with this luxurious 46cm blond Barbie wig. Barbie's been redheaded and brunette, but she likes blond best. Although 91 percent of blonds think men prefer them, studies show that men will employ and marry brunettes rather than blonds. Admittedly, blonds get more done for them because they're considered weaker, and men approach them more readily as they find them less threatening. (Whether that's a good reason to wear this wig is a matter of opinion.)

Barbieperücke Haare sind das wichtigste Accessoire in der Spielzeugwelt, aber nur für weibliche Puppen. Die meisten Actionfiguren haben Plastikhaare. „Jetzt kannst du genauso schick wie deine Barbiepuppe aussehen", nämlich mit dieser verschwenderischen, 46 cm langen blonden Barbie-Perücke. Barbie war auch mal Rotschopf und brünett, aber blond mag sie sich am liebsten. Obwohl 91 % der Blondinen meinen, bei Männern beliebter zu sein, beweisen Studien, dass diese eher brünette Frauen einstellen oder heiraten. Zugegeben, Blondinen werden stärker umsorgt, da man sie für schwächer hält, und Männer haben bei Blondinen weniger Hemmungen, da sie sie als nicht so bedrohlich empfinden. Ob das ein guter Grund ist, diese Perücke aufzusetzen, bleibt Ansichtssache.

New man Ken has been Barbie's companion for 33 years. He doesn't see much of her these days . Now, with his streaked blonde hair and Rainbow Prince look, Ken is at last discovering his own identity. "I don't think Ken and Barbie will ever get married," says a spokeswoman.

Neuer Mann Ken ist seit 33 Jahren Barbies Lebensgefährte. Heutzutage sieht er sie nicht mehr so häufig. Jetzt scheint es, als ob Ken mit seinen blonden Strähnchen und seinem wilden Look endlich seine eigene Identität entdecken würde. „Ich glaube nicht, dass Barbie und Ken je heiraten werden", meint ein Sprecher von Mattel.

Bubble bath is one of the products officially endorsed by Farrah Fawcett (a US actress popular in the 1970s), along with shampoo and an exercise aid called the Exerstik. Trim celebrities often promote exercise gadgets in the USA—they get money and public exposure, the company sells more, and the consumers think they'll end up with the same body as the celebrity. But they don't always get what they expect. Fawcett's Exerstick (a padded, slightly curved stick) is supposed to help tone thighs, calves, waist and arms. When tested, some of the recommended exercises were found to be harmful—and the Exerstik no better than a broomstick. At least the bubble bath will get your skin clean.

Schaumbad ist eines der Produkte, für die Farrah Fawcett, eine in den 70er Jahren in den USA populäre Schauspielerin, offiziell wirbt. Weitere Produkte sind ein Shampoo und ein Gymnastikgerät, der Exerstik. Gut gebaute Berühmtheiten werden in den USA oft in der Werbung für solche Geräte eingesetzt – das bringt ihnen Geld und öffentliche Aufmerksamkeit, der Hersteller profitiert durch höhere Absatzzahlen, und der Verbraucher glaubt, er würde mit dem Übungsgerät die gleiche Figur bekommen wie sein Idol. Doch da kann er sich täuschen. Übungen mit Farrah Fawcetts Exerstik, einem gepolsterten, leicht gebogenen Stock, sollen Schenkel, Waden, Taille und Arme straffen. Bei Tests stellte sich heraus, dass einige der empfohlenen Übungen schädlich sind und dass man statt des Exerstiks auch einen einfachen Besenstiel nehmen könnte. Mit dem Schaumbad wird man wenigstens sauber.

Endorsement

When celebrities use their image to sell perfumes (in a market worth over US$5 billion a year) they usually settle for about 5 percent of profits. Singer Cher's Uninhibited scent was a flop, but actress Elizabeth Taylor's line (which includes Passion and White Diamonds) brings her an income of about US$4 million a year. Omar Sharif (Oscar-winning Egyptian actor) probably doesn't make any money on these South Korean cigarettes (they're probably not an official endorsement). But Sharif has used his celebrity status for other things. In 1997 he spoke out against the terrorist attack in Egypt in which 58 foreign tourists were killed. Tourism reaps about US$4 billion for the Egyptian economy.

Werbeträger

Wenn berühmte Persönlichkeiten mit ihrem Image Parfüm verkaufen – in einem Markt mit über 5 Milliarden US$ Umsatz pro Jahr –, streichen sie normalerweise 5 % vom Profit ein. Das Parfüm Uninhibited der Sängerin Cher war ein Flop, aber die Schauspielerin Elizabeth Taylor erzielt mit ihrer Linie, zu der u.a. Passion und White Diamonds gehören, ein jährliches Einkommen von etwa 4 Millionen US$. Der ägyptische Oscarpreisträger Omar Sharif verdient an diesen koreanischen Zigaretten möglicherweise keinen Cent – er weiß vermutlich nicht einmal, dass er dafür wirbt. Dafür nutzt Sharif sein Image für andere Zwecke. 1997 verurteilte er öffentlich den Terroranschlag in Ägypten, bei dem 58 ausländische Touristen starben. Die Tourismusindustrie steuert etwa 4 Milliarden US$ jährlich zum ägyptischen Bruttosozialprodukt bei.

Hoe In Zambia, newlyweds receive gifts symbolizing their new nuptial responsibilities. Among the gifts are an *umuinko*, or cooking stick (to teach the wife that she must always nourish her husband), and a spear (because the husband must always protect his family). This hoe, or *ulukasu*, represents the groom's duty to work hard and to provide for his family.

Hacke In Sambia erhalten Brautleute Geschenke, die ihre neuen ehelichen Verpflichtungen symbolisieren. Dazu gehören z.B. ein *umuinko* oder Kochstab, um der Frau zu bedeuten, dass sie stets für das leibliche Wohl ihres Mannes zu sorgen hat, und ein Speer – da der Mann die Familie beschützen muss. Dieses Hackebeil oder *ulukasu* steht für die Pflicht des Bräutigams, immer hart zu arbeiten und für seine Familie zu sorgen.

The diamond engagement ring is "a month's salary that lasts a lifetime," says South African diamond producer De Beers. In the UK, more than 75 percent of first-time brides will receive one.

Der Verlobungsdiamant ist „ein Monatsverdienst, der ein Leben lang erhalten bleibt", so der südafrikanische Diamantenhersteller De Beers. In Großbritannien bekommen ihn mehr als 75 % aller Bräute, die zum ersten Mal heiraten.

A pair of new leather shoes,
preferably Italian, is one of the 10 gifts
that a Malaysian bride is expected to
give her new husband when they start
married life together. He gives her a
dress, jewelry and a handbag, and carefully arranges each of them on a tray.

Ein Paar neue Lederschuhe, vorzugs-
weise italienischer Herkunft, ist eines der
zehn Geschenke, die eine malaysische Braut
ihrem Gatten zum Auftakt des gemeinsamen
Ehelebens überreichen sollte. Er schenkt ihr
ein Kleid, Schmuck und eine Handtasche,
alles liebevoll auf einem Tablett drapiert.

Toaster In the USA and the UK, toasters are such popular gifts at weddings that it's not unusual for couples to be given several of them by accident. Designed to grill bread for breakfast, a toaster is a handy cooking device, but brides beware: A study by the Association of Home Appliance Manufacturers revealed that women use toasters almost twice as often as men.

Toaster In den USA und in Großbritannien sind Toaster als Hochzeitsgeschenk so beliebt, das manches Paar per Zufall mehrere dieser praktischen Küchengeräte erhält, mit denen Frühstücksbrot geröstet wird. Liebe Bräute, seid gewarnt: Eine Studie des Verbandes der Haushaltsgerätehersteller belegt, dass Toaster fast doppelt so oft von Frauen wie von Männern bedient werden.

Copper and cotton When a close relative of members of Ghana's Ashanti people dies, each mourner offers the deceased a white handkerchief tied to a copper ring. The rings are probably symbols of the "close relationship between the deceased and the mourner," explains Kufi Ohene, a deputy registrar at the University of Ghana in London, UK. And the handkerchief can be used to wipe away tears in the next life.

Kupfer und Baumwolle Wenn bei den Ashanti in Ghana ein naher Angehöriger stirbt, überreichen ihm die Hinterbliebenen ein weißes, an einen Kupferring gebundenes Taschentuch. Die Ringe symbolisieren „die enge Beziehung zwischen dem Toten und dem Trauernden", so Kufi Ohene, stellvertretender Archivar der Universität von Ghana in London. Vielleicht kann das Taschentuch eventuelle Tränen im nächsten Leben trocknen.

Memories

For Native American Lakota people, hair is an extension of the mind: Offering it in mourning is like giving back a memory. When his mother died, Dwain Hollow Horn Bear, of North Dakota, followed Lakota tradition: "She used to braid my hair for me when I was a boy. When she died, I cut it all off, tied it into a bundle and buried it with her. It took two years for it to grow back."

Erinnerungen Für die Lakota, ein nordamerikanisches Indianervolk, ist Haar eine Verlängerung des Geistes: Trauernde schneiden ihr Haar ab, um den Toten in Erinnerung zu bleiben. Nach dem Tod seiner Mutter hielt sich Dwain Hollow Horn Bear aus North Dakota an diese Tradition: „Als ich klein war, flocht sie mir das Haar. Als sie starb, schnitt ich es ab, band es zusammen und begrub es mit ihr. Es dauerte zwei Jahre, bis es nachgewachsen war."

Coffin Every week, 500 people die of AIDS in Zimbabwe, creating a healthy coffin industry. But because coffin delivery is expensive, Down to Earth Eco-Coffins invented a collapsible model that can be carried on the bus: It folds into a bag that can be slung over your shoulder. The shroud (included) comes in black, white or a colorful print.

Sarg 500 Personen sterben wöchentlich in Simbabwe an AIDS – da freuen sich die Sargtischler. Aber Sargtransporte sind teuer, deshalb hat Down to Earth Eco-Coffins ein zusammenklappbares Modell entwickelt, das man mit in den Bus nehmen kann: Zusammengelegt passt der Sarg in eine Schultertasche. Das beiliegende Leichentuch gibt es in Schwarz, Weiß oder bunt bedruckt.

Airbag vest Be careful about who you sit next to on the Tokyo subway. Airborne germs (including microbes that cause flu and tuberculosis) hop easily from one human host to another in the crowded cars. Some of these commuting microbes are deadly: Tuberculosis, which killed three million people worldwide in 1997, is significantly more prevalent in Japan (where 11.5 persons per 100,000 are infectious) than in the USA (3 per 100,000) and other developed countries. This Italian-made airbag vest, the latest in motorcycle safety gear, will put a little space between you and your neighbors. Simply pull the "safety strip" (the part that's supposed to attach to your motorbike), and a small gas canister inflates the vest in three-tenths of a second.

Aufblasbare Weste Pass auf, neben wen du dich in der Tokioter U-Bahn setzt. Herumschwirrende Bazillen, darunter auch Mikroben, die Grippe oder Tuberkulose verursachen, wechseln leicht den menschlichen Wirt, vor allem in vollen Bahnen und Bussen. Einige dieser Wandermikroben sind tödlich: An Tuberkulose sind 1997 weltweit drei Millionen Menschen gestorben, und die Krankheit ist in Japan – wo 11,5 von 100 000 Menschen potentielle Überträger sind – wesentlich stärker verbreitet als in den USA (3 von 100 000) und anderen Industrieländern. Diese aufblasbare Weste aus Italien, die neueste Errungenschaft in Sachen Schutzkleidung für Motorradfahrer, verschafft dir ein bisschen Abstand zu deinen Nachbarn. Zieh einfach den „Sicherheitsstrang", der eigentlich am Motorrad zu befestigen wäre, und eine kleine Gaspatrone bläst die Weste in drei Zehntelsekunden auf.

Plastic bags are made to last (they're made of petroleum and take years to decompose). But most people use them only once. Even if you reuse them as trash bags, they still end up in a landfill. And they take up lots of space: In Australia, which has a population of more than 18 million, two billion plastic bags are used each year (that's about 110 bags per person). To recycle them, cut them into strips and weave the strips into a mat that looks great in the bathroom.

Plastiktüten halten ewig – sie werden aus Öl hergestellt, und es dauert Jahre, bis sie verrottet sind. Und doch benutzen die meisten Leute sie nur einmal. Selbst wenn ihr sie als Abfallbeutel wiederverwendet, landen sie doch früher oder später auf der Müllhalde. Dazu brauchen sie noch jede Menge Platz: Auf über 18 Millionen Einwohner Australiens kommen zwei Milliarden Plastiktüten jährlich, das sind ca. 110 pro Kopf. Wenn du sie recyceln willst, schneide sie in Streifen und web' dir eine praktische Badematte daraus.

Chi Mom Be is the main dairy in Harare, Zimbabwe. The name means "Big Cow" in Shona, one of the country's two indigenous languages. Chi Mom Be produces sterilized milk in a plastic package for the local townships of Harare and the rural areas beyond, where electricity and refrigerators are scarce. A package costs about Z$2.50. Women from the Tafara and Mabvuka townships turn the discarded packages into sturdy, double-stitched aprons, as part of a state-sponsored development project. The women call their group Chi Nembiri Follow Up. Chi Nembiri means "Big Famous."

Chi Mom Be ist die größte Molkerei in Harare, Simbabwe. Der Name bedeutet „Große Kuh" auf Shona, eine der zwei Landessprachen. Chi Mom Be füllt die sterilisierte Milch in Plastiktüten ab, die in den Townships von Harare und auf dem Land, wo Strom und Eisschränke fehlen, verkauft wird. Die Packung kostet etwa 2,50 Simbabwe-Dollar. Die Frauen der Gemeinden von Tafara und Mabvuka verarbeiten die leeren Packungen im Rahmen eines staatlichen Entwicklungsprogramms zu soliden Schürzen. Die Frauen nennen ihre Gruppe Chi Nembiri Follow up. Chi Nembiri steht für „Big Famous".

Wipe your feet on this lion doormat made by inmates at the Manyani prison on the coast of Kenya. Long-term prisoners are trained in crafts, making useful goods that are sold at the Annual Nairobi Show. Upon their release, they are officially certified to work in the trade they've been trained in. Buy the mat or other household items like beds and shelves from the Prison Industry Showroom in Kenya.

Tretet eure Füße auf diesem Löwenvorleger ab, der von Insassen des Manyanigefängnisses an der Küste Kenias hergestellt wurde. Gefangene mit langen Haftstrafen werden in den verschiedensten Bereichen ausgebildet und stellen nützliche Gegenstände her, die auf der jährlichen Messe in Nairobi verkauft werden. Mit der Entlassung erhalten sie einen Gesellenbrief und dürfen in dem entsprechenden Handwerk arbeiten. Ihr bekommt den Vorleger oder anderen Hausrat wie Betten oder Regale in dem Gefängnis-Werksverkauf in Kenia.

animals
Tiere

Moose pie, Canada
Elchkuchen, Kanada

Bidgood's Country Cupboard

HOME STYLE

MOOSE PIE

KEEP REFRIGERATED

Preheat oven to 350°F. Heat for
45 min. For best results
thaw frozen pies.

Goulds, Newfoundland

450g

It looks painful, but Nixalite's manufacturers insist that its anti-landing device doesn't harm birds. The strips of stainless steel—topped with 10cm spikes—are placed on ledges and eaves. They might even keep burglars away.

Es sieht gefährlich aus, doch der Hersteller Nixalite garantiert, dass die Vorrichtung, die die Vögel daran hindert sich niederzulassen, keine Verletzungen verursacht. Streifen rostfreien Stahls werden mit 10 cm langen Stacheln versehen und auf Fenster- und Dachvorsprünge gelegt. Zudem wirken sie vielleicht auch auf Einbrecher abschreckend.

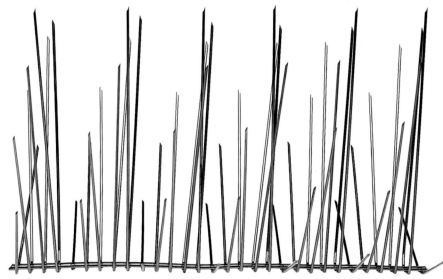

Ordinary rice is harmful to birds (it swells in their stomachs) and humans (who slip on it and fall). Although the US Rice Council dismisses this as "unfounded myth," Ashley Dane-Michael, inventor of Bio Wedding Rice , says that in the USA "it is considered environmentally incorrect to throw ordinary rice." The solution, she claims, is her own product: "It's 100 percent real rice—and therefore keeps the tradition alive—but it's not harmful. It crushes when you step on it and disintegrates in a bird's stomach."

Speise-Reis schadet Vögeln, die einen Blähbauch davon bekommen, und Menschen, die darauf ausrutschen und hinfallen. Obwohl der amerikanische Reis-Rat diese Auffassung für ein „Märchen" hält, meint Ashley Dane-Michael, die Erfinderin von Bio Wedding Rice, dass es in den USA als „ökologisch nicht korrekt" gilt, bei Hochzeiten gewöhnlichen Reis zu werfen. Sie bietet daher mit ihrem Produkt die Lösung: „Es besteht zu 100 % aus echtem Reis und hält damit die Tradition am Leben, ist aber völlig unschädlich. Es zerbröselt, wenn man darauf tritt, und ist für Vögel leicht verdaulich."

Paris has the highest density of dogs of any European city (one dog for every 10 people) and they produce 3,650 metric tons of poop a year. Pick up your dog's mess with the Stool Shovel.

The edible cow pie —a mix of chocolate, caramel and pecans—looks like cow feces, but tastes great.

Paris ist die Stadt mit den meisten Hunden europaweit (ein Hund auf zehn Einwohner). Das macht jährlich 3650 Tonnen Hundescheiße. Sammle den Haufen von deinem Hund selbst mit einer kleinen Schaufel ein!

Essbare Kuhfladen – eine Mischung aus Schokolade, Karamell und Pekannüssen – sehen aus wie Kuhfladen, schmecken jedoch hervorragend.

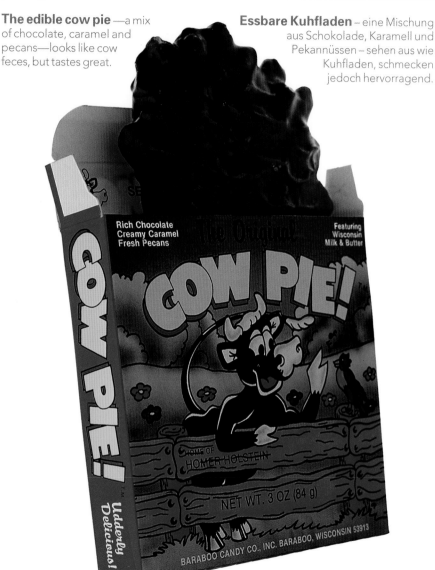

Flies are a nuisance even when caught. Thanks to the six million or so bacteria they carry on their feet, they can transmit a variety of human diseases, including typhoid, TB and cholera. Flies have no nose, but—thanks to sensors built into their antennae—they do have a highly acute sense of smell. By constantly wiggling their antennae, they can pick up scents from hundreds of meters away. According to one US study, five persistent flies can cause a cow to lose a quarter of a kilogram a day—just in energy spent shooing the flies away. They've been developing their flying technique for 80 million years. Unlike human-built airplanes, they can change direction in mid-air, fly backwards and land upside-down on ceilings. Try one of these (from left): fly whisk from Kenya, made with a wildebeest tail; plastic "Shoe-Fly" swatter with flip-flop sandal from the USA; stainless steel fly whisk from Denmark (formerly on sale at New York's Museum of Modern Art); floral-patterned sticky fly paper from South Korea.

Fliegen sind lästig, sogar dann, wenn man mal eine erwischt hat. Infolge der sechs Millionen Bakterien, die sie an ihren Füßen tragen, können sie eine Reihe menschlicher Krankheiten übertragen, darunter Typhus, Tuberkulose und Cholera. Fliegen haben keine Nase, aber dank der Sensoren in ihren Fühlern verfügen sie über einen ausgezeichneten Geruchssinn. Ständig bewegen sie ihre Fühler; so können sie Gerüche aus hundert Metern Entfernung wahrnehmen. Nach einer US-Studie können fünf hartnäckige Fliegen bei einer Kuh einen Gewichtsverlust von 250 g pro Tag verursachen – allein durch die Energie, die sie aufwenden muss, um sie zu verscheuchen. Fliegen haben ihre Flugtechnik in 80 Millionen Jahren entwickelt. Ganz anders als von Menschenhand gebaute Flugzeuge können sie mitten in der Luft die Richtung wechseln, rückwärts fliegen und kopfüber an der Decke landen. Versucht es mal mit diesen (von links): dem kenianischen Fliegenwedel aus dem Schwanz eines Weißschwanzgnus, der Plastik-„Schuh-Fliegenklatsche", einer Sommersandale aus den USA, dem Edelstahl-Fliegenschwenker aus Dänemark – früher im Museum of Modern Art in New York erhältlich – oder dem klebrigen Fliegenpapier im Blumenmuster aus Korea.

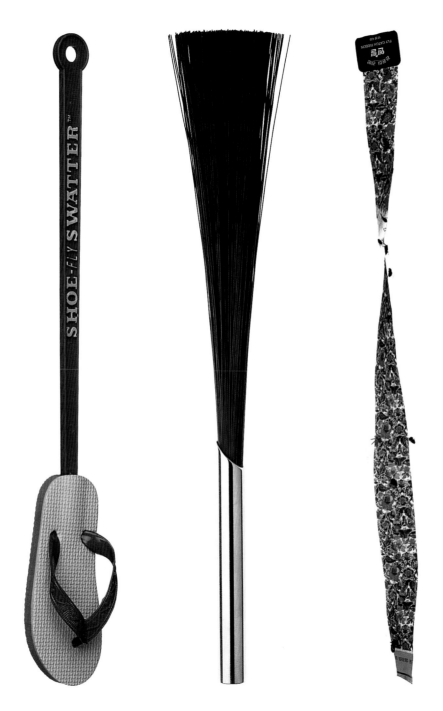

Duty Before buying that tortoiseshell comb during your Caribbean holiday or that impala horn souvenir from your safari adventure in Zimbabwe, check with the local authorities to see if it is made from an endangered species. If you don't, you may be sorry when you go through customs.

Pflicht Bevor du dir in der Karibik den schicken Kamm aus Schildpatt oder auf deiner Safari in Simbabwe das Impalahorn kaufst, erkundige dich bei den lokalen Behörden, ob diese Tiere nicht zu einer vom Aussterben bedrohten Art gehören. Wenn sie das nämlich tun, kann dir dein Souvenir bei der Ausreise jede Menge Ärger einbringen.

Pests Kangaroos are a pest in Australia. In 1990 they outnumbered humans by a million. Hunters are licensed to harvest them, and this year the quota of kills allowed is 5.2 million. Dead kangaroos also make good bottle openers (pictured), key rings (tail and ears), leather goods (hide) and steaks (the flesh is only one percent fat and tastes like venison).

Plage Kängurus sind in Australien eine Plage. 1990 übertraf ihre Zahl die der Einwohner um eine Million. Sie sind zum Abschuss freigegeben: Dieses Jahr dürfen 5,2 Millionen getötet werden. Aus toten Kängurus kann man, wie hier abgebildet, ausgezeichnete Flaschenöffner fertigen, außerdem Schlüsselanhänger aus Schwanz und Ohren, Lederartikel aus dem Fell – und das Fleisch lässt sich als Steak braten: Es enthält nur 1 % Fett und schmeckt wie Wildbret.

Roadkill US highways kill six times more deer each year than hunters do. In the UK, some 100,000 rabbits, 100,000 hedgehogs, 47,000 badgers and 5,000 barn owls become road casualties annually, and an estimated 30 percent of the amphibian population (including over a million toads) is flattened. If you want to save some lives, consider using the Animal Warning Device. Once your speedometer hits 45kmph, the device emits two high frequency sounds that warn animals that they are in your path. Put it at the front of your car to give animals enough time to get off the road.

Tire
Without the cow, the transport industry might grind to a halt. Acids extracted from cow fat are used in tires (to coat the rubber), asphalt (as a binder) and car upholstery. Because cows are widely available—265 million were slaughtered in 1996—animal fats can cost as little as US$0.06 a pound, which is much cheaper than petroleum, the most viable alternative.

Opfer der Straße Auf amerikanischen Autobahnen werden jährlich sechsmal mehr Rehe getötet als von Jägern. In GB kommen im selben Zeitraum ca. 100 000 Kaninchen, 100 000 Igel, 47 000 Dachse und 5000 Eulen zu Tode. Auch ca. 30 % der amphibischen Tierwelt (einschließlich über eine Millionen Kröten) wird plattgefahren. Wenn du Leben retten willst, kannst du eine Warnvorrichtung für Tiere an dein Auto bauen lassen: Sobald du die Geschwindigkeit von 45 km/h überschreitest, warnt das Gerät mit zwei Hochfrequenztönen Tiere, die dir eventuell vor die Reifen geraten könnten. Lass es am Kühler deines Autos anbringen, so haben die Tiere Zeit, sich davonzumachen.

Reifen
Ohne die Kuh wäre es um das Verkehrswesen schlecht bestellt. Aus Kuhfett gewonnene Säuren kommen vielfach zum Einsatz: zur Beschichtung von Reifen, als Bindemittel für den Asphalt und bei Autopolstern. Da es an Gummireifen nicht mangelt – 1996 wurden 265 Millionen Tiere geschlachtet –, kostet das Tierfett nicht mehr als 0,06 US$ pro Pfund, also wesentlich weniger als Petroleum, das am ehesten als Alternative in Frage käme.

To the average duck, gravel and lead shot look pretty similar. Foraging for food, ducks are likely to peck at both. But while a little gravel doesn't hurt (birds need it to help them digest food), lead poisons the central nervous system, leaving the bird too weak to eat and killing it within days. In Spain, where hunters' shotguns scatter some 3,000 tons of lead pellets every season, an estimated 27,000 birds die of lead poisoning each year. With this ecological shotgun cartridge, though, waterfowl can peck in peace: Made of tungsten and steel, it's lead-free, sparing birds a slow death—and ensuring that hunters have plenty to shoot next season.

Für die Durchschnittsente sehen Kieselsteine und Bleikugeln ziemlich ähnlich aus. Bei der Futtersuche pickt sie deshalb beides auf. Nur: Ein bisschen Kies schadet nicht – er unterstützt sogar die Verdauung –, während Blei das Zentralnervensystem der Ente vergiftet. Der Vogel wird zu schwach zur Nahrungsaufnahme und verendet innerhalb weniger Tage. In Spanien, wo eifrige Jäger in einer Jagdsaison etwa 3000 Tonnen Bleimunition verschießen, sterben jährlich ungefähr 27 000 Vögel an Bleivergiftung. Mit dieser umweltfreundlichen Munition dagegen können Wasservögel in Ruhe futtern: Sie ist aus Wolfram und Stahl, enthält kein Blei und erspart den Tieren einen qualvollen Tod – sodass die Jäger im nächsten Jahr genug abzuschießen haben.

Like the majority of baby's bath and teething toys, this yellow duck contains softened polyvinyl chloride, or PVC. And according to environmental pressure group Greenpeace, when babies suck or chew toys containing PVC, toxic substances called phathalates (softening agents) leach into the child's mouth, possibly leading to kidney damage, reduced sperm production, shrunken testicles, infertility and spontaneous abortions. The risk is minimal, say toy manufacturers. Any risk is a risk, says Greenpeace. The governments of the Netherlands, Austria, Denmark and Sweden agree, and have banned the sale of PVC toys. The European Commission has yet to pronounce a wider ban (although Greenpeace noted that all soft PVC toys were quietly removed from the Commission's staff nurseryin Brussels, Belgium).

Wie das meiste Zahnförderungs- und Badespielzeug für Babys enthält unsere gelbe Ente Weich-Polyvinylchlorid oder PVC. Nach Angaben der Umweltschutzorganisation Greenpeace gelangen jedoch toxische Substanzen, sogenannte Phthalate (Weichmacher), in den Kindermund, wenn Kleinkinder auf den PVC-haltigen Spielsachen herumkauen oder sie auch nur in den Mund stecken. Das kann möglicherweise zu Nierenschäden und in späteren Lebensjahren zu verringerter Spermienproduktion, verkleinerten Hoden, Unfruchtbarkeit und Fehlgeburten führen. Die Spielwarenfabrikanten schätzen das Risiko indessen als minimal ein. Risiko ist Risiko, meint hingegen Greenpeace. Die Regierungen der Niederlande, von Österreich, Dänemark und der Schweiz sehen das ähnlich und haben kürzlich den Verkauf von PVC-Spielzeug verboten. Noch steht ein umfassendes Verbot durch die EU-Kommission aus – obwohl Greenpeace sich davon überzeugen konnte, dass es im Brüsseler Kommissionskindergarten keine Spielsachen aus Weich-PVC mehr gibt.

Nyami-nyami is the Zambezi river god in Zambia. He lives in a snake with the head of various animals—the horse is the most popular. It's believed that wearing a pendant keeps the spirit of the god with you and protects you from river hazards (such as capsizing, or attacks by hippos and crocodiles).

Nyami-nyami heißt der Flussgott des Sambesi in Sambia. Er wird als Schlange mit verschiedenen Tierköpfen dargestellt – am beliebtesten ist der Pferdekopf. Wenn du ein Amulett des Gottes trägst, begleitet dich sein Geist und schützt dich vor Unfällen: Dein Boot kentert nicht, und du bist vor Angriffen von Nilpferden und Krokodilen sicher.

Elephants bring good luck.
But an adult elephant eats 200kg of fruit and vegetables a day, so it's a costly charm. A cheaper alternative is this Turkish amulet, which sports an elephant and an eye in a heart (to protect against evil).

Elefanten bringen Glück,
aber ein ausgewachsener Elefant verzehrt am Tag bis zu 200 kg Obst und Gemüse und ist daher doch ein ziemlich kostspieliger Glücksbringer. Eine preisgünstigere Alternative stellt dieses türkische Amulett mit einem Elefanten und einem herzförmig gerahmten Auge als Schutz vor dem bösen Blick dar.

Not now, dear In conditions of stress, female armadillos can delay implantation of fertilized eggs until things improve. Then, after gestation, they usually give birth to four puppies. The armadillo is not only a fascinating mammal—it's also widely used for curative purposes in Colombia. All parts of the animal can be used for something: People drink the animal's fresh blood to cure asthma, and pregnant women with morning sickness grind up a 2cm piece of shell and drink it daily. Maybe that's why the armadillo is an endangered species in Colombia.

Jetzt nicht, Schätzchen In Stresssituationen können Gürteltierweibchen die Einnistung befruchteter Eier auf ruhigere Zeiten verschieben. Am Ende der Schwangerschaft bringen sie normalerweise vier Junge zur Welt. Das Gürteltier ist nicht nur ein faszinierendes Säugetier, es wird in Kolumbien auch zu vielfältigen medizinischen Zwecken benutzt. Alle Körperteile des Tieres dienen zu etwas: Gegen Asthma wird frisches Gürteltierblut getrunken, während schwangere Frauen gegen morgendliche Übelkeit ein 2 cm langes Stück des Panzers zermahlen und täglich mit einem Schluck Wasser trinken. Vielleicht ist deswegen das Gürteltier in Kolumbien inzwischen vom Aussterben bedroht.

Cocktail At the Longshan Distillery in Wuzhou City, China, a red-spotted lizard is about to die. It is plump, healthy and one year old—the prime age for slaughtering, says Longshan manager Lin Xiongmu. In a matter of seconds, the lizard is slit open from anus to throat, disemboweled and stuffed into a bottle of rice wine. The bottle is left to mature for a year, essence of lizard mingling with the astringent alcohol. Drinking *hakai qui*, or lizard liquor, has been a tradition in China since the Ming Dynasty, explains Lin. "The lizard has life-enhancing properties," adds another manager, "helping you live longer and revitalizing you generally." Unfortunately, nobody at the distillery can explain how. But the longer you leave the lizard in the bottle, Lin insists, the more potent the potion becomes: "The lizard will be fine in there for 30 or 40 years," he assures. "It might even last forever."

Cocktail In der Longshan Destillerie in Wuzhou City, China, wartet eine rot gepunktete Eidechse auf ihr Ende. Sie ist rund, gesund und ein Jahr alt – die ideale Schlachtreife laut Longshan-Manager Lin Xiongmu. In Sekundenschnelle wird das Reptil längs aufgeschlitzt, ausgenommen und in eine Flasche Reiswein gesteckt. Die Flasche wird dann ein Jahr gelagert, wobei sich die Eidechsenessenzen mit dem adstringierenden Alkohol vermengen. Der Eidechsenlikör Hakai Qui ist in China seit der Ming-Dynastie Tradition, erklärt Lin. „Das Reptil verhilft dir zu einem längeren Leben", fügt ein anderer Manager hinzu, „und macht dich generell wieder fit." Leider kann niemand in der Destillerie erklären, wie das funktionieren soll. Aber je länger die Eidechse in der Flasche bleibe, desto besser wirke das Mittel, insistiert Lin: „Die Eidechse ist darin an die 30 bis 40 Jahre gut aufgehoben, vielleicht sogar auf ewig."

石水 (木)

鯨大和煮 (赤肉味)

BEANO

PHANE
IN BRINE

CHOICE GRADE

Dale's
WILD WEST
Elk
STEW

NET WT. 14 OZ. (396g)

Kaneman's
SEASONED WITH SOY-SAUCE & SUGAR
原材料 蜂の子・醤油・砂糖
BABY BEES

固型量 170GM
内容総量 200GM

LTD.

COASTAL PEOPLE
Viande de
PHOQUE
de Qualité

Reinsdyrkaker i viltsaus
JOIKA

Spe
sausen
med melk,
fløte eller
rømme. Et par
skiver geitost
utrørt i sausen
fremhever
viltsmaken.

Pâté de Cro
au Porto
Crocodile pâté with
Josy Goû

DALE'S NATURAL™
RATTLESNAKE
SMOKED

NET WT. 7½ OZ.   212 GRAMS

After nine months of munching lichen on the frozen plains of Røros in northern Norway, a young reindeer calf is rounded up, led into a small stall and pummeled on the head with a pneumatic hammer gun. Within two minutes it has been bled, skinned, dehorned and decapitated. Its antlers and penis are shipped to Asia to be sold as aphrodisiacs. The skins are fashioned into car seat covers and sold at auto shops. The prime cuts of meat might make it to a wedding banquet in Oslo. The lower quality "production meat" is sent to the Trønder Mat company, which grinds it, blends it with lard and spices, and mechanically molds it into bite-size balls. Trønder Mat manufactures 1.5 million cans of Joika brand reindeer meatballs a year (bottom center). Hermetically sealed and sterilized at 121.1°C, they can sit on the supermarket shelf for up to 10 years.

Rentierfleischbällchen Nachdem es neun Monate auf den gefrorenen, mit Flechtenfutter überzogenen Ebenen von Røros, im Norden Norwegens, geweidet hat, wird ein junges Rentier angebunden, in den Stall geführt und mit einem Bolzenschußgerät betäubt. In nur zwei Minuten ist es ausgeblutet, enthäutet, enthörnt und geköpft. Das Geweih und der Penis werden als Aphrodisiakum nach Asien geschickt. Die Haut wird zu Autositzbezügen verarbeitet und an Autohändler verkauft. Das Filet wird vielleicht bei einem Hochzeitsdiner in Oslo serviert. Das „Verwertungsfleisch" minderer Qualität wird an die Trønder Mat-Firma geschickt, die es durch den Fleischwolf dreht, mit Speck und Gewürzen mischt und maschinell in mundgerechte Bällchen formt. Trønder Mat stellt pro Jahr 1,5 Millionen Dosen Rentierfleischbällchen der Marke Joika her (linke Seite: unten Mitte). Bei 121,1°C sterilisiert und anschließend vakuumverpackt können sie an die 10 Jahre in Supermarktregalen überdauern.

Canned meat Spam is a canned combination of pork shoulder and ground ham, but for some reason it has become a cultural icon in the USA, where 3.6 cans are consumed every second. In Korea Spam has become an object of intense devotion. Stylishly presented in gift boxes, Spam rivals roasted dog as the Koreans' favorite delicacy.

Dosenfleisch Spam, Schweineschulter und gehackter Schinken in der Dose, hat aus irgendeinem Grund in den USA einen wahren Kultstatus erlangt. Dort werden pro Sekunde 3,6 Dosen Spam verzehrt. Auch in Korea findet Spam Anklang: Es wird in eleganten Geschenkverpackungen verkauft und stellt eine ernsthafte Konkurrenz für den Hundebraten dar, das Lieblingsessen der Koreaner.

Taste enhancer "If it tastes too strong, it's been dead too long," warn the makers of Roadkill BAR-B-Q sauce. Designed to enhance the flavor of all those dead animals you find by the side of the road, the sauce even brings out the flavor of skunk.

Geschmacksverbesserer „Wenn es zu streng schmeckt, ist es schon zu lange tot", warnt der Hersteller der Roadkill Grillsauce. Diese spezielle Soße soll den Geschmack toter Tiere, die man am Straßenrand findet, verbessern und sogar den Geruch von Stinktieren neutralisieren.

A jackhammer pistol punches
a hole through the cranium of a 6-
month-old calf. A metal rod is rammed
into the hole and forced through the
calf's brain and spinal column, stopping
its kicking. A chain winches the calf to
the ceiling, where its throat is slit. Still
beating, the heart helps flush blood
from the body. Head, hooves and hide
removed, the carcass is trucked to
wholesalers and the fat to processing
plants (where it becomes lipstick and
shaving cream). The skin is boiled in
water, leaving a residue that is filtered,
dried and ground into powdered
gelatin. At the Atlantic
Gelatin compa-
ny near
Boston,
USA, the
powder is
mixed with
sugar, adipic
acid, fumaric
acid, disodium
phosphate, sodium
citrate, red dye num-
ber 40 and artificial
flavoring—and called
Jell-O®. Two million box-
es of the dessert are sold
every day worldwide. Pre-
pared and properly stored
in the fridge, Jell-O® stays
fresh for up to three days.

Eine Jackhammer-Pistole schlägt
ein Loch in den Schädel eines sechs Monate
alten Kalbes. Eine Metallschnur wird in das
Loch eingeführt und durch das Gehirn und das
Rückgrat des Kalbes gepresst, worauf das Tier
aufhört, zu treten. Eine Kette windet das Kalb
an die Decke, wo man ihm den Hals aufschlitzt.
Das noch schlagende Herz pumpt das Blut
aus dem Körper. Nach Entfernung von Kopf,
Hufen und Eingeweiden wird der Rumpf an
Großhändler verkauft und das Fett an Verwer-
tungsfabriken (wo es zu Lippenstiften und Ra-
siercreme verarbeitet wird). Die Haut wird in
Wasser aufgekocht, der Rückstand gefiltert,
getrocknet und zu Gelatine-
pulver vermahlen. Bei der
Firma Altantic
Gelatin nahe
Boston,
USA, ver-
mengt man
das Pulver
dann mit
Zucker, Fettsäu-
re, Fumarsäure,
Natriumphosphat,
Natriumzitrat, rotem
Farbstoff (Nummer 40)
und künstlichen Aroma-
stoffen – und nennt es
Jell-O® (Wackelpud-
ding). Zwei Millionen
Dessertpackungen werden
täglich weltweit verkauft.
Nach Zubereitung hält sich
Jell-O® im Kühlschrank an
die drei Tage lang frisch.

Make animal fat soap. Buy some fat from your local butcher, boil it in water, skim off the fat and mix it with silicates and perfumes of your choice. Pour the mixture into wooden boxes, let it set and then cut into bars. Vegetarians can wash with olive oil soap. Savon de Marseille, or Marseille soap, contains 72 percent olive oil. It has no coloring agents and it is recommended by many dermatologists and pediatricians for its antibacterial and hypoallergenic qualities.

Seife aus tierischem Fett selber machen: Man lasse sich vom Metzger ein wenig Tierfett geben, lege es in kochendes Wasser, schöpfe das Fett ab und gebe nach Geschmack Silikate und Aromastoffe hinzu. Anschließend lege man die Mischung in einen Holzkasten, warte, bis sie fest wird, und schneide das Fett in Streifen. Vegetarier benutzen vielleicht lieber eine Seife aus Olivenöl. Die Savon de Marseille, Marseille-Seife, enthält 72% Olivenöl, keine Farbstoffe, und wird aufgrund ihrer bakterientötenden Wirkung und ihrer antiallergischen Eigenschaften von Haut- und Kinderärzten empfohlen.

Dine in style at Fido's Doggie Deli in the USA. On weekends this retail store becomes a select animal restaurant. Dog snacks contain no meat, sugar or cholesterol. Their motto? "We do not serve cat and dog food, we serve food to dogs and cats."

Speisen mit Stil in Fido's Doggie Deli. Jedes Wochenende verwandelt sich dieser Laden in ein erlesenes Restaurant für Tiere. Hundesnacks enthalten dort weder Fleisch, Zucker noch Cholesterin. Das Motto? „Wir servieren kein Hunde- oder Katzenfutter, wir servieren Mahlzeiten für Hunde und Katzen."

Obesity is the leading health risk for dogs and cats. In the USA alone, more than 50 million dogs and cats are overweight and likely to develop diabetes and liver disease, among other ailments. Put your pudgy pet on Pet Trim diet pills. Cats and dogs can lose 3 percent of their body fat in two weeks.

Übergewicht ist das größte Krankheitsrisiko für Hunde and Katzen. Allein in den USA gibt er über 50 Millionen Katzen und Hunde mit Übergewicht, die Gefahr laufen, sich Diabetes, ein Leberleiden oder eine andere Krankheit zuzuziehen. Die Lösung: Pet-Trim-Diätpillen, mit denen Katzen und Hunde in nur zwei Wochen bis zu 3 % ihres Körperfetts verlieren können!

Pets Thirsty Dog! is veterinarian-recommended and enriched with vitamins and minerals to keep your dog healthy. It substitutes tap water or is poured over food. No need to refrigerate. Also available: Fish-flavored Thirsty Cat!

THE DAILY PET DRINK℠

ThirstyDog!™

Use daily instead of tap water or pour over dry food!

Vitamin Enriched! Mineral Enriched!

CRISPY BEEF FLAVOR

VETERINARIAN RECOMMENDED!

33.8 U.S. FL. OZ. (1 LITER)

Dog wheelchair "Tippy has had no trouble coping with his cart. He takes corners with one wheel," reads a letter quoted in the K-9 Cart Company brochure. Tippy is paralyzed, and a K-9 Cart has changed his life. With his hind limbs supported, he can run around like other dogs and not feel left out of games in the park. This simple device has also restored mobility to paralytic cats, rabbits, sheep and goats. Wheels should be oiled once a week. Replacement parts are available.

Hunderollstuhl „Tippy hat gar keine Probleme mit diesem Wagen gehabt", steht in dem Brief, der in der Broschüre der K-9 Cart Company wiedergegeben ist. Tippy ist gelähmt, und ein K-9-Rollstuhl hat sein Leben verändert. Mit dem Fahrgestell, das seine Hinterbeine stützt, kann er wie alle anderen Hunde herumlaufen und fühlt sich beim Spielen im Park nicht ausgeschlossen. Dieser simple Einfall hat auch Katzen, Hasen, Schafe und Ziegen wieder in Bewegung gebracht. Die Räder sollten einmal die Woche geölt werden. Ersatzteile sind verfügbar.

Antifreeze for cars tastes sweet and may be used by animals to quench their thirst. Unfortunately, it can cause kidney failure. Don't let your animal get too thirsty during hikes, walks or long car rides. Take along the "Lap" of Luxury Traveling Pet Water Fountain and Sports bottle. The portable unit is easy to assemble.

Frostschutzmittel für Autos schmeckt süß und ist bei Tieren ein beliebtes Erfrischungsgetränk. Leider kann es zu Nierenversagen führen. Sorg dafür, dass dein Haustier bei langen Wanderungen, Spaziergängen oder Autofahrten nicht zu durstig wird: Nimm „Lap" aus der Serie luxuriöser Trinkhähne und Feldflaschen für Tiere mit. Das transportable Gerät ist einfach zu bedienen.

Launched in 1987, the US Pooch pet cosmetic line offers a variety of scents for dogs. Le Pooch (for him) is spicy; La Pooch (for her) is "a musky fragrance, but at the same time elegant and floral."

Eingeführt wurde 1987 in den USA die Pooch-pet-Kosmetikserie, die verschiedene Düfte für Hunde bereithält. Le Pooch (für ihn) riecht würzig; La Pooch (für sie) ist ein „Moschusduft, sowohl elegant als auch blumig".

Open a pet account at Japan's Sanwa Bank. Take your pet—and at least ¥1 (US$0.9)—to any branch. Your pet gets its own account book and a notebook to keep pictures and personal data in. The accounts can be used to save money for pet expenses like haircuts, illnesses and funerals.

Ein Konto für euer Haustier könnt ihr bei einer beliebigen Filiale der Sanwa Bank in Japan eröffnen. Nehmt euer Haustier und mindestens 1¥ (0,9 US$) mit. Euer kleiner Freund erhält sein eigenes Sparbuch und eine Mappe für Bilder und persönliche Eintragungen. Die Konten können genutzt werden, um Struppis Friseur-, Krankheits- und Beerdigungskosten zu decken.

The US owner of the Shaggylamb Dog Boots company developed coats and booties to keep her sheepdogs from tracking dirt into the house. She also designs coats for cats and other pets. Her latest accessories include a weather-resistant cast for pets with injured limbs.

Pocket kitsch If you can't get enough of kitschy items, try the Hello Kitty credit card from Japan. Issued by the Daiichi Kangyo Bank (their motto: "The bank with a heart"), the credit card lets everyone know that you are the King or Queen of kitsch.

Die amerikanische Eigentümerin von Shaggylamb Dog Boots kreierte Mäntel und Stiefelchen, damit ihre Schäferhunde im Haus keinen Dreck hinterließen. Sie entwirft auch Mäntel für Katzen und andere Haustiere. Das neueste ist ein wetterfester Gips für verletzte Tiere.

Taschenkitsch Wenn ihr nicht genug von kitschigem Zeug habt, dann versucht es mit der Hello-Kitty-Kreditkarte aus Japan. Sie wird von der Daiichi Kangyo Bank – ihr Motto: „Die Bank mit Herz" – vergeben und zeichnet euch überall als König oder Königin des Kitsches aus.

MUSIC FOR HEALTHY PETS
CRCI-20065

愛犬の為のストレス解消音楽
動物を愛する人と、ペットの為の精神栄養音楽

Stressed pets can now unwind with Music for Healthy Pets. "Cheerful but serene music is good for dogs and romantic music is good for cats," says Japanese veterinarian Norio Aoki.

Gestresste Haustiere können sich jetzt mit Music for Healthy Pets entspannen. „Beschwingt-heitere Musik ist gut für Hunde; für Katzen eignen sich eher romantische Melodien", empfiehlt der japanische Tierarzt Norio Aoki.

More than 80 percent of dogs over 3 years old show signs of gum disease, according to the American Veterinary Dental Society Gum disease (or gingivitis) doesn't only cause bad breath—it can lead to tooth loss and perhaps even heart disease. Use Petrodex Dental Care Kit for Dogs to protect your canine friend. It comes complete with toothbrush, Original Flavor toothpaste with flouride, teeth cleaning pads and a finger brush.

Über 80 % aller Hunde über drei Jahre haben nach Angaben der zahnmedizinischen Abteilung des Amerikanischen Veterinärverbands Symptome von Zahnfleischerkrankungen. Zahnfleischentzündung führt nicht nur zu Mundgeruch, sondern kann auch Zahnausfall und im schlimmsten Fall Herzkrankheiten verursachen. Das Petrodex-Zahnpflegeset für Hunde bietet Schutz für euren vierbeinigen Freund: Es besteht aus einer Zahnbürste, fluorhaltiger Zahnpasta, Zahnseide und einer Nagelbürste.

Life is better with a furry friend. Pets give love, regardless of age, gender or sexual orientation. The Delta Society, USA, a pioneer in animal-assisted therapy, provides pets and their owners with training and certification for visits to nursing homes and hospitals.
"I think this is good for people who need change and comfort," says Francie Jonson of Coquille, Oregon, who escorts a llama named Elizabeth Abiding Joy (Lizzie). "Llamas have big soft eyes that just look at you and say, 'I'm right here if you need me.' They're warm and fuzzy; people love that." But pets don't just offer unconditional affection or a reason to get out of bed in the morning. Research shows that being with them reduces your heart rate, blood pressure, and even cholesterol levels. At nursing home facilities in New York, Missouri and Texas, mortality rates went down by 25 percent within two years after animals were introduced, and medication costs dropped nearly US$3 per patient per day.

Das Leben ist schöner mit einem kuscheligen Freund. Haustiere schenken Liebe, ohne sich um Alter, Geschlecht oder sexuelle Orientierung zu kümmern. Die amerikanische Delta Society, eine Vorreiterin in der tiergestützten Therapie, bietet für Tier und Besitzer eine Schulung mitsamt Zertifikat, das zum Einsatz in Pflegeheimen und Krankenhäusern berechtigt. „Ich finde, das tut Leuten gut, die Abwechslung und Geborgenheit brauchen", erklärt Francie Jonson aus Coquille, Oregon, der mit einem Lama namens Elizabeth Abiding Joy (Lizzie) auf Tour geht. „Lamas haben sanfte, große Augen. Ihr Blick sagt: Ich bin da, wenn du mich brauchst. Sie sind warm und kuschelig; das mögen die Leute." Aber Tiere bieten nicht nur bedingungslose Zuneigung oder einen Grund, morgens aus den Federn zu kommen. Studien ergaben, dass durch Haustierhaltung der Herzschlag reguliert, der Blutdruck und sogar Cholesterinwerte gesenkt werden können. In Altersheimen in New York, Missouri und Texas sank die Sterblichkeitsrate um 25 % innerhalb von zwei Jahren, nachdem Haustiere zugelassen wurden, und die Kosten für Medikamente sanken pro Tag und Patient um fast 3 $.

Ants The combined weight of all the ants in Africa is more than that of all the continent's elephants. Worker ants are sterile females who work for their queen. See them toiling in your own ant farm. But since it's illegal to ship queen ants, resign yourself to seeing the colony die off after three months or so.

Ameisen Nimmt man alle afrikanischen Ameisen zusammen, dann übertrifft ihr Gewicht das aller Elefanten des Kontinents. Die Arbeiterinnen sind sterile Weibchen, die sich für ihre Königin abrackern. Wie beschäftigt sie sind, könnt ihr in eurer eigenen Ameisenfarm beobachten. Da es aber illegal ist, Ameisenköniginnen zu verschicken, müsst ihr euch damit abfinden, dass eure Kolonie nur etwa drei Monate überlebt.

body
Körper

Diagnostic toilet paper, Japan
Klopapier, Japan

Charcoal does wonders for your teeth, say the manufacturers of India's Monkey Brand Black Tooth Powder. Despite its sooty color, charcoal powder "acts as bleach on tooth enamel, actually whitening the teeth." Add to the charcoal such local herbs as thymol, camphor, eucalyptus and clove, and you have "one of the best home remedies for toothache and bleeding gums."

Wood This is a very special tooth-brush, says Dr. Alberto Bissaro of the Piave toothbrush company in Italy. "Its handle is made of Italian maple wood. And no protected trees were cut down to make it." Instead, Piave uses discarded cuttings from the local furniture industry.

Kohle wirkt Wunder für die Zähne, behaupten die indischen Hersteller des schwarzen Zahnpulvers der Marke Monkey. Trotz der Rußfarbe „wirkt Kohle wie ein Bleichmittel für den Zahnschmelz und macht tatsächlich weißere Zähne." Nehmt zu der Kohle noch heimische Gewürze und Kräuter wie Thymianöl, Kampfer, Eukalyptus und Nelke und ihr habt „eines der besten Mittel gegen Zahnschmerzen und Zahnfleischbluten."

Holz „Dies ist eine ganz besondere Zahnbürste", erklärt Dr. Alberto Bissaro vom italienischen Zahnbürstenhersteller Piave. „Der Griff besteht aus italienischem Ahornholz, doch geschützte Bäume mussten dafür nicht gefällt werden." Stattdessen verwendet Piave Holzabfall aus der Möbelindustrie.

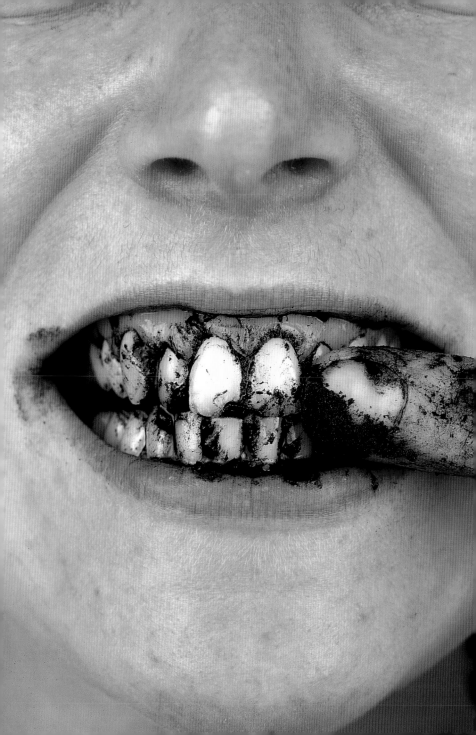

Toothbrushing twigs promote excellent dental hygiene. Scientists say twigs such as this *mushwagi* from Kenya contain powerful oils and abrasives (including silicon) that wear away stains. Simply gnaw on one end and use the resulting soft fibers as a brush.

Zahnbürsten aus natürlichen Zweigen garantieren hervorragende Zahnhygiene. Wissenschaftler sagen, dass Zweige wie dieser *mushwagi* aus Kenia wirkungsvolle Silikonfette und Schleifmittel enthalten, die Zahnbelag entfernen. Einfach ein Ende ankauen und die so eingeweichten Holzfasern als Bürste verwenden.

Stripes With annual international sales of US$486 million, Aquafresh ranks among the three best-selling toothpastes in all 65 countries where it's sold. Why is it so popular? Perhaps because Aquafresh sponsors the world's only professional car-racing dentist, Dr. Jack Miller. Or maybe it's the bubble gum-flavored Aquafresh toothpaste for kids. Or maybe it's their toll-free number for free dental advice. But probably it's just the stripes.

Streifen Mit Jahresumsätzen von 486 Millionen US $ gehört Aquafresh in allen 65 Ländern, in denen es erhältlich ist, zu den meistverkauften Zahnpastamarken. Woher kommt ein solcher Welterfolg? Vielleicht weil Aquafresh Dr. Jack Miller, den einzigen Zahnarzt der Welt, der gleichzeitig Profirennfahrer ist, mit Sponsorengeldern unterstützt? Oder wegen der neuen Kinderpackung Aquafresh mit Kaugummigeschmack? Vielleicht sind es auch einfach die Streifen.

Most smokers take up the habit between the ages of 12 and 16. But some are inhaling before they've left their mother's womb. Smokey Sue Smokes for Two demonstrates how many toxins an unborn child takes in from its mother's cigarettes. As the doll puffs away, the smoke passes into the jar below, which holds a lifelike model of a seven-month fetus. The more Sue smokes, the dirtier the water representing the placenta. This fetus model is for teenagers; another Smokey Sue, complete with blackening lungs, is available for younger children. Handle Smokey Sue with care: Unfiltered cigarettes burn her mouth.

Sprayed into the nostrils up to 32 times a day, Nicorette nicotine nasal spray is supposed to alleviate smokers' withdrawal symptoms and cravings.

Die meisten Raucher haben im Alter zwischen 12 und 16 Jahren angefangen, aber bei einigen geht es schon viel früher los: Sie rauchen schon im Mutterleib. Smokey Sue Smokes for Two (Smokey Sue raucht für zwei) demonstriert, wie viele Giftstoffe ein ungeborenes Kind vom Zigarettenkonsum seiner Mutter abbekommt. Während die Puppe so vor sich hin pafft, zieht der Rauch in ein Gefäß darunter, das das lebensgroße Modell eines sieben Monate alten Fötus enthält. Je mehr Sue raucht, desto schmutziger wird das Wasser, das die Plazenta darstellen soll. Dieses Fötusmodell ist für Teenager gedacht; für kleinere Kinder ist eine andere Smokey Sue, komplett mit angeschwärzter Lunge, erhältlich. Aber Vorsicht! Bei Filterlosen könnten Sues Lippen ankokeln.

Spray Das Nikotin-Nasenspray „Nicorette" soll die Raucherentwöhnung erleichtern. Die Entzugssymptome werden durch bis zu 32 Spray-Dosierungen pro Tag und Rauchernase bekämpft.

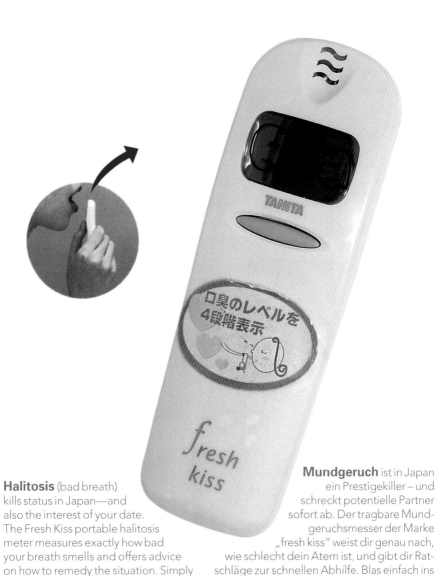

Halitosis (bad breath) kills status in Japan—and also the interest of your date. The Fresh Kiss portable halitosis meter measures exactly how bad your breath smells and offers advice on how to remedy the situation. Simply breathe into the meter. Three hearts on the display means you are clean—a black heart means trouble.

Mundgeruch ist in Japan ein Prestigekiller – und schreckt potentielle Partner sofort ab. Der tragbare Mundgeruchsmesser der Marke „fresh kiss" weist dir genau nach, wie schlecht dein Atem ist, und gibt dir Ratschläge zur schnellen Abhilfe. Blas einfach ins Messgerät: Drei Herzen auf dem Display bedeuten, du hast einen reinen Atem; ein schwarzes Herz hingegen signalisiert Probleme.

Scraper Seventy-five percent of bad breath odor is caused by bacteria living on the tongue. Scrape them away with the Tidy Tongue, a plastic device that the manufacturers promise will leave you with "a healthier mouth and fresher breath"—as long as you scrape daily.

Zungen-Kratzer 75 % des Mundgeruchs werden von Bakterien auf der Zunge verursacht. Mit der „Tidy Tongue", einem Plastikgerät, könnt ihr sie einfach weg-kratzen. Der Hersteller verspricht „eine gesündere Mundflora und frischeren Atmen" – vorausgesetzt, ihr kratzt täglich.

Sperm "Just as a sperm penetrates an egg," reads the brochure, "Kevis [shampoo] penetrates the hair cuticle and forms a protective sheath around the hair shaft."

Sperma „Ganz wie die Spermazelle in die Eizelle eindringt", so die Werbung für ein Shampoo, „dringt Kevis in den Haarwurzelansatz vor und bildet dort eine Schutzschicht um das Haar."

Soak in a vat of rice wine. Run a hot bath and add a little sake powder to get the fragrance of rice wine while bathing . Unlike the traditional Japanese drink, it is nonalcoholic.

Entspann dich in einem Bottich Reiswein. Nimm ein heißes Bad und schütte etwas Sakepulver hinein, das sein Aroma sofort entfaltet. Im Gegensatz zu dem traditionellen japanischen Getränk ist das Pulver alkoholfrei.

Bird shit Some of the most beautiful people in Japan use bird feces to moisturize their skin. Nightingale Droppings is a traditional natural beauty product that can also be used to whiten your kimono.

Vogelkot Einige der absoluten Schönheiten in Japan benutzen Vogelkot, um ihre Haut geschmeidig zu machen. Nachtigallen-Tropfen sind ein traditionelles Schönheitsprodukt aus der Natur, das man auch zum Bleichen von Kimonos benutzen kann.

Dry Why would you need this dry mouth saline replacement gel? Sjogren's Syndrome is a rare condition that leaves you with no body fluids. It can mean that you have a dry mouth, increased yeast infections—and that you can't cry.

Trocken Warum sollte man dieses Spucke-Ersatzgel gegen trockenen Mund einnehmen? Das Sjogrens Syndrom ist eine seltene Krankheit, bei der man kaum Körperflüssigkeit entwickelt. Ein trockener Mund und vermehrte Schleimhautentzündungen können die Folge sein – und dass ihr nicht weinen könnt.

Bugs Made with crushed red beetles from Chile and Peru, Diamant toothpaste from France tints gums a "healthy-looking shade of pink."

Käfer Die französische Diamant-Zahnpasta, die aus fein zermahlenen roten Käfern aus Chile und Peru hergestellt ist, gibt „eurem Zahnfleisch ein gesundes Rosa".

Skunk perfume was originally used by hunters so that deer couldn't smell them. Skunk scent is now packaged for domestic use in the USA. Some men even admit that the pungent smell of skunk is a turn-on.

Stinktier-Essenz benutzten Jäger ursprünglich, um nicht von Hirschen gewittert zu werden, aber jetzt gibt's den Stoff auch für den Hausgebrauch!

Sweat pads Watching a politician on TV raise her arm to wave to a crowd, Japanese housewife Nabuko Ogawa saw sweat stains. She also saw a business opportunity. "My mother thought that this was a problem all over the world," says Nabuko's son, translating for her over the phone. Now women everywhere can "say *sayonara* to sweat stains" with Nabuko's Trefeuille sweat-absorption pads. Made from "special 'French Pile' polyester," the pads sit in the armpits of your clothing, absorbing embarrassing excess perspiration before it hits your clothes. No wonder Nabuko, who sells 100,000 sets a year, is now a senior officer of the Japan Housewife Inventors League.

Schweißpolster Als die japanische Hausfrau Nabuko Ogawa im Fernsehen einen Politiker sah, der erhobenen Armes die Volksmenge grüßte, fielen ihr die Schweißflecken besonders ins Auge, auch unter dem Aspekt einer guten Geschäftsidee. Jetzt können Frauen in aller Welt „Sayonara" zu den Schweißflecken sagen, denn es gibt Frau Nabukos Anti-Fleck-Einlage „Trefeuille", die den Schweiß zuverlässig aufsaugt. Die legt man einfach unter der Kleidung in die Achselhöhle, damit die „French-Pile-Polyesterfasern in Superqualität" dort die Entsorgung erledigen – gut fürs Image und für die Kleider! Kein Wunder, dass Frau Nabuko – inzwischen anerkanntes Mitglied der japanischen Erfinderliga für Hausfrauen – mehr als 100 000 Packungen Einlagen pro Jahr umsetzt.

Steam clean "Clients rest in the sweating room for 10 minutes. Hot steam softens the skin. Then I rub the skin with a wash cloth to remove dead cells," says Riza Geniç, bath attendant at Cagaloglu Hamami, a Turkish bath. "I also give a massage." Wraparound towel, wooden clogs called *nalin*, and bowl included. Pamper yourself at Istanbul's oldest hammam, Galatasaray Hamami, built by Sultan Bayazit in 1481.

Sauber durch Dampf „Die Kunden bleiben zehn Minuten im Schwitzraum. Heißer Dampf macht die Haut weich. Dann schrubbe ich mit einem Waschlappen tote Hautzellen ab", erläutert Riza Geniç vom Cagaloglu Hamami, einem türkischen Bad. „Ich gebe auch Massagen." Dazu gehören ein Handtuch, Holzlatschen, sogenannte Nalin, und eine Schüssel. Lass dich in Istanbuls ältestem Hammam verwöhnen, dem Galatasaray Hamami, das Sultan Bayazıt 1481 erbaute.

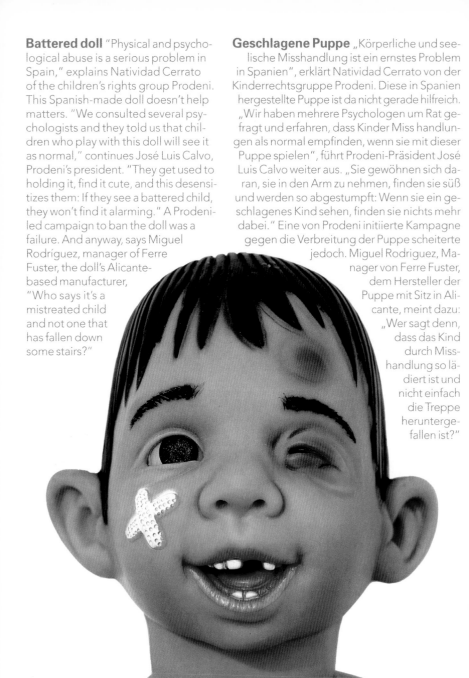

Battered doll "Physical and psychological abuse is a serious problem in Spain," explains Natividad Cerrato of the children's rights group Prodeni. This Spanish-made doll doesn't help matters. "We consulted several psychologists and they told us that children who play with this doll will see it as normal," continues José Luis Calvo, Prodeni's president. "They get used to holding it, find it cute, and this desensitizes them: If they see a battered child, they won't find it alarming." A Prodeni-led campaign to ban the doll was a failure. And anyway, says Miguel Rodríguez, manager of Ferre Fuster, the doll's Alicante-based manufacturer, "Who says it's a mistreated child and not one that has fallen down some stairs?"

Geschlagene Puppe „Körperliche und seelische Misshandlung ist ein ernstes Problem in Spanien", erklärt Natividad Cerrato von der Kinderrechtsgruppe Prodeni. Diese in Spanien hergestellte Puppe ist da nicht gerade hilfreich. „Wir haben mehrere Psychologen um Rat gefragt und erfahren, dass Kinder Misshandlungen als normal empfinden, wenn sie mit dieser Puppe spielen", führt Prodeni-Präsident José Luis Calvo weiter aus. „Sie gewöhnen sich daran, sie in den Arm zu nehmen, finden sie süß und werden so abgestumpft: Wenn sie ein geschlagenes Kind sehen, finden sie nichts mehr dabei." Eine von Prodeni initiierte Kampagne gegen die Verbreitung der Puppe scheiterte jedoch. Miguel Rodriguez, Manager von Ferre Fuster, dem Hersteller der Puppe mit Sitz in Alicante, meint dazu: „Wer sagt denn, dass das Kind durch Misshandlung so lädiert ist und nicht einfach die Treppe heruntergefallen ist?"

Surgery hammer To perform a rhinoplasty (the official name for a nose-job), surgeons slit open the nose, put a chisel against the bone and break it with a hammer like this one. "Then you mold the bones with your finger until you put everything in place for the new shape," explains Maurizio Viel, a plastic surgeon in Milan, Italy. "You have to be very gentle, because there's no room for mistakes—everyone can see them afterwards." Kenyan-American Jocelyn Wildenstein wanted "to look like a cat." She's delighted with the result of 59 operations, though her husband is divorcing her because of "her bizarre psychological proclivity to have continuing plastic surgery."

Operationshammer Bei einer Rhinoplastik – so der offizielle Name für eine Schönheitsoperation an der Nase – schlitzen Chirurgen die Nase auf, legen einen Meißel an den Knochen und brechen ihn mit einem Hammer wie diesem hier. „Dann formt man die Knochenteile mit den Fingern, bis alles für die neue Form an seinem Platz ist", erklärt Maurizio Viel, ein Schönheitschirurg aus Mailand. „Man muss sehr vorsichtig sein, denn Fehler kann man sich nicht erlauben; die sieht man doch sofort." Jocelyn Wildenstein, eine Amerikanerin kenianischer Herkunft, wollte „wie eine Katze aussehen". Mit dem Ergebnis von 59 Operationen ist sie sehr zufrieden, obwohl ihr Mann sich wegen ihres „bizarren, psychopathischen Hangs zu ständigen Schönheitsoperationen" von ihr getrennt hat.

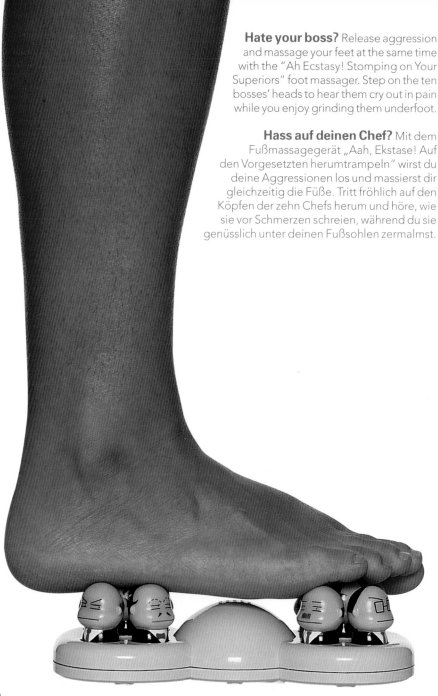

Hate your boss? Release aggression and massage your feet at the same time with the "Ah Ecstasy! Stomping on Your Superiors" foot massager. Step on the ten bosses' heads to hear them cry out in pain while you enjoy grinding them underfoot.

Hass auf deinen Chef? Mit dem Fußmassagegerät „Aah, Ekstase! Auf den Vorgesetzten herumtrampeln" wirst du deine Aggressionen los und massierst dir gleichzeitig die Füße. Tritt fröhlich auf den Köpfen der zehn Chefs herum und höre, wie sie vor Schmerzen schreien, während du sie genüsslich unter deinen Fußsohlen zermalmst.

Ball A pacifier dipped in aniseed liqueur is used to calm crying babies in Spain. During ritual Jewish circumcisions the baby's pacifier is dipped in kosher sweet wine. But sugary liquids can rot an infant's primary teeth. Give your little one the Teether Ball. It squeaks when you squeeze it, smells of vanilla, and is washable.

Ball Mit einem in Anislikör getunkten Schnuller werden in Spanien unruhige Babys beschwichtigt. Bei der rituellen Beschneidungszeremonie der Juden bekommen die Babys Schnuller mit koscherem süßen Wein. Leider können derart zuckrige Flüssigkeiten bei Kleinkindern zu Karies an den Milchzähnen führen. Gebt eurem Liebling stattdessen den Zahnball. Er quietscht, wenn man draufdrückt, riecht nach Vanille und ist waschbar.

Sweat suit This plastic suit (plus a jar of mud) is supposed to burn off calories. "You sweat so much you literally turn the mud into a soup," says Lisa Silhanek, who bought her suit from New York's exclusive Anushka Day Spa. "I just step into the bag, smear the mud across my feet, legs and torso, and pull up the plastic suit to cover it all. The only tough part is spreading the mud across my back." For maximum effect, Lisa lies down and covers herself with heavy wool blankets. After 45 minutes (the mud should have reached 37°C by now), she jumps in the shower and washes it off. "The only problem," says Lisa, "is that the bathtub turns green."

Deodorant leaves

If commercial deodorants don't do the trick, try a traditional solution from the cattle-herding tribes of Kenya. Leleshwa leaves come from Kenya's most arid regions. Young men stick them under their armpits and hold them in place for several minutes. The leaves are used when visiting girls, especially after strenuous dancing or hiking. If leleshwa are not available where you live, try mint leaves (as we did for this picture): Effective, disposable, biodegradable and cheap.

Anzug für die Schwitzkur Dieses Kleidungsstück aus Kunststoff – plus ein Töpfchen Lehm – soll dafür sorgen, dass Kalorien rasch verbrannt werden. Lisa Silhanek kaufte ihren „Sweat Suit" im exklusiven Anushka-Day-Fitnesscenter: „Ich steig einfach hinein, streiche mir den Lehm auf Füße, Beine, Körper und ziehe das Ding hoch. Schwierig ist nur das Einschmieren am Rücken." Für eine optimale Wirkung legt sich Lisa dann unter mehrere schwere Wolldecken. Nach einer Dreiviertelstunde, wenn der Lehm dem Hersteller zufolge eine Temperatur von 37 °C erreicht hat, springt sie unter die Dusche und spült den Schlamm ab. „Das einzige Problem", so Lisa, „ist nachher die grünliche Kruste in der Badewanne."

Deodorant-Blätter

Wenn im Handel erhältliche Deodorants einfach nicht wirken wollen, dann hilft vielleicht eine traditionelle Methode der Viehzucht treibenden Stämme in Kenia. Leleshwa-Blätter stammen aus den dürresten Regionen des Landes. Junge Männer stecken sie sich in die Achselhöhlen und halten sie dort für ein paar Minuten. Die Blätter finden vor Mädchenbesuchen Verwendung, besonders nach anstrengenden Tänzen oder Bergtouren. Wenn ihr bei euch kein Leleshwa bekommen könnt, probiert es mit Minze – wie wir bei diesem Foto: effektiv, schnell zur Hand, biologisch abbaubar und billig.

Ninety percent of mouth cancer is caused by tobacco use. But with OraScreen, you can catch mouth cancer before it spreads. For easy detection, a simple series of mouthwashes stain any affected areas a bright blue.

90% der Mundkrebsleiden werden durch Rauchen verursacht. Doch mit OraScreen könnt ihr den Mundkrebs schon im Frühstadium diagnostizieren, bevor er sich ausbreitet. Zur Diagnose reichen eine Reihe von Mundspülungen. Infizierte Bereiche färben sich hellblau.

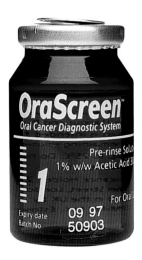

With 7.7 cigarettes smoked per person per day, the Japanese have found novel answers to some smokers' problems. The No-Cancer Holder is a plastic case that covers your cigarette, filtering out smoke and saving those around you from breathing it in.

Bei einem durchschnittlichen Zigarettenverbrauch von 7,7 pro Person und Tag haben die Japaner neue Antworten auf einige Raucherprobleme gefunden. Der Anti-Krebs-Behälter aus Plastik umgibt eure Zigarette, filtert den Rauch heraus und verhindert, dass andere passiv mitrauchen.

Nipple lightener

"Do you care about having beautiful nipples while playing around with the boys?" asks the Liberty Company. "Do you wish to keep a divine body for your lover before the wedding?" In Japan, where pinkish Caucasian nipples are thought to be more beautiful than brown ones, women pondering these questions can turn to Liberty Virgin Pink, the country's most popular nipple lightening cream. Apply it daily and your nipples should lighten perceptibly within a few weeks. "The combined action of placenta and *Aloe vera* will slow down the production of melanin," promises the Libert brochure, "leaving your nipples a natural pink color."

Brustwarzenaufheller

„Legt ihr auf hübsche Brustwarzen wert, wenn ihr mit Jungs rumspielt?", erkundigt sich die Liberty Company. „Wollt ihr euch vor der Hochzeit einen Traumkörper für euren Liebsten bewahren?" In Japan, wo man rosa Brustwarzen schöner findet als braune, können Frauen Liberty Virgin Pink anwenden, die beliebteste Brustwarzenaufheller-Creme im Land. Bei täglicher Anwendung sollten sich die Brustwarzen binnen Wochen sichtbar aufhellen. „Die kombinierte Wirkung von Plazenta und Aloe Vera verlangsamt die Melanin-Produktion", verspricht die Liberty-Broschüre, „und belässt die Brustwarzen in einem natürlichen rosa Farbton."

Dairy farmers use creams as a softening agent on cow's teats after milking—and they were discovered to have the same softening effect on human skin. The Udder Cream has enjoyed an increase in popularity in Japan, where women massage the cream on their nipples.

Milchbauern benutzen eine spezielle Creme, damit das Euter der Kuh nach dem Melken wieder schön weich und elastisch wird. Dann kam man darauf, dass die Creme auf menschlicher Haut eine ähnliche Wirkung entfaltet. Melkfett findet vor allem in Japan reißenden Absatz, wo sich viele Frauen die Brustwarzen damit einreiben.

255

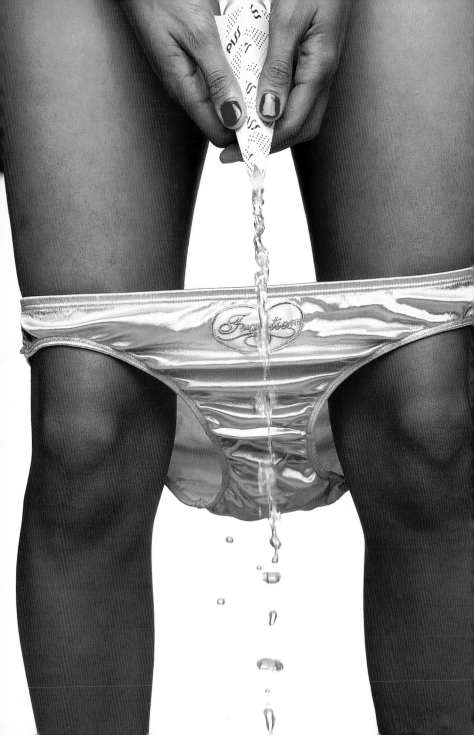

Urination funnel Now women can do it standing up with this simple paper cone. Sold in pharmacies and perfume stores throughout Venezuela, El Piss caters to women who are scared of contracting venereal diseases from dirty toilet seats. "Women love to use the cone," a Piss spokeswoman assured us, "especially those who work in the street and have to use public rest rooms." Aixa Sánchez is a satisfied Piss customer in Caracas. "It's easy to use," she says. "You just squeeze the cone to open it, push it up against your body and let fly. It feels a little strange at first, but it's fun." According to the spokeswoman, it's more than fun—it's a revolution: "A whole tradition is being overturned," she told us. "Our goal is to keep women everywhere from squatting down."

Urinier-Trichter Dank dieser einfachen Papiertüte können jetzt auch Frauen ihr Geschäft im Stehen erledigen. Sie ist in ganz Venezuela in Apotheken und Parfümerien erhältlich und besonders für Frauen gedacht, die Angst haben, sich auf einem schmutzigen Toilettensitz eine Geschlechtskrankheit zu holen. „Die Frauen sind schnell auf den Trichter gekommen", versicherte uns eine Firmensprecherin, „besonders die, die auf der Straße arbeiten und auf öffentliche Toiletten angewiesen sind." Aixa Sanchez ist eine zufriedene El-Piss-Kundin aus Caracas. „Es ist ganz einfach zu benutzen", erklärt sie, „ihr drückt zuerst den Trichter auf, haltet ihn gegen den Körper und lasst es laufen. Erst fühlt es sich ein bisschen merkwürdig an, ist aber lustig." Für die Sprecherin von El Piss ist es mehr als nur ein Spaß – für sie ist es eine Revolution: „Eine ganze Generation wird auf den Kopf gestellt. Wir wollen erreichen, dass sich die Frauen nirgendwo mehr hinhocken."

Urea (a derivative of urine) increases the ability of hardened skin tissue to absorb and retain moisture. Horse oil (from a horse's mane, tail and subcutaneous fat) is rich in linoleic acid and a powerful moisturizer. One cream contains both: Rub it on your elbows, knees, ankles, heels or wherever you have corns. Ideal for dishpan hands and chapped skin.

Harnstoff, ein Urinderivat, sorgt dafür, dass verhärtetes Hautgewebe mehr Feuchtigkeit aufnehmen und speichern kann. Pferdeöl, das aus der Mähne, dem Schwanz und dem subkutanen Fett des Tieres gewonnen wird, ist reich an Linolsäure und ein effizienter Feuchtigkeitsspender. Die Creme enthält beide Wirkstoffe: Reib dir Ellbogen, Knie, Knöchel, Hacken oder andere raue Stellen damit ein. Es ist die Creme für Hände wie Reibeisen und rissige, aufgesprungene Haut.

Sit Most toilets in India are squat toilets (a hole in the ground that you squat over). If you have a bad back or you're ill, you may not be able to squat. Buy a toilet seat stand to place over the hole for your use—it can easily be removed afterward so others in your family aren't forced to adapt to your new toilet habits.

Electric tablet If you have any qualms about picking through your own excrement, the Kremlin Tablet is not for you. So named because it was the favorite medicine of former Soviet president Leonid Brezhnev, the tablet is composed of two electrodes, a microprocessor and a handy battery checker. We're not too clear on the details (nor, for that matter, is the instruction manual), but the Kremlin Tablet seems to work something like this: Once swallowed, it settles in your digestive tract and starts emitting electrical impulses that cause your digestive muscles to contract. These contractions force "non-functioning areas" of the intestines to expel waste matter, leaving you with cleaner, healthier insides. The tablet's manufacturer, Komponent, also suggests inserting its product directly into the anus to alleviate chronic constipation. Either way, the pill passes naturally out of your system. The tablet can be used again and again. And that's where the part about the excrement comes in.

Auf die meisten Klos in Indien muss man sich draufhocken, denn sie bestehen einfach aus einem Loch im Fussboden. Wenn du Rückenschmerzen hast oder krank bist, könnte das schwierig werden. Kauf dir eine Toilettenschüssel und stell sie über das Loch – hinterher kann sie leicht weggeräumt werden, sodass sich der Rest der Familie nicht an deine neuen Toilettengewohnheiten anpassen muss.

Elektropille Wenn es euch schwer fällt, in den eigenen Exkrementen herumzustochern, dann ist die „Kreml-Pille" wohl nicht das Richtige für euch. Den Namen hat sie daher, dass sie die Lieblingsmedizin von Leonid Breschnew, dem ehemaligen sowjetischen Staatschef, war. Die Pille enthält zwei Elektroden, einen Mikroprozessor und einen ergonomisch gestalteten Batterietester.

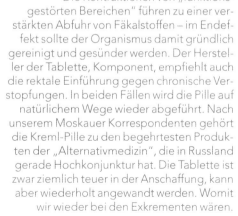

Wir können nicht mit allen Details aufwarten – die Bedienungsanleitung ist da wenig hilfreich –, aber die Kreml-Pille funktioniert anscheinend so: Nach dem Einnehmen nistet sie sich im Verdauungstrakt ein und stimuliert mit elektrischen Impulsen die betreffenden Muskelgruppen. Die Kontraktionen von „funktionsgestörten Bereichen" führen zu einer verstärkten Abfuhr von Fäkalstoffen – im Endeffekt sollte der Organismus damit gründlich gereinigt und gesünder werden. Der Hersteller der Tablette, Komponent, empfiehlt auch die rektale Einführung gegen chronische Verstopfungen. In beiden Fällen wird die Pille auf natürlichem Wege wieder abgeführt. Nach unserem Moskauer Korrespondenten gehört die Kreml-Pille zu den begehrtesten Produkten der „Alternativmedizin", die in Russland gerade Hochkonjunktur hat. Die Tablette ist zwar ziemlich teuer in der Anschaffung, kann aber wiederholt angewandt werden. Womit wir wieder bei den Exkrementen wären.

In the 1950s, more than 95 percent of French homes sported bidets, largely as the result of public health campaigns. Today, they adorn less than half of Gallic bathrooms. Having trouble finding a bidet? Purchase portable Travel Washlet, a pocket-size fountain anus rinser. "Let's wash our butts. Let's wash them wherever we go," says manufacturer TOTO Corporation of Japan.

In den 50er Jahren verfügten über 95 % der französischen Haushalte über ein Bidet – ein Ergebnis auch der gesundheitlichen Aufklärungskampagnen. Heute gibt es nur noch knapp halb so viele. Du kannst kein Bidet finden? Dann kauf dir einen Travel Washlet, einen Hinternspüler in Taschenformat. „Alle sollten wir uns den Hintern waschen, wo immer wir hingehen", erklärt der japanische Hersteller TOTO Corporation.

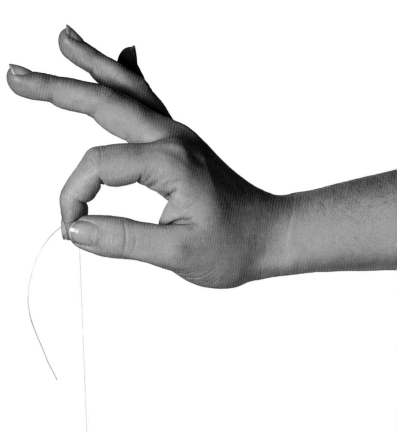

Dowsing isn't just about finding water. The ancient art can be used to detect minerals, pipes or cables. All it takes, according to the British Society of Dowsers, is a dowsing rod, patience and perseverance. Try out your dowsing skills with their beginner's kit; it includes a plastic dowsing rod and carrot-shaped wooden pendulum.

Mit der Wünschelrute stößt man nicht nur auf Wasser. Diese traditionsreiche Kunst kann auch angewandt werden, um Mineralstoffe, Rohre oder Kabel aufzuspüren. Nach Angaben der britischen Gesellschaft der Wünschelrutengänger braucht man dazu nur eine Rute, Geduld und Ausdauer. Mit einer Ausrüstung für Anfänger könnt ihr eure Eignung als Wünschelrutengänger testen. Sie enthält eine Plastikrute und ein wie eine Karotte geformtes hölzernes Pendel.

Best-selling At UK£4.13 (US$6.18) a packet, this moist toilet tissue (perfect for eyeglass wiping and makeup removal) was the most expensive in Britain. British consumers spent £300 ($480) a minute on Andrex toilet paper, making it the country's seventh biggest-selling product. Then Andrex manufacturer Kimberley-Clark merged with rival paper producer Scott. So the brand disappeared in a global marketing revolution, allowing the Scott brand to predominate.

Verkaufsschlager Mit einem Preis von 4,13 UK£ (6,18 US$) pro Verkaufspaket ist dieses feuchte Klopapier – auch als Brillenputztuch oder Make-up-Entferner bestens geeignet – das teuerste in Großbritannien. Britische Verbraucher gaben 300 £ (480 $) pro Minute für „Andrex"-Toilettenpapier aus, das somit auf der Liste der meistverkauften Produkte des Landes an siebenter Stelle stand. Aber nicht mehr lange. Dann fusionierte „Andrex"-Hersteller Kimberly-Clark mit dem Konkurrenten Scott. Nun beherrscht im Zuge einer umfassenden Marketing-Revolution die Marke „Scott" anstelle von „Andrex" den Markt.

The last tree will disappear in 15 years if Brazilian mahogany (*S. macrophylla*) continues to be cut down at the present rate. In 1994 a proposal to control exports was blocked by Brazil, which is responsible for two-thirds of the world's production, and Bolivia, the other main producer. One Brazilian mahogany tree (average height, 30m) is worth US $25,000. The timber sells for approximately $1,000 per cubic meter, 25 percent more than the going rate of other hardwoods such as ash and maple.

Der letzte Baum wird in 15 Jahren gefällt sein, wenn das Abholzen von Brasiliens Mahagonibäumen (*S. macrophylla*) mit unverminderter Geschwindigkeit weitergeht. 1994 scheiterte die Einführung einer Exportkontrolle am Einspruch Brasiliens, das zwei Drittel der Weltproduktion stellt, und Boliviens, des zweitwichtigsten Ausfuhrlandes. Ein brasilianischer Mahagonibaum – Durchschnittshöhe 30 m – ist 25 000 US$ wert. Das Holz wird für rund 1000 US$ pro Kubikmeter verkauft, was 25 % über den gängigen Handelspreisen für andere Harthölzer wie Esche oder Ahorn liegt.

Car toilet "I was stuck in a queue of traffic back in 1972," says UK inventor Cliff Conway. "I was sitting there with a protesting bladder, waiting for a ferry boat, and I thought, 'It's time somebody does something about this!'" Thirteen years and UK£16,000 (US$25,000) later, Cliff gave the world the Car Loo. When caught in thick traffic, just sneak the comfortable, molded plastic funnel (blue for men, pink for women) up to your crotch and relieve your aching bladder: A vacuum-sealed bag collects the result. "It's silent and easy to use, and there are no leaks or anything," says Cliff.

Autoklo „1972 steckte ich mal lange in einer Autoschlange vor einer Fähre fest", erzählt der britische Erfinder Cliff Conway. „Meine Blase wollte nicht länger warten, und ich dachte ,Es wird Zeit, dass sich jemand der Sache annimmt!'" Es kostete ihn 13 Jahre und umgerechnet 16 000 UK£ (25 000 US$), dann schenkte Cliff der Welt sein Autoklo. Wenn ihr im Verkehr festsitzt und die Blase drückt, könnt ihr den komfortablen, der Körperform angepassten Plastiktrichter (blau für Männer, rosa für Frauen) zwischen die Beine ziehen und euch Erleichterung verschaffen. Ein vakuumversiegelter Beutel fängt das Ergebnis auf. „Es macht keinen Krach und ist leicht handhabbar; nichts kann daneben gehen", erklärt Cliff.

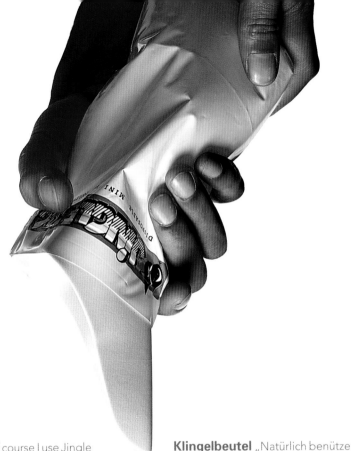

Jingle bag "Of course I use Jingle Bags," says Laurie Montealegre of Diamond Laboratories in the Philippines. "You don't expect me to pee just anywhere, do you?" Diamond has been making the Jingle Bag, a "disposable mini pee toilet," since late 1995. What distinguishes the bag is a revolutionary new approach to waste management: A chemical inside the bag turns your pee into an innocuous granular gel. "Obviously, I can't tell you the name of the chemical," says Laurie, "but it's a loose powder compound." The bags do have one drawback, though: Some people think that at PHP 25 (US$4) they cost too much.

Klingelbeutel „Natürlich benütze ich Jingle Bags", erklärt Laurie Montealegre von den philippinischen Diamond Laboratories. „Ihr denkt doch nicht etwa, ich würde überall hinpinkeln?" Seit 1995 stellt Diamond den Jingle Bag her, ein „Mini-Einweg-Pissoir". Das Besondere an diesem Beutel ist ein ganz neuer Ansatz, was die Entsorgung angeht: Eine Chemikalie im Inneren des Beutels verwandelt euren Urin in ein harmloses, körniges Gel. „Den Namen dieser Chemikalie darf ich euch natürlich nicht verraten", bedauert Laurie, „aber es ist eine Mischung aus losem Puder." Die Beutel haben jedoch einen Nachteil: Manche Leute finden sie mit 25 PHP (4 US$) pro Stück zu teuer.

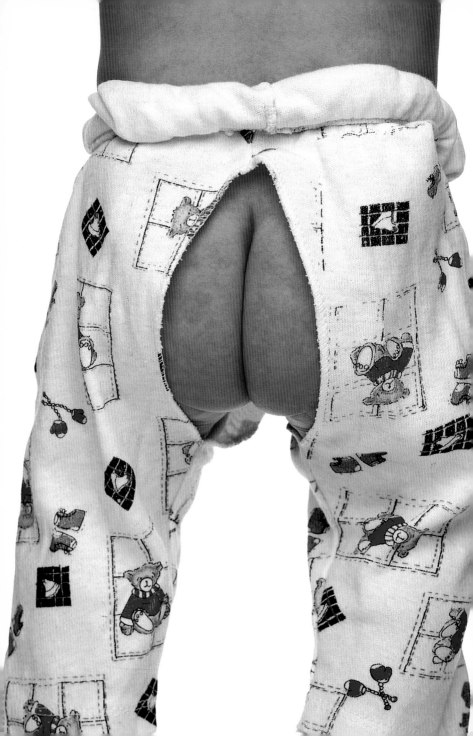

Training The average Western child is toilet trained at about age 2. In China and Tibet split pants help with toilet training. Children get their first pair when they learn to walk. Their urine and excrement run down their legs and make them aware of their bodily functions. Eventually they learn to squat while they excrete. And finally they learn to control their functions and squat in the right place. Easy.

Learn English while using the toilet. This toilet paper was created to help Japanese students of English utilize all their time in learning the language. There's a useful phrase on each sheet.

Stubenrein In den westlichen Industrieländern lernt das Durchschnittskind mit ungefähr zwei Jahren, aufs Töpfchen zu gehen. In China und Tibet helfen Hosen, die zwischen den Beinen offen sind, bei der Sauberkeitserziehung.

Die Kinder bekommen ihr erstes Paar geschlitzte Hosen, wenn sie laufen lernen. Urin und Exkremente laufen ihnen an den Beinen herunter und machen sie auf ihre Körperfunktionen aufmerksam. Früher oder später lernen sie, sich hinzuhocken. Schließlich lernen sie, ihre Bedürfnisse zu kontrollieren und sich an die richtige Stelle zu hocken. Ganz einfach.

Lernt Englisch beim Toilettengang. Dieses Toilettenpapier wurde entwickelt, um japanischen Englisch-Studenten zu helfen, jede Minute zum Sprachenlernen zu nutzen. Auf jedem Blatt steht ein nützlicher Satz.

Raw material The 21 million people of Tokyo expel about five million tons of sewage a day. The Tokyo Sewerage Bureau has been studying practical applications for this waste. One idea is the sludge-ash brick, made entirely from dehydrated sewer sludge. The bricks are pressed in a mold and heated to 1,000°C to burn off all organic matter. One 2.5kg brick costs US$6.

Rohstoff In Tokio mit seinen 21 Millionen Einwohnern fließen täglich etwa 5 Millionen Tonnen Abwässer zusammen. Drei Jahre lang haben sich die Verantwortlichen für die Kläranlage der Stadt den Kopf zerbrochen, um eine praktische Anwendung für die Jauche zu finden. Eine Lösung sind Ziegelsteine aus dem dehydrierten Klärschlamm. Der Schlamm wird in eine Form gepresst und auf 1000 °C erhitzt, damit alles Organische verbrennt. Jeder 2,5 kg schwere Baustein kostet 6 US$.

The Personal Commode ecology toilet is portable, biodegradable and can bear 453kg in weight. Great back-up for earthquakes, hurricanes, sewage disruptions and war zones. And you don't need to worry about attracting attention: It's camouflaged.

„Personal Commode", die Öko-Toilette – tragbar, biologisch abbaubar und bis zu 453 kg belastbar – ist von großem Nutzen bei Erdbeben, Wirbelstürmen, Kanalisationsproblemen und in umkämpften Gebieten. Du musst keine Angst haben, damit aufzufallen, denn sie wird in Tarnfarben geliefert.

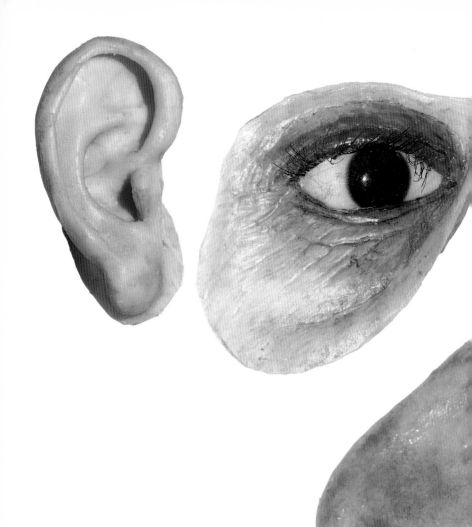

Silicone facial features Most of Dany Faroy's clients have lost parts of their face to cancer. To replace the missing bits, they glue on these hand-painted silicone noses, ears and eyes. Faroy, who is based in Paris, begins by taking an impression of the patient's face. He consults old photos to get a sense of the missing features, then creates a wax mold, which he fills with silicone. "Noses are the most difficult," he confesses, "because they're right in the middle of the face. Sometimes I have to make a whole series before getting one the patient likes." But Faroy's biggest challenge is recreating the client's skin tone. "You try to match the lightest part of someone's skin," he says. "The trickiest is someone who blushes easily, because the skin changes so fast."

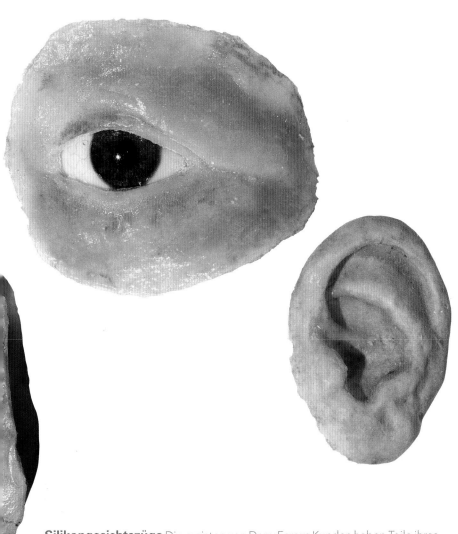

Silikongesichtszüge Die meisten von Dany Faroys Kunden haben Teile ihres Gesichts durch Krebs verloren. Die fehlenden Elemente werden durch diese von Hand bemalten Silikonnasen, -ohren und -münder ersetzt. Faroy, in Paris ansässig, beginnt damit, sich einen Eindruck von dem Gesicht zu verschaffen. Er zieht alte Fotos zu Rate und bildet dann eine Wachsform, die mit Silikon gefüllt wird. „Nasen sind am schwierigsten", bekennt er, „weil sie genau mitten im Gesicht sitzen. Manchmal muss ich eine ganze Serie machen, bis eine dabei ist, die dem Patienten gefällt." Aber Faroys größte Herausforderung ist die Rekonstruktion des Hauttons des Kunden. „Man versucht den hellsten Hautton zu treffen", erklärt er. „Am schwierigsten ist es bei jemandem, der leicht errötet, weil die Haut sich so schnell verändert."

Headphones With a pair of Seashell Headphones, the sea is never far away. When you place them over your ears, the shells capture the echoes of noises around you, producing a soothing stereo sound not unlike that of rolling ocean waves. Don't wear the shells while driving or operating heavy machinery, though. Says co-creator Joyce Hinterberg, wearing the shells too long can "mess up your ability to locate sounds in space."

Kopfhörer Mit einem Paar Seashell Headphones (Muschel-Kopfhörern) hast du das Meer immer ganz in der Nähe. Wenn du sie über die Ohren stülpst, fangen sie die Klangwellen um dich herum ein und wandeln sie in einen wohltuenden Stereo-Sound um, der an Meeresrauschen erinnert. Doch Vorsicht beim Autofahren oder bei der Arbeit an schweren Maschinen: Wenn die Muscheln zu lange getragen werden, „kann dies die Fähigkeit beeinträchtigen, Geräusche zu lokalisieren", erklärt Mit-Erfinderin Joyce Hinterberg.

Ear cleaning tools In Kunming, China, "ear doctors" wave fluffy duck feather tools to entice passersby. For only Y2 (US$0.24), an ear doctor will spend 10 minutes cleaning you out with these metal spoons and rods (the feather is used for a quick polish, topping off a session of serious prodding and scraping).

Werkzeug zur Reinigung der Ohren
Im chinesischen Kunming winken die „Ohren-Doktoren" mit Entenfedern, um Passanten und potentielle Kunden auf ihre Dienstleistung aufmerksam zu machen. Für nur zwei Yuan (0,24 US $) wird in etwa zehn Minuten mit Metalllöffelchen und Stäbchen das Gröbste aus den Ohren herausgeholt. Die Feder dient zur abschließenden Politur.

Ear cleaners For the ultimate in reusability, the Ethiopian ear spoon is hard to beat. When not in your ear, it doubles as a decorative necklace.

Ohrenreinigung Was die Mehrfachverwendung angeht, ist der „Ohrlöffel" aus Äthiopien kaum zu schlagen. Außerhalb des Ohres dient er als schmuckes Halsband.

Plastic batons with cotton tips are popular in North America and Western Europe. They work rather like the Ethiopian ear spoon, but are less ecologically friendly (after use, you discard the whole tool).

Stäbchen mit Wattebäuschen sind in Nordamerika und Westeuropa weit verbreitet. Sie wirken wie der äthiopische Ohrlöffel, sind jedoch weit weniger umweltfreundlich – nach einmaliger Anwendung fliegen Plastik und Watte in den Müll.

Sharp In India, professional ear cleaners need only these three tools. The spoon scoops out built-up dirt and wax, while the tweezers pluck any remaining scraps. For a final swabbing, ear cleaners use the metal spike, which they wrap in cotton.

Scharf In Indien brauchen Profi-Ohrputzer nur diese drei Instrumente. Der Löffel dient zum Ausschaben von Verunreinigungen und Ohrschmalz, die Pinzette zum Aufpicken von Resten; der Metalldorn wird zum guten Schluss mit Watte umwickelt und wie unsere Ohrstäbchen benutzt.

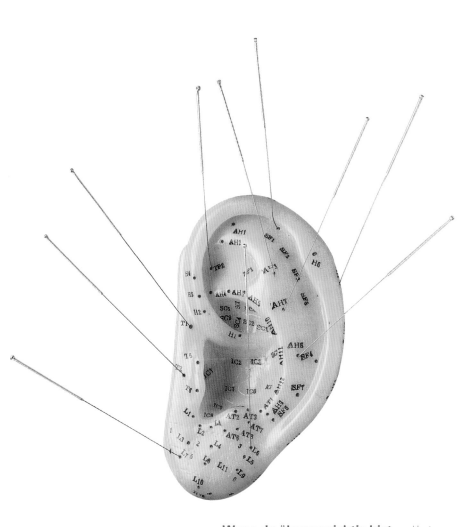

If you're obese and not needlephobic, try acupuncture. The oriental technique involves inserting needles into special pressure points on the body (including plenty on the ear). As long as you follow a balanced diet and submit to therapy, it should work. Somehow, sticking needles in your earlobes controls serotonin, a hormone believed to regulate appetite, taking away your desire to eat.

Wenn du übergewichtig bist und keine Angst vor Nadeln hast, ist die fernöstliche Technik der Akupunktur vielleicht das Richtige für dich. Dabei werden Nadeln in bestimmte Druckpunkte auf dem ganzen Körper – an den Ohren gibt es ganz viele davon – gestochen. Wenn man sich während der Therapie an einen ausgewogenen Diätplan hält, hat man gute Chancen auf Erfolg. Die Nadeln im Ohrläppchen haben Auswirkungen auf die Produktion des Hormons Serotonin, das den Appetit regulieren soll – selbiger vergeht dir auf der Stelle.

Armadillo tail If you have an earache, try sticking an armadillo tail in your ear, says Carlos Fernández, an animal dealer in Medellín, Colombia. "Heat the tip," he advises, "and insert into your ear until it cools. It's very soothing." And you'll clean your ears at the same time. "Sure, it comes out dirty" adds Fernández, "but you just wipe it off before using it again."

Gürteltierschwanz Bei Ohrenschmerzen versucht einmal, den Schwanz eines Gürteltiers in euer Ohr zu stecken – das empfiehlt Carlos Fernández, ein Tierhändler aus dem kolumbianischen Medellín. „Erhitzt die Spitze und lasst sie im Ohr auskühlen", rät er. „Das wirkt angenehm lindernd." Und du reinigst das Ohr gleichzeitig. „Sicher, der Gürteltierschwanz wird schmutzig", fügt Fernández hinzu, „aber du reinigst ihn bevor, du ihn erneut benutzt."

Sacrifice Some Indian women weave braided extensions, called *veni*, into their hair for weddings and religious holidays. The human hair used to make the extensions comes from Hindu temples throughout southern India, especially from the Lord Venkateswara Temple in Tirupati, near Madras. During the summer, as many as 25,000 Hindus a day offer full heads of hair to Venkateswara to demonstrate their humility; 600 barbers, working around the clock in six-hour shifts, perform the services. The temple collects the hair and auctions it once a year. Most is sold abroad and used for wigs. Some is sold to regional wholesalers, who sell it to local hair vendors, who sell it at street markets throughout India.

Opfer Indische Frauen flechten sich am Hochzeitstag oder zu religiösen Festen Haarteile ein, die *Veni* heißen. Die Menschenhaare, die dazu benutzt werden, kommen aus verschiedenen Hindutempeln im Süden Indiens und insbesondere aus dem Tempel der Gottheit Venkateswara in Tirupati bei Madras. Im Sommer wird dieser täglich von 25 000 Hindus besucht, die Venkateswara zum Zeichen ihrer Demut die Haare spenden; 600 Friseure sind Tag und Nacht in Sechs-Stunden-Schichten beschäftigt, um diese Gabe möglich zu machen. Der Tempel sammelt das Haar und versteigert es einmal im Jahr. Der größte Teil wird für Perücken ins Ausland verkauft. Der Rest geht an die örtlichen Großhändler, die es an kleinere Händler der Gegend weiterverkaufen, bis es an den Straßenständen in ganz Indien als *Veni* wieder auftaucht.

Garlic shampoo maker Gordon Hecht claims that regular use of his unscented pure garlic oil shampoo will stop your hair loss by increasing blood flow to the hair follicles. "After you've showered, I can guarantee you will not find hair in your drain anymore."

Knoblauchshampoo
Gordon Hecht, der Hersteller des duftneutralen Knoblauchölshampoos, behauptete, bei regelmäßiger Anwendung bewirke es eine bessere Durchblutung der Haarwurzeln und stoppe damit Haarausfall. „Nach dem Duschen wirst du garantiert kein Haar mehr im Ausguss finden", verspricht Gordon.

A human head louse's nits (eggs) can live for up to a week off the body. Don't give them a chance —zap them with the electrically charged Robi Combi comb, available at pharmacies in Israel.

Kopflaus Die Nissen (Eier) der den Menschen befallenden Kopflaus können bis zu einer Woche außerhalb des Körpers überleben. Gebt ihnen keine Chance. Versetzt ihnen einen Schlag mit dem elektrisch betriebenen Robi-Combi-Kamm. Erhältlich in allen israelischen Apotheken.

Sindur In Nepal, don't make a pass at a woman with red vermilion powder (sindur) in the part in her hair—she's taken. Applied daily throughout married life, the mark can be 2 to 10cm long, according to personal preference.

Sindur Versuch bloß nicht, in Nepal bei einer Frau zu landen, die zinnoberrotes Pulver (Sindur) im Haar trägt – sie ist nicht mehr zu haben. Das je nach Geschmack zwei bis zehn Zentimeter lange Zeichen wird während der Ehe täglich neu aufgetragen.

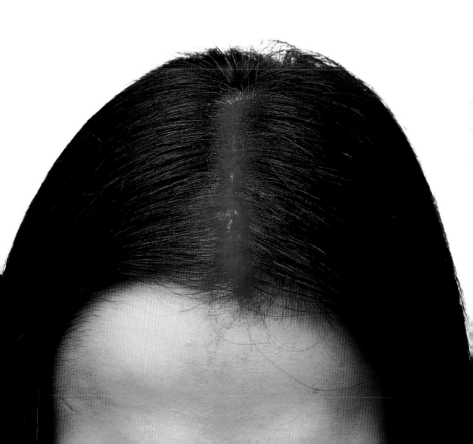

Garlic is a common ingredient in local dishes and baldness remedies throughout Eastern Europe. In Serbia, fresh garlic rubbed regularly on bald spots is said to stimulate new hair growth. In Hungary, garlic cloves are crushed into a paste and mixed with paprika powder to make *rubefacientia*, a concoction said to quicken circulation in the scalp.

Knoblauch findet nicht nur in landestypischen Gerichten, sondern auch in Mitteln gegen Haarausfall in ganz Osteuropa Verwendung. In Serbien glaubt man, dass regelmäßiges Auftragen von frischem Knoblauch auf die kahlen Stellen den Haarwuchs fördere. In Ungarn mischt man zerquetschte Knoblauchzehen mit Paprikapulver zu *rubefacientia*, einem Gebräu, das für eine bessere Durchblutung der Kopfhaut sorgen soll.

Marmite, a salty mixture of yeast and vegetable extract, is usually spread on toast. But applied liberally to the scalp, marmite's rich blend of B-vitamins and thiamine is believed by some in the UK to restore hair growth. Some 18 million jars of marmite are sold there annually—it's not known how many are purchased for external use.

Marmite, eine salzige Mischung aus Hefe und Gemüseextrakt, streicht man gewöhnlich auf Toast, manchmal jedoch auch auf die Kopfhaut. Dank seines reichen Vitamin-B- und Thiamin-Gehalts wird es in Großbritannien mitunter als Haarwuchsmittel angewandt. An die 18 Millionen Gläser Marmite werden jährlich verkauft. Unklar bleibt, wieviel davon äußerliche Anwendung findet.

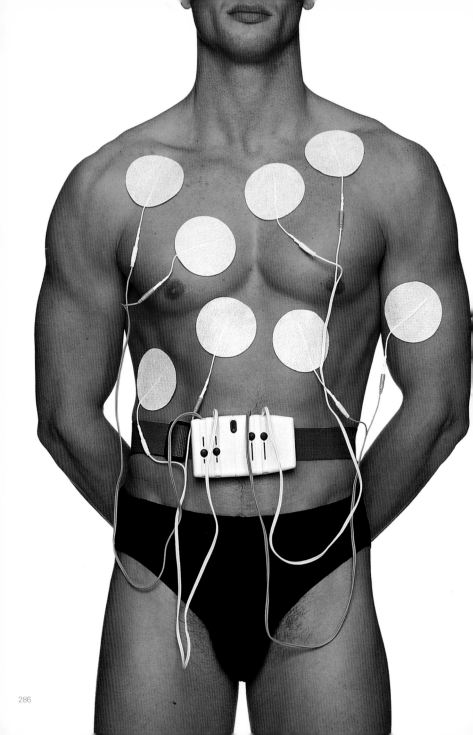

Ideal for people too lazy to exercise, Slendertone's Gymbody 8 promises to "lift, shape and firm your muscles" in just three weeks—while you lie on the couch watching TV. Just slap the eight electrode patches onto the parts you want to trim, tighten the belt and flick the switch. The electrodes send electricity pulsating through your muscles, contracting and relaxing them 300 times during each 40-minute session. Unlike Slendertone's publicity brochures, we have no hesitation in pointing out that you'll probably never end up with a body like that of our model (he's not even wearing the electrodes correctly). We should also mention that no one really understands the effects of electricity on the human body .

Ideal für Leute, die zum Sport zu faul sind: Der „Gymbody 8" soll, so das Versprechen von Slendertone, in nur drei Wochen „die Muskeln straffen, modellieren und festigen" – auch wenn ihr auf der Couch herumlümmelt und fernseht. Einfach die acht Elektrodenpflaster mit den Gurten dort anbringen und festziehen, wo es Not tut. Die Elektroden und elektrischen Impulse sorgen dafür, dass sich die Muskeln 300 Mal in 40 Minuten anspannen und wieder entspannen. Anders als die Broschüren von Slendertone scheuen wir uns nicht, euch darauf hinzuweisen, dass ihr es damit wohl nie zu dem oben abgebildeten Traumkörper bringen werdet – zudem hat der Prachtkerl die Elektroden nicht vorschriftsmäßig angesetzt! Wir sollten ebenfalls erwähnen, dass die Wirkung von Elektrizität auf den Körper bislang noch nicht richtig erforscht ist.

Eating burns 72 calories an hour. Sleeping consumes about 50 (depending on your weight). You can't eat and sleep at the same time, but the manufacturers of Miracle Nights claim their tablets can help you lose weight while you're sleeping. The tablets contain sardine peptides, corn amino acids and cow liver extract, among other things.

Beim Essen verbrennt man 72 Kalorien in der Stunde, beim Schlafen etwa 50 – je nachdem, wie schwer du bist. Du kannst nicht gleichzeitig essen und schlafen, aber die Hersteller von Miracle Nights (Wundernächte) behaupten, mit ihren Pillen könne man im Schlaf abnehmen. Die Wundertabletten enthalten unter anderem Verdauungsenzyme von Sardinen, Aminosäuren aus Maispflanzen und Kuhleberextrakt.

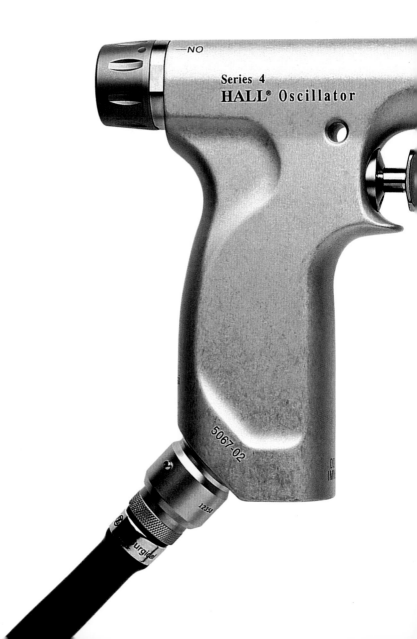

—NO

Series 4
HALL® Oscillator

5067-02

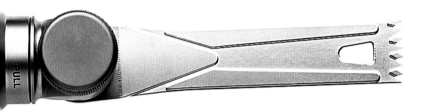

Cholesterol When you eat too much fatty food, your arteries can get clogged with cholesterol. Sometimes there's so much of it that it blocks the circulation of blood. When it affects the legs, amputation used to be the result, but now, thanks to the Hall Arterial Oscillator, your legs can be saved. The wire is inserted into the clogged artery, where it vibrates and scoops out the cholesterol, allowing your blood to circulate properly.

Cholesterin Wenn du zu viel fetthaltige Nahrung zu dir nimmst, kann das darin enthaltene Cholesterin deine Arterien verstopfen – gelegentlich wird die Blutzirkulation dadurch massiv eingeschränkt. Wenn so etwas in den Beinen passierte, mussten sie früher amputiert werden, während es heute möglich ist, sie mit dem Hall-Arterien-Oszillator zu retten. Der elektrische Draht wird in die Arterie eingeführt, wo er mit seinen Schwingungen das Cholesterin entfernt: So kann das Blut wieder zirkulieren.

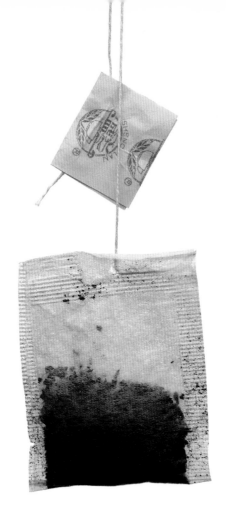

Tea Lossing Weight Tea from Hong Kong contains a blend of herbs to help you burn fat and reduce absorption of fat through the intestines. It's basically a diuretic and laxative. In other words, if you drink it, stay home.

Slimming soap Soft Seaweed Defating [sic] Soap comes with some impressive endorsements. It has been granted the patent of the Chinese gymnastic team and, as it says on the label, has been "supervised by the State Traditional Chinese Medicine Science Cosmetic Institute of China." According to its manufacturers, the soap can "discharge the underskin fat out of human bodies, promote blood circulation and astringe the skin." Its "defating effects" come from its "strong permeability, rare elements of seaweed" and "special fragrance and rough surface." Give it some time, assures the smiling man on the packet, and "you will be surprised to find that your body has become slender and fit by the use of this product." One of more than 100 popular slimming products in China, Soft Seaweed Defating Soap has also caught on in Japan. Though the Japanese Health and Welfare Ministry insists the product has no scientifically based slimming properties, Japanese consumers bought more than 28 million bars in 1995.

Tee Der „Lossing Weight Tea" aus Hongkong enthält eine Kräutermischung, die die Verbrennung von Kalorien fördern und die Fettaufnahme im Darm verringern soll. Tatsächlich handelt es sich um ein Diuretikum und Abführmittel – mit anderen Worten, bleib besser zu Hause, wenn du diesen Tee trinkst.

Schlankheitsseife Die Algen-Entfettungsseife erfreut sich bemerkenswerter Unterstützung: Das „Chinesische Gymnastikteam" hat sie mit einem Zertifikat versehen, und laut Aufschrift wurde sie „vom Staatlichen Institut für wissenschaftliche Kosmetik nach der traditionellen chinesischen Medizin geprüft". Nach Angaben der Hersteller vermag die Seife „die subkutane Fettschicht aus dem menschlichen Körper zu entfernen, die Blutzirkulation anzuregen und die Haut zu straffen". Die „entfettende Wirkung" entsteht durch die „starke Durchlässigkeit" und „die Substanzen seltener Algen", sowie den „speziellen Duft und die raue Oberfläche". Nach einiger Zeit, so versichert der lächelnde Herr auf der Packung, „werden Sie staunen, wie schlank und fit Ihr Körper durch den Gebrauch dieser Seife geworden ist". Soft Seaweed Defating Soap gehört zu den über 100 in China verbreiteten Schlankheitsprodukten und hat auch schon in Japan Fuß gefasst. Trotz der Hinweise des japanischen Gesundheitsministeriums, dass das Produkt keinerlei wissenschaftlich nachweisbare Schlankheitseffekte zeige, wurden in Japan 1995 über 28 Millionen Stück Seife verkauft.

In Turkey, cherry stems —which have diuretic qualities—are thought to aid weight loss. Boil the stems until the water turns brown, remove them and drink. Then expect to visit the bathroom regularly, where you will excrete those unwanted kilos.

In der Türkei werden die Stiele von Kirschen – die harntreibend wirken – benutzt, weil man glaubt, damit könnte man überflüssige Pfunde loswerden: Stengel abkochen, bis das Wasser braun wird, abseihen, trinken. Dann möglichst in der Nähe des besagten Örtchens bleiben, um unerwünschte Pfunde abzusondern.

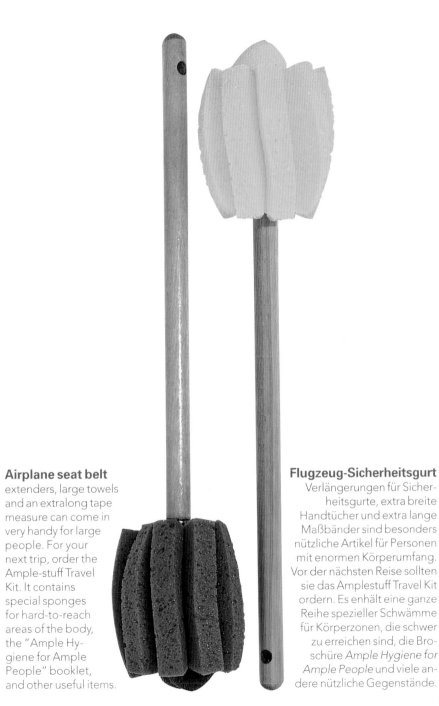

Airplane seat belt
extenders, large towels
and an extralong tape
measure can come in
very handy for large
people. For your
next trip, order the
Ample-stuff Travel
Kit. It contains
special sponges
for hard-to-reach
areas of the body,
the "Ample Hy-
giene for Ample
People" booklet,
and other useful items.

Flugzeug-Sicherheitsgurt
Verlängerungen für Sicher-
heitsgurte, extra breite
Handtücher und extra lange
Maßbänder sind besonders
nützliche Artikel für Personen
mit enormen Körperumfang.
Vor der nächsten Reise sollten
sie das Amplestuff Travel Kit
ordern. Es enhält eine ganze
Reihe spezieller Schwämme
für Körperzonen, die schwer
zu erreichen sind, die Broschüre *Ample Hygiene for
Ample People* und viele andere nützliche Gegenstände.

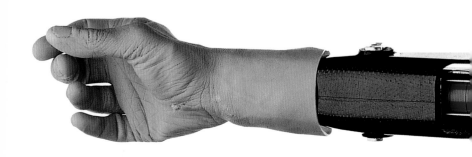

Bionic arm It took researchers at Edinburgh Royal Infirmary's Bioengineering Centre, Scotland, nine years to develop the world's most advanced bionic arm. Scotsman Campbell Aird, who lost his right arm to cancer, has been chosen to test-drive it. "I don't have a stump, so it's attached to my shoulder by a Velcro strap," Campbell says. "To make it move, I just flex my shoulder and back muscles." Electrodes pick up the electricity from nerves in the patient's muscles and move the prosthesis accordingly. "The most difficult thing is combining two movements simultaneously," says chief engineer David Gow, "like the elbow and shoulder movements that are needed to open and close the hand. But it took Campbell only one day to get the hang of it." Weighing less than 2.5kg, the battery-powered arm is lighter than its flesh-and-blood equivalent. Still, it's not quite Terminator 2. "If someone wants a bionic limb like the ones in science fiction movies," says Gow, "they'll be disappointed. But if I had the budget that a film studio spends just to create the illusion of progress, I could actually make something happen." Science is still unable to replicate the intricate movements of human fingers, but for now, Campbell is happy with the real world's technology. "My new arm's steadier than a real one, so it's great for clay pigeon shooting," he says. "I've won 12 trophies this year."

Bionik-Arm Neun Jahre brauchten die Forscher am Edinburgher Royal Infirmary's Bioengineering Centre, um die fortschrittlichste Armprothese der Welt zu entwickeln. Der Schotte Campbell Aird, der seinen Arm durch Krebs verlor, wurde ausgewählt, um den Arm zu testen. „Ich habe keinen Stumpf, daher ist der Arm mit einer Velcro-Schlinge an meiner Schulter befestigt", so Campbell. „Um ihn zu bedienen, bewege ich einfach meine Rücken- und Schultermuskeln." Elektroden nehmen die Elektrizität in den Muskelnerven des Patienten auf und steuern so die Prothese. „Am schwierigsten ist es, zwei Bewegungen gleichzeitig auszuführen", erklärt der Chefingenieur David Gow, „wie z.B. die Ellenbogen- und Schulterbewegungen, die nötig sind, um die Hand zu öffnen und zu schließen. Aber Campbell hatte das in nur einem Tag heraus." Bei einem Gewicht von weniger als 2,5 kg ist der batteriebetriebene Arm leichter als sein Gegenstück aus Fleisch und Blut. Aber mit „Terminator 2" ist er nicht zu vergleichen. „Wenn jemand eine Bio-Prothese wie in diesen Science-Fiction-Filmen haben möchte, müssen wir ihn enttäuschen", so Gow. „Aber mit dem Budget, das Filmleute zur Verfügung haben, um in der Fantasie Fortschritte zu machen, könnte ich in der Realität ein gutes Stück vorankommen." Noch kann die Wissenschaft die inneren Bewegungsabfolgen der Finger nicht simulieren, aber im Moment ist Campbell mit dem aktuellen Stand der Technologie in der realen Welt ganz zufrieden. „Der neue Arm ist viel ruhiger als der alte, das ist ideal fürs Tontaubenschießen", erklärt er uns. „Dieses Jahr habe ich schon zwölf Trophäen gewonnen."

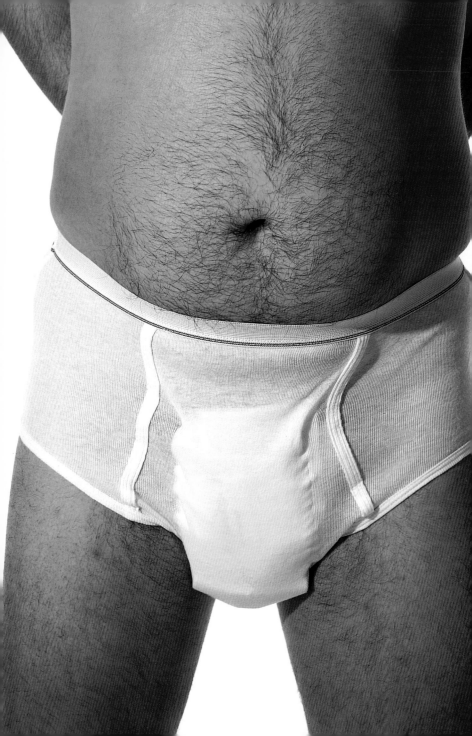

A 55cm bronze figure urinating

is the most important statue in the most important city of the European Union. The Manneken Pis (meaning "boy pissing") in Brussels is naked here, but he has 570 different outfits—a municipal employee takes care of the wardrobe, which ranges from an Elvis Presley costume to formal wear for official occasions (every April 6, the anniversary of the entry of U.S. forces into World War I in 1917, he pisses in a U.S. Military Police uniform). The statue is of uncertain medieval origins: One theory is that it honors a boy who put out a fire that threatened the city—and the other theories are just as unlikely. The Manneken Pis now stands at the heart of a flourishing business. He has inspired more than 50 different souvenirs, and some of the 16 tourist shops near the statue sell upwards of 9,000 of them per year.

Your bladder can hold

between 350ml and 550ml of urine. When it's about 200ml full, you start feeling the need to empty it. Because of childbirth, disease or age, some people cannot control the muscle that regulates urination. Others may have a weak bladder wall muscle. In either case, their bladders leak urine—a condition known as incontinence. Between 5 to 10 percent of the world's population are affected. With Rejoice, people who are incontinent can still lead a full, happy life. The pants come with removable pads that absorb released urine.

Eine 55 cm große, urinierende Bronzefigur

ist die bedeutendste Statue in der wichtigsten Stadt der Europäischen Union. Manneken Pis aus Brüssel ist hier nackt abgebildet, das „pinkelnde Kerlchen" verfügt jedoch über 570 verschiedene Gewänder. Ein städtischer Beamter verwaltet seine Garderobe, die vom Elvis-Presley-Kostüm bis zum formellen Anzug für offizielle Anlässe reicht – am 6. April, dem Jahrestag des Kriegseintritts der USA im Jahr 1917, pinkelt er aus der Uniform der US-Militärpolizei. Der mittelalterliche Ursprung der Statuette ist ungewiss: Es heißt, sie sei zu Ehren eines Jungen aufgestellt worden, der die Stadt vor einem Brand gerettet habe – ebensowenig glaubwürdig wie viele andere Theorien. Manneken Pis steht heute im Mittelpunkt eines blühenden Business: Es gibt ihn in über 50 Formen als Souvenirartikel, und einige der 16 Andenkenläden in seiner Nähe verkaufen über 9000 Stück pro Jahr.

Deine Blase kann 350 bis 550

ml Urin aufnehmen. Bei ca. 200 ml verspürst du den Drang, sie zu entleeren. Manche Menschen haben aus verschiedenen Gründen – weil sie ein Kind geboren haben, krank oder alt sind – keine Kontrolle über den Muskel, der den Urinfluss reguliert. Andere haben eine schwache Blasenmuskulatur. In beiden Fällen läuft die Blase über, eine Krankheit, die als Inkontinenz bezeichnet wird und an der 5 bis 10 % der Weltbevölkerung leiden. Mit Rejoice kann man trotz dieser Krankheit ein erfülltes, glückliches Leben führen. Die Hosen haben herausnehmbare Windeln, die den Urin absorbieren.

BRUXELLES

Tapa is a cloth made from the bark of the mulberry tree. It is used as a shroud in Tongan funeral ceremonies, but is also popular as a wedding gift. To buy tapa, you will need to visit the Kingdom of Tonga.

Tapa ist ein Stoff, der aus der Rinde des Maulbeerbaums gefertigt wird. Bei Bestattungszeremonien auf Tonga wird das Material als Leichentuch verwendet. Außerdem ist es ein beliebtes Hochzeitsgeschenk. Um Tapa zu kaufen, müsst ihr das Königreich Tonga besuchen.

METTAG Body tags are used throughout the world by emergency and disaster-relief services. The tags use a four-color code and easily comprehensible symbols—the red rabbit means the patient is critical, the stylized cross means dead. Just tear off the strips that don't apply.

METTAG-Abzeichen werden weltweit von Hilfsorganisationen in Notsituationen und bei Umweltkatastrophen benutzt. Die am Körper angebrachten Schildchen funktionieren mit einem Vier-Farben-Code und leicht verständlichen Symbolen. Das rote Kaninchen bedeutet, dass der Patient in einem kritischen Zustand ist, Leichen werden mit einem stilisierten Kreuz gekennzeichnet. Nichtzutreffende Teile des Abzeichens werden einfach abgerissen.

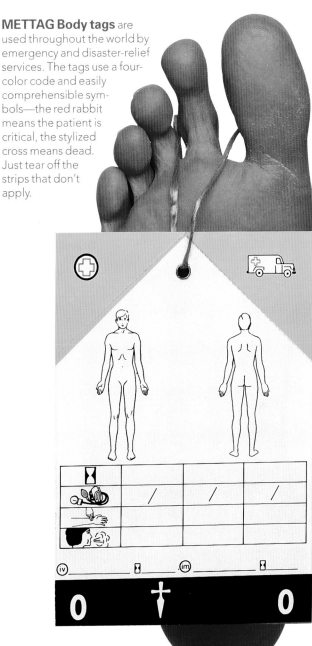

Snoring devices The world record for the loudest snore is 93 decibels (roughly equivalent to the sound of an idling motorcycle). Snoring occurs when air is unable to flow freely through the nose or mouth. To increase the flow, insert Nosovent, a small rubber device that flares open the nostrils: If you can't get the hang of Nosovent, try the Breathe Right nasal adhesive, which tapes right across the middle of the nose; the manufacturers claim it can open the nasal passages by as much as 31 percent. Yet another option is the Therasnore. Worn like a retainer in the mouth, it claims to prevent the tongue from dropping back in the throat, blocking your breathing passages while you sleep. If none of these products does the trick on its own, you could always try wearing all three (opposite).

Nose job "A beautiful nose in 30 seconds, with no surgery," promises the RULAV nasal corrector. As Gabriela Moreno Hidalgo, RULAV's Mexico spokeswoman, explains: "The little plastic bars stretch out the nostrils and lift up the tip of the nose, which is very attractive. You just pull down your upper lip and push the bars up into your nostrils." Our Mexican correspondent reports that the RULAV is most popular with Indians and *mestizos* (people with mixed blood), whose noses are considered flat by Caucasian standards. According to Gabriela, RULAV is also selling well in Brazil, Argentina and Japan. Should you have any further doubts, she volunteers a personal testimony: "I wear it all day long and only take it out at night. It's the perfect time to wash it."

Anti-Schnarchgeräte Der Weltrekord für lautes Schnarchen liegt bei 93 Dezibel, was in etwa dem Geräusch eines Motorrads im Leerlauf entspricht. Schnarchen entsteht oft durch Behinderung des freien Luftzugs durch Nase oder Mund. Um den Luftstrom zu vergrößern, nehmt Nosovent, ein kleines Gummielement, das die Nasenlöcher offen hält: „Zunächst mag es sich komisch anfühlen", so die Firmenbroschüre, „aber man gewöhnt sich schnell daran, wie an eine Uhr oder eine Brille." Wenn es mit Nosovent einfach nicht klappen will, dann gibt es noch den Nasenaufkleber Breathe Right (Atme richtig), den ihr quer über der Nase tragt; die Hersteller behaupten, er könne die Nasenlöcher um bis zu 31% vergrößern. Noch eine andere Möglichkeit ist Therasnore. Wie eine Spange im Mund getragen, verhindert es, dass die Zunge im Schlaf in den Rachen sinkt und die Atemwege blockiert. Wenn nichts hilft, könnt ihr immer noch alle drei zusammen ausprobieren .

Nasenwerk „In nur 30 Sekunden eine wunderschöne Nase, ganz ohne Operation", verspricht der Nasenkorrektor RULAV. Gabriela Moreno Hidalgo, die Sprecherin für RULAV in Mexiko erklärt: „Die kleinen Plastikstangen strecken die Nasenflügel und heben die Spitze an; das ist hochattraktiv. Ihr zieht bloß eure Oberlippe herunter und drückt die Stangen in die Nasenflügel." Unser Korrepondent in Mexiko berichtet, daß RULAV besonders bei Indianern und Mestizos (Mischlingen) beliebt ist; bei Leuten, die an kaukasischen Standards gemessen eher flache Nasen haben. Gabriela zufolge verkauft sich RULAV auch gut in Brasilien, Argentinien und Japan. Wenn ihr immer noch zweifelt, dann steht sie selbst als überzeugendes Beispiel zur Verfügung: „Ich trage es den ganzen Tag und nehme es nur am Abend heraus. Das ist der ideale Moment, um es zu waschen."

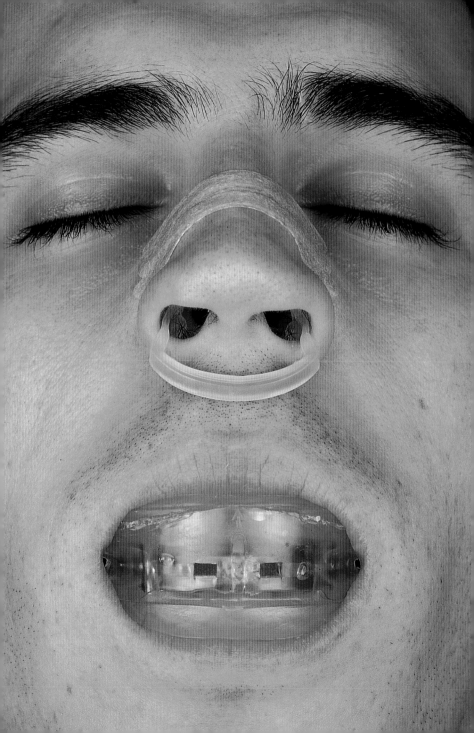

This doll has cancer (note the thinning hair and chest catheter typical of chemotherapy patients). If you have cancer too, Oncology Buddy will accompany you on visits to the hospital. Created by Marty Postlethwait when her 11-year-old son Miles asked for "a friend like me" after 30 operations, the Shadow Buddies come in 17 versions, including Ortho Buddy (with braces on both legs) and Diabetic Buddy (with syringe and insulin). Breast Cancer Buddy (with left or right mastectomy scar) helps mothers explain to their children what's happening to them, and offers an added comfort: Women who have had mastectomies cushion their hypersensitive skin by placing Buddy against the scar when they're wearing a car seat belt.

Diese Puppe hat Krebs – das siehst du schon am dünnen Haar und dem Brustkatheter, der für Chemotherapie-Patienten typisch ist. Wenn du auch Krebs hast, kann dich Oncology Buddy auf deinen Krankenhausbesuchen begleiten. Diese Puppen wurden von Marty Postlethwait entworfen, nachdem ihr elfjähriger Sohn sich nach 30 Operationen einen „Freund, der mir gleicht" wünschte. Nun gibt es sie in 17 verschiedenen Versionen, darunter Ortho Buddy mit Stützschienen an beiden Beinen und Diabetic Buddy mit Insulinspritze. Der Brustkrebs-Buddy mit rechter oder linker Brustamputationsnarbe hilft Müttern, ihren Kinder zu erklären, was mit ihnen geschehen ist, und bietet zusätzlichen Komfort: Frauen, die eine Brustamputation hinter sich haben, können mit dieser Puppe ihre hoch empfindliche Haut beim Anschnallen im Auto schützen.

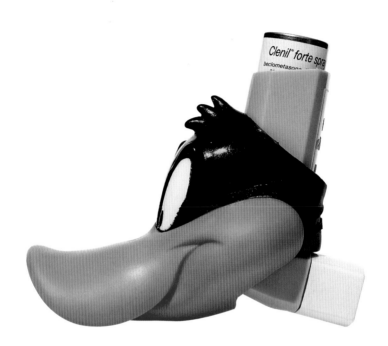

One in four Australian children have asthma—and the number is rising. Ventalin, a popular asthma medication, is to be inhaled during an attack but kids are sometimes embarrassed to take it in public. Puffa Pals are just the thing to help overcome embarrassment and make asthma cool. Just slide one over your Ventalin inhaler and it will be transformed into a wacky cartoon character like Bart Simpson or Daffy Duck.

Eins von vier australischen Kindern leidet an Asthma, und die Zahl der Erkrankungen steigt. Bei einem Anfall hilft ein Dosieraerosol, das inhaliert wird. Kindern ist es aber manchmal peinlich, ihr Aerosolgerät in der Öffentlichkeit zu benutzen. Mit den witzigen Puffa Pals wird die Sache weniger unangenehm. Versteck dein Inhalationsgerät einfach unter einem Puffa-Pal-Aufsatz. Dann wird daraus eine Cartoonfigur wie Bart Simpson oder Daffy Duck.

Hand luggage It's a myth that your fingernails keep growing after you die: In fact, drying skin around the nails recedes, exposing more nail and giving an illusion of growth. In Korea, where corpses are expected to be presentable in the next life, fingernails and toenails are trimmed and the cuttings collected in two bags that are placed in the tomb.

Handgepäck Es stimmt nicht, dass die Fingernägel bei Toten weiterwachsen: Tatsächlich schrumpft die ausgetrocknete Haut um die Nägel herum, daher sehen sie länger aus. In Korea werden Leichen die Nägel extra geschnitten, damit sie im Leben nach dem Tod ordentlich aussehen. Die Nägel werden in zwei Säckchen in den Sarg gelegt.

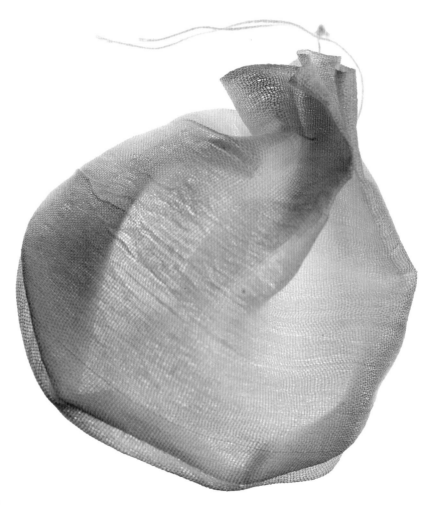

When you blow your nose
in Japan, always use a paper tissue—
it's bad manners to use a handkerchief.
Outside railway stations, tissues are
given away (many companies use the
packets as advertising space).

Wenn ihr euch in Japan die Nase putzt,
benutzt immer ein Papiertaschentuch – Stoff-
taschentücher sind verpönt. Vor Bahnhöfen
werden Papiertaschentücher kostenlos verteilt. Viele Firmen benutzen sie zur Werbung.

Steel soap "Gentle like a caress," steel soap cleanses your hands of lingering odors like garlic and tobacco. The steel reacts with the oils on your skin that entrap odors: Just wash with water and rinse.

Soap The ashes, animal grease and earthy nutrients in Colombian "soil-soap" are said to prevent dandruff and hair loss.

Stahlseife „Zart wie eine Liebkosung" entfernt diese Stahlseife hartnäckige Knoblauch- oder Tabakgerüche an den Händen. Der Stahl reagiert mit dem Fett auf deiner Haut, das den Geruch festhält: Einfach mit Stahlseife und Wasser die Hände waschen.

Seife Asche, Tierfett und Nährstoffe aus Erde sind die wichtigsten Wirkstoffe der kolumbianischen „Schwarzerde-Seife", die gegen Schuppen und Haarausfall helfen soll.

Healing jars Designed to get your blood flowing like a "smoothly running stream," the Riosu Kuyatsuki (RK) suction cup system from Japan is marketed as the "The ideal vacuum device for your skin." Place the plastic suction cups wherever it hurts, pump a few times with a special syringe and leave for three to five minutes to "invigorate your body with healthy blood." The RK instruction manual says not to be alarmed by nasty circular bruises: They just mean the jars are doing their work.

Leech One of modern medicine's most sophisticated instruments, the leech assists in reconstructive surgery throughout North America and Europe. When a severed body part—a nose, for example—has been surgically reattached, specially farmed medicinal leeches are often applied to suck out excess blood, preventing swelling and clogging and enabling severed blood vessels to grow together again. A common medical tool until the 1800s, the leech was "rediscovered" about a decade ago. Prior to that, reattached body parts frequently turned black and died. Today an estimated one million leeches a year are sold to hospitals in some 30 countries, but the leech's powers aren't limited to high-tech surgery. Leech saliva contains a natural anesthetic (there's no pain as it sucks your blood) and a rich mix of healing enzymes, most of which scientists have yet to duplicate.

Heilende Saugnäpfe Mit dem Riosu-Kuyatsuki (RK)-Saugnapf soll das Blut „wie ein stetiger Strom" fließen. In Japan wird er als „das ideale Hautsauggerät" angepriesen. Legt den Saugnapf an, wo immer es gerade wehtut, pumpt ein paar Mal mit einer speziellen Spritze und lasst ihn drei bis vier Minuten wirken – so wird „der Körper mit gesundem Blut versorgt". Die RK-Gebrauchsanweisung enthält beruhigende Hinweise für den Fall, dass hässliche blaue Flecken auftreten: Das bedeute nur, dass die Saugnäpfe ganze Arbeit leisteten.

Blutegel Als besonders raffiniertes Mittel der modernen Medizin findet der Blutegel in ganz Nordamerika und Europa in der plastischen Chirurgie Verwendung. Wenn ein abgetrenntes Körperteil, z.B. eine Nase, chirurgisch wieder befestigt worden ist, werden eigens gezüchtete medizinische Blutegel eingesetzt, um das überflüssige Blut abzusaugen, Schwellungen und Blutgerinnsel zu verhindern und das Zusammenwachsen abgetrennter Adern zu fördern. Der Blutegel, der bis ins 19. Jahrhundert ein gebräuchliches Heilmittel war, wurde erst vor zehn Jahren „wiederentdeckt". In der Zeit davor kam es häufig vor, dass wieder angebrachte Körperteile schnell schwarz wurden und abstarben. Heutzutage werden schätzungsweise eine Million Blutegel pro Jahr an Krankenhäuser in 30 Ländern verkauft, aber der Einsatz von Blutegeln ist nicht auf Hightech-Chirurgie beschränkt. Der Speichel des Tiers wirkt wie ein natürliches Betäubungsmittel – man verspürt keinen Schmerz, wenn der Egel Blut saugt – und enthält eine große Vielfalt an heilenden Enzymen, dessen Synthese bisher nur in den wenigsten Fällen gelungen ist.

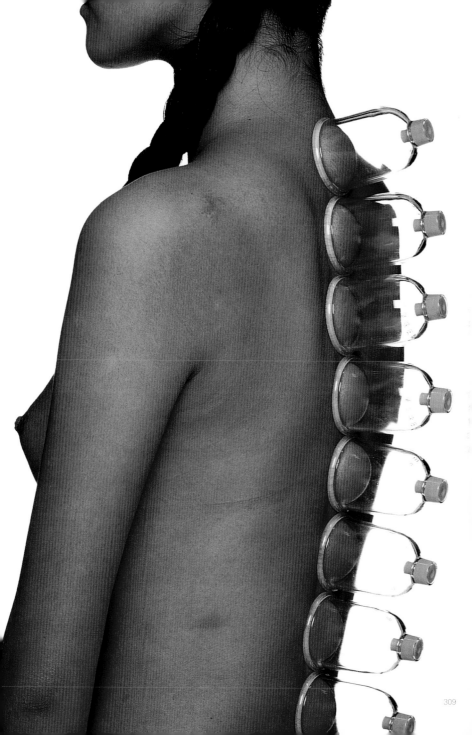

Air The Japanese company Daido Hokusan sells fresh air. Each portable can is stamped with the phrase, "A power plant that recharges human being," and contains about two minutes' worth of pure oxygen. Inhale 10 to 20 seconds' worth at a time for an energy boost at any time of the day (you can save the rest for later). Available in four flavors: natural, mild mint, super mint and green apple. For a city with a population of 12 million, the free air in Tokyo doesn't taste so bad. Levels of carbon monoxide (CO), sulfur dioxide (SO_2) and nitrogen oxides (NO) are relatively low. The worst air in the world can be sampled in Mexico City and Athens.

A tough piece of *chito*, dried donkey meat from Mexico, should keep your mouth occupied for half an hour. Have your chito powdered with hot chili: Mexicans, who eat some eight kilograms of chili per person per year, say it aids digestion, improves circulation and even relieves headaches.

Luft Die japanische Gesellschaft Daido Hokusan verkauft frische Luft. Auf jeder Dose steht der Satz: „Ein Kraftwerk, das den Menschen auflädt". Eine Dose enthält etwa 2 Minuten reinen Sauerstoffs. Wann immer ihr einen Energienachschub braucht, könnt ihr euch 10 bis 20 Sekunden Luft in den Mund sprühen und den Rest für später aufbewahren. In vier Geschmacksrichtungen verfügbar: Naturaroma, Pfefferminze (mild/stark) und Apfel. Für eine Stadt von 12 Millionen Einwohnern schmeckt die Luft von Tokio gar nicht mal so schlecht. Der Gehalt an Kohlenmonoxid (CO), Schwefeldioxid (SO_2) und Stickstoffoxid (NO) ist ziemlich niedrig. Die schlechteste Luft der Welt kann man in Mexiko City und Athen einatmen.

Ein zähes Stück *chito*, getrocknetes Eselfleisch aus Mexiko, beschäftigt deine Kaumuskeln mindestens eine halbe Stunde lang. Würze den *chito* mit scharfem Chilipfeffer. Nach Meinung der Mexikaner fördert Chili die Verdauung, stabilisiert den Kreislauf und lindert Kopfschmerzen – und sie müssen es bei jährlich 8 kg pro Kopf ja wissen.

Egg Nepalese eat half-cooked eggs to stay healthy (although Western doctors warn that eating more than two eggs a week clogs your veins with cholesterol). This fancy egg doesn't owe its heart shape to sophisticated computer graphics: We cooked it ourselves in five minutes. With the Dreamland cooking kit you can also cook yolks in other forms.

Ei Die Nepalesen essen halbgare Eier, um gesund zu bleiben – westliche Ärzte hingegen warnen vor dem Verzehr von mehr als zwei Eiern pro Woche, da das Cholesterin die Arterien verstopft. Dieses fesche Ei verdankt seine Herzform keineswegs ausgefeilter Computergrafik: Wir haben es in fünf Minuten selbst gekocht. Mit dem Dreamland-Kochset könnt ihr auch andere Formen auf den Frühstückstisch bringen.

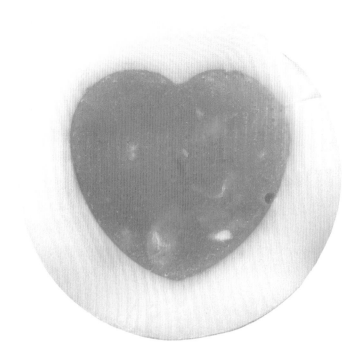

Portable heart "It's this or death," says Rémy Heym, spokesman for Novacor, the world's first portable heart pump. Because there are never enough heart donors to satisfy demand (only 2,600 for the three million Europeans with heart failure), Novacor is often a cardiac patient's only hope. Said heart patient Michel Laurent of Elancourt, France, "It's the reason I'm still around." Like other artificial hearts, the Novacor pump keeps blood circulating throughout the body. What makes it different is its size. While a previous generation of mechanical hearts confined patients to their beds, attached to clunky machines, the Novacor can be worn on a belt around the waist (rather like a Walkman). Two tubes through the chest connect the pump to the patient's failed heart. "As for the pumping noise," said Michel, "it's like your mother-in-law snoring—you get used to it." A bigger concern is the batteries: "I check them before I leave the house," Michel said. "And I always keep a spare set in the car."

Tragbares Herz „Wenn du nicht sterben willst, gibt es keine Alternative", erklärt Rémy Heym, der Sprecher von Novacor, dem Hersteller der weltweit ersten tragbaren Herzpumpe. Da es nie genügend Spenderherzen gibt – nur 2600 für drei Millionen Europäer mit schweren Herzproblemen –, ist Novacor für viele Herzpatienten die einzige Hoffnung. „Dank Novacor gibt es mich noch", erklärt Michel Laurent aus dem französischen Elancourt, der sein Gerät seit einigen Monaten mit sich herumträgt. Wie andere künstliche Herzen auch pumpt Novacor ständig Blut durch den ganzen Körper. Der Unterschied liegt in der Größe. Während ein Kunstherz aus der vorherigen Generation den Patienten ans Bett fesselte und an Furcht einflößende Maschinen anschloss, kann Novacor wie ein Walkman am Gürtel getragen werden. Zwei Schläuche sind durch die Brust mit dem kranken Herzen verbunden. „Was das Pumpgeräusch angeht", meint Michel, „so ist das wie mit dem Schnarchen deiner Schwiegermutter – man gewöhnt sich daran." Die Batterien machen ihm mehr Sorgen: „Immer wenn ich aus dem Haus gehe, überprüfe ich sie." Und eine Ersatzpackung hat Michel immer im Auto.

Allergy glasses If you suffer from hay fever, maybe you're just not wearing the right sunglasses. The makers of Airshield tinted shades claim that their "non-drug breakthrough" is more effective in managing the "distressing and unsocial symptoms of hay fever" than medication. Pop on a pair of Airshields and clip the battery-operated air pump onto your belt. A cleansing stream of filtered air will shoot out from tiny holes in the frames, blowing away nasty allergens and pollutants and creating "a pollen- and pollution-free zone around the eyes."

Allergiebrillen Wenn ihr unter Heuschnupfen leidet, dann tragt ihr vielleicht einfach die falsche Sonnenbrille. Die Hersteller der getönten Brillen von Airshield behaupten, damit „den Durchbruch in der Therapie ohne Medikamente" erreicht zu haben. Die positive Wirkung auf die „bedrückenden und unsozialen Symptome" des Heuschnupfens sei bei der Brille weitaus größer als bei herkömmlichen Medikamenten. Setzt ein Paar Airshields auf und klemmt die batteriebetriebene Luftpumpe von der Größe eines Walkmans an den Gürtel. Ein reinigender Strom gefilterter Luft schießt aus kleinen Löchern im Gestell, bläst lästige Allergene und Schmutzpartikel einfach fort und schafft so eine „pollen- und schmutzfreie Zone" um die Augen.

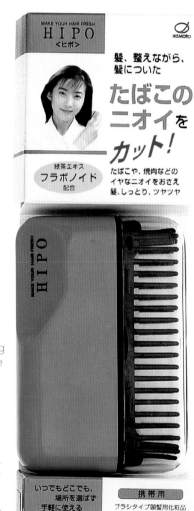

Comb "Because of cigarette smell," say Ikemoto, manufacturers of the Hipo comb, "young girls won't go to karaokes or gaming halls any more." During market research for the product, they found that Japanese women consider cigarette smoke the least desirable smell to have in their hair, followed by grilled beef and sweat. The Hipo comb's built-in strip of green tea extract removes bad odors, allowing the girls to sing and gamble at will. The Hipo's deodorant is effective for 18 months and it will keep your hair shiny (thanks to a built-in supply of silicone oil) for up to three years.

Kamm „Wegen des Zigarettenmiefs gehen die Mädchen kaum noch in Karaokebars und Spielhallen", sagt Ikemoto, der Hersteller des Hipo-Kamms. Bei der Markterkundung für das Produkt stellte sich heraus, dass japanische Frauen den Gestank von Zigarettenrauch im Haar noch schlimmer finden als Grill- oder Schweißgeruch. Durch einen Duftstreifen, auf den ein Extrakt aus grünem Tee aufgetragen ist, neutralisiert der Hipo-Kamm unangenehme Gerüche – so können alle singen und spielen, solange sie wollen. Der Kamm behält 18 Monate lang seine deodorierende Wirkung. Er macht euer Haar nicht nur schön frisch, sondern lässt es auch glänzen, da beim Kämmen aus einem eingebauten Speicher Silikonöl im Haar verteilt wird; das Öl reicht bis zu drei Jahre.

A drug without drugs is called a placebo. It contains only cheap and harmless substances such as lactose and sucrose, but it has been used to treat a wide variety of complaints, proving effective in a third of all cases. It works on the patients' minds, not on their bodies. A placebo (the name comes from a Latin word meaning "I shall please") is used in "blind" clinical trials of new drugs. Half the patients participating take the drug; the others are given a placebo. The trial is "blind" because patients do not know which pill they are being given. The idea is to prove that the new drug works. But this type of research, paid for by pharmaceutical companies, also shows how remarkably effective a drugless drug can be. In one trial, the common pain reliever paracetamol successfully treated 55 percent of those who took it. But among the other group, which had been given a placebo, 35 percent also reported pain relief. And while paracetamol began to wear off after one hour, the placebo did not. A patient's desire to get well is what makes the placebo work, rather than its ingredients. Placebos are particularly good for relief from pain, and there may be a chemical reason for this. The body produces natural pain inhibitors called endorphins, and unconscious stimulation of the endorphin system might explain why people taking a placebo feel less pain. It is the patient, not the placebo, that produces the endorphins, strengthens the immune system, prevents seasickness. A placebo may be the perfect pill, but the perfect medication lies in the mind.

Ein Medikament, das keine Medizin enthält, nennt man Placebo. Es besteht aus billigen und harmlosen Substanzen wie Milch- und Rohrzucker, wird aber zur Behandlung zahlreicher Beschwerden verwendet und funktioniert bei einem Drittel aller Fälle. Seine Wirkung entfaltet sich im Bewusstsein der Patienten, nicht in deren Körper. Ein Placebo – die Bezeichnung kommt vom lateinischen „ich werde gefallen" – wird bei klinischen Blindtests verwendet, um die Wirkung neuer Arzneimittel zu überprüfen. Die Hälfte der Versuchspersonen nimmt das Medikament, die anderen bekommen ein Placebo. Der Versuch wird „blind" genannt, weil die Patienten nicht wissen, was sie einnehmen. Eigentlich soll so bewiesen werden, dass das neue Medikament wirkt. Doch diese Art von Forschung, die von Pharmaunternehmen finanziert wird, belegt auch, wie wirksam ein Medikament sein kann, das keine Medizin enthält. Bei einem Versuch wurden 55 % der Testgruppe erfolgreich mit dem Schmerzmittel Paracetamol behandelt. Aber auch die 35 % der Gruppe, die das Placebo eingenommen hatten, gaben an, dass die Schmerzen nachgelassen hätten. Während das Paracetamol nach einer Stunde nicht mehr spürbar war, hielt die Wirkung des Placebos offensichtlich noch an. Ein Placebo wirkt durch den Wunsch des Patienten, gesund zu werden, und nicht aufgrund seiner Bestandteile. Placebos eignen sich besonders gut als Schmerzmittel, und vielleicht gibt es dafür auch eine chemische Erklärung. Unser Körper produziert Endorphine, natürliche Schmerzmittel, und die unbewusste Stimulierung dieses Systems könnte die Wirkung von Placebos erklären. Es ist der Patient, nicht das Placebo, was Endorphine produziert und das Immunsystem stärkt. Ein Placebo kann die perfekte Medizin sein, aber die perfekte Behandlung liegt im Bewusstsein.

Fertility Boniface Mponda water increases fertility. Produced by a traditional healer, it's gender-specific (so make sure you get the right one). The potion is effective up to three years—when the bottle is half-empty, simply refill with any water. The active ingredients are probably the small stones in the bottle, though Mponda was recently exposed for forcing employees to provide semen for his medicines.

Fruchtbarkeit Boniface-Mponda-Wasser aus Simbabwe erhöht die Fruchtbarkeit. Es wird von einem traditionellen Heilkundigen in zwei Sorten – für Mann und Frau – hergestellt: Bloß nicht die falsche Sorte nehmen! Die Wirkung hält etwa drei Jahre an. Wenn die Flasche halb leer ist, kann sie mit normalem Wasser einfach wieder aufgefüllt werden. Die wirksamen Substanzen befinden sich wahrscheinlich in den kleinen Steinchen in der Flasche, aber kürzlich wurde der Vorwurf laut, Mponda habe seine Angestellten dazu gezwungen, Samen für die Heilmittel zu spenden.

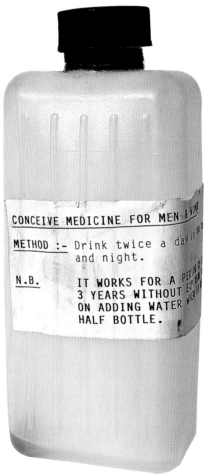

Mystery "Tripas del Diablo [Devil's Gut] powder can be used to stop any bad habits from drunkenness to smoking," according to the manufacturers. They claim that sprinkling the powder on salads will make your vices disappear. One word of caution—the ingredients are a mystery.

Geheimnis Das Pulver „Tripas del Diablo – Teufelseingeweide – kann gegen alle schlechten Gewohnheiten, von der Trunksucht bis zum Nikotinkonsum, eingesetzt werden", versprechen die Hersteller. Angeblich reicht es, das Pulver auf den Salat zu streuen, um alle Laster zum Verschwinden zu bringen. Eine kleine Warnung: Die Zutaten sind geheim.

Smoking With the aluminum pocket ashtray from Japan, you need never worry about where to discard your butts. Just slip them into your pocket ashtray to dispose of at your leisure.

Rauchen Mit dem Taschenascher aus Aluminium braucht ihr euch keine Gedanken mehr darüber zu machen, wo ihr eure Kippen ausdrückt. Einfach in den Taschenascher stecken und diesen nach Belieben entleeren.

Incontinence—the inability to control one's bladder muscles—affects about one in 20 people. Frequently brought on by prostate cancer or old age, incontinence can make even a walk around the block a physically and psychologically distressing experience. But with the Freedom Pak system for men, going out in public need never be stressful again. You roll a latex slip onto the penis and connect the long drainage pipe to a discreet 500ml leg bag that straps around the calf. At the end of the day, a quick flip of the bag's special "T-Tap valve" empties the urine right into the toilet.

Inkontinenz – Blasenschwäche – trifft etwa einen von 20 Menschen. Diese Krankheit, oft durch Prostatakrebs hervorgerufen oder eine Alterserscheinung, macht sogar einen kurzen Gang um den Block zu einer körperlich und seelisch bedrückenden Erfahrung. Aber mit dem Freedom-Pak-System für Männer, das die amerikanische Firma Mentor Urology Inc. herstellt, wird Ausgehen nie wieder zur Qual. Ein Latexslip – hier nicht gezeigt – wird über den Penis gerollt und durch einen langen Abflussschlauch mit einem diskreten 500-ml-Beutel verbunden, der an der Wade befestigt ist. Am Ende des Tages leert man den Beutel durch Abreißen des T-Verschlusses direkt in die Toilette.

This potato could get you a few days' sick leave from the Israeli Defense Force (IDF). Just cut it in half, tie to your knee or shin and leave overnight. "Water inside the human cell tissue moves towards the potato," says Dr. Izaac Levy, formerly a medic for the IDF. "That causes the leg to swell." The fist-sized bump doesn't hurt, and lasts only a day or two—ideal for a weekend away.

Kartoffel Eine harmlose Kartoffel (rechts) kann euch ein paar Tage Krankschreibung bei der Israelischen Armee (IDF) inbringen. Halbiert sie einfach und bindet sie über Nacht ans Knie oder Schienbein. „Das Wasser im menschlichen Zellgewebe bewegt sich in Richtung Kartoffel", sagt Dr. Izaac Levi, ehemals Mediziner am IDF. „Das führt zu Schwellungen am Bein." Die faustgroße Beule tut nicht weh und zieht nach ein oder zwei Tagen ab – ideal für ein Wochenende daheim.

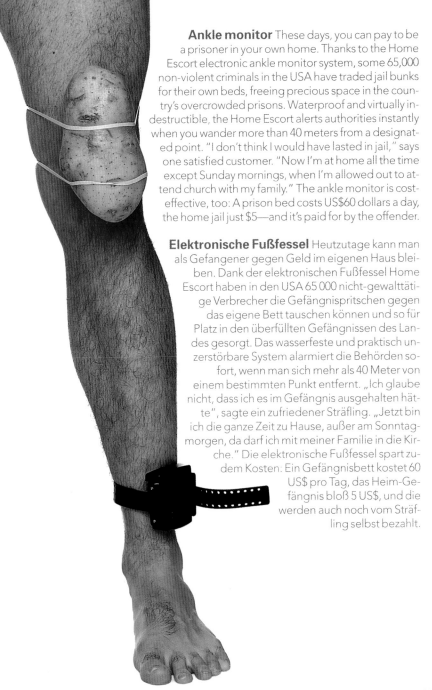

Ankle monitor These days, you can pay to be a prisoner in your own home. Thanks to the Home Escort electronic ankle monitor system, some 65,000 non-violent criminals in the USA have traded jail bunks for their own beds, freeing precious space in the country's overcrowded prisons. Waterproof and virtually indestructible, the Home Escort alerts authorities instantly when you wander more than 40 meters from a designated point. "I don't think I would have lasted in jail," says one satisfied customer. "Now I'm at home all the time except Sunday mornings, when I'm allowed out to attend church with my family." The ankle monitor is cost-effective, too: A prison bed costs US$60 dollars a day, the home jail just $5—and it's paid for by the offender.

Elektronische Fußfessel Heutzutage kann man als Gefangener gegen Geld im eigenen Haus bleiben. Dank der elektronischen Fußfessel Home Escort haben in den USA 65 000 nicht-gewalttätige Verbrecher die Gefängnispritschen gegen das eigene Bett tauschen können und so für Platz in den überfüllten Gefängnissen des Landes gesorgt. Das wasserfeste und praktisch unzerstörbare System alarmiert die Behörden sofort, wenn man sich mehr als 40 Meter von einem bestimmten Punkt entfernt. „Ich glaube nicht, dass ich es im Gefängnis ausgehalten hätte", sagte ein zufriedener Sträfling. „Jetzt bin ich die ganze Zeit zu Hause, außer am Sonntagmorgen, da darf ich mit meiner Familie in die Kirche." Die elektronische Fußfessel spart zudem Kosten: Ein Gefängnisbett kostet 60 US$ pro Tag, das Heim-Gefängnis bloß 5 US$, und die werden auch noch vom Sträfling selbst bezahlt.

Hormones Nobody knows exactly what causes aging, but one thing is sure: The body's hormone levels decline drastically with time. A course of HGH (human growth hormone) injections can give a 50-year-old the hormone levels of a 20-year-old, boosting the immune system and purportedly raising energy levels. Alternatively, try DHEA (the "youth steroid"), a natural hormone that boosts the immune system. The Optimal Health clinic on London's Harley Street offers a "turnaround" package of hormone therapy: Fly in on Monday and out on Friday, your prescription in your pocket.

Hormone Über die Ursachen des Alterungsprozesses weiß niemand genau Bescheid. Sicher ist jedoch, dass der Hormonspiegel mit zunehmendem Alter drastisch sinkt. Mit Wachstumshormonen können 50-Jährige wieder auf die Hormonwerte von 20-Jährigen hochgespritzt werden. Die Folge ist ein Stärkung der Abwehrkräfte und angeblich auch ein vermehrter Tatendrang. Als Alternative bietet sich für eine Verbesserung der Immunabwehr das natürliche Hormon DHEA an, auch „Jugendsteroid" genannt. Die Optimal-Health-Klinik in der Londoner Harley Street bietet eine Hormontherapie-Pauschale: Ankunft montags, Rückflug freitags, Rezept mit inbegriffen.

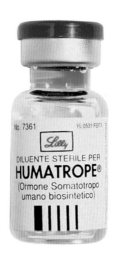

Turtle cream You'll never go back to Oil of Olay once you've used this politically incorrect moisturizer. Made from the fat of an endangered species of turtles found in the Amazon region of Brazil, it's the wrinkle cream preferred by local women. Though it's technically illegal to kill the turtles, a lack of inspectors makes it impossible to enforce the ban. The turtles are slaughtered to make both skin cream and a tasty dish called *mussom* — served on the sly in some of Belém de Pará's finest restaurants.

Schildkrötencreme Nach dieser politisch inkorrekten Feuchtigkeitscreme kannst du Oil of Olaz nichts mehr abgewinnen. Die Creme wird aus dem Fett einer Schildkrötenart gewonnen, die in der Amazonasregion lebt und vom Aussterben bedroht ist. Trotzdem wird sie von den Anwohnerinnen als Anti-Falten-Mittel verwendet. Zwar ist die Jagd auf Schildkröten auf dem Papier untersagt, doch das Verbot kann mangels Aufsichtspersonal faktisch nicht durchgesetzt werden. Die Schildkröten werden abgeschlachtet, um Hautcreme und ein schmackhaftes Gericht namens *mussom* daraus zu gewinnen, das in einigen der besten Restaurants von Belém de Pará unter der Hand serviert wird.

The first recorded pharmaceutical use of marijuana was in China in 2727BC. Today, the drug is illegal in most countries, despite its proven ability to relieve arthritis pain, migraines and side effects from cancer and AIDS treatments. In San Francisco (and other locations in the USA), Cannabis Buyers' Clubs provided smoking rooms and marijuana to anyone who had a letter of diagnosis from their physician. Menu items included Merry Pills (capsules of marijuana soaked and heated in virgin olive oil) and Marijuana Tincture (leaves for those who wished to bake their own dishes). The San Francisco club was shut down by the California State Attorney.

Der erste Gebrauch von Marihuana als Arznei ist für das Jahr 2727 v. Chr. in China belegt. Heute ist die Droge trotz ihrer nachweislich lindernden Wirkung bei Arthritis, Migräne und bei Begleiterscheinungen von Krebs- oder AIDS-Behandlungen in den meisten Ländern verboten. In San Francisco und einigen anderen Orten der USA hat der Club der Cannabis-Konsumenten spezielle Rauchzimmer eingerichtet und Marihuana jedem zur Verfügung gestellt, der eine entsprechende ärztliche Diagnose vorlegen konnte. Zur Auswahl standen auch „Merry Pills", wie die in Olivenöl getränkten und darin erhitzten Marihuana-Kapseln genannt werden, und eine Marihuana-Tinktur. Der Bundesanwalt von Kalifornien verfügte die Schließung des Clubs in San Francisco.

"**I use it** as a water pistol," explains Qian Zia, a 6-year-old from Kunming, China, of her syringe. In southwest China, the abundance of used syringes on the streets gives children hours of fun: They pick them out of garbage and squirt puddle water through them. "Perhaps this toy's common because of the relatively high rate of drug use around here," reports our China correspondent. Although drug use in China was almost eradicated during the 1950s (thanks to summary executions of suspected dealers), the infamous Golden Triangle heroin-producing regions of Vietnam, Laos and Burma are relatively close by, and addicts as young as 8 have been found in towns on the Chinese border.

„**Ich benutze sie** als Wasserpistole", erklärt die sechsjährige Qian Zia aus dem chinesischen Kunming über ihre Spritze. Im Südwesten Chinas können gebrauchte Spritzen, die auf der Straße herumliegen, Kinder stundenlang beschäftigen. Sie fingern sie auch aus den Mülltonnen und füllen sie mit Wasser aus Pfützen. „Vielleicht ist dieses Spielzeug so verbreitet, weil es hier so viele Drogenabhängige gibt", meint unser China-Korrespondent. Obwohl Drogenmissbrauch in China in den 50er Jahren vor allem durch Massenexekutionen vermeintlicher Dealer fast ausgemerzt wurde, liegt das berüchtigte Goldene Dreieck, das Heroin-Anbaugebiet im Grenzbereich von Vietnam, Laos und Myanmar, doch ziemlich nahe, und so kann man nahe der chinesischen Grenze schon auf achtjährige Junkies treffen.

Packed with vitamins and other nutrients, the South American coca plant is the basic ingredient in this fiesta of health products from Bolivia's Coincoca company. Coca reportedly helps to lower blood pressure, kill tapeworms, ease heart and prostate problems, boost the effectiveness of prescription medicines and, claims Coincoca president Reynaldo Molina Salvatierra, it can even "hold off the onset of AIDS for several years." Coincoca's best-selling item is Cocaestet, a slimming agent that promises to metabolize carbohydrates, fats and uric acid. A dose of Coincoca's anti-cancer syrup promises to "inhibit tumor growth," while Coincoca's heart syrup "regulates the heart's rhythm." For venereal disease, Molina recommends Blood Tonic; to "improve sexual function," try Coca Syrup; and if you drink too much, a daily spoonful of Alcoholism Syrup, mixed with your beverage of choice, "makes those given to drinking reflect upon their addiction…generating a psychic and mental symbiosis which strengthens their character." But despite all the miracles Coincoca products supposedly perform, there's one thing they can't do: Get past customs officials. Since 1961 there has been an almost worldwide ban on the sale of coca products.

Wichtige Vitamine und andere wertvolle Stoffe aus der südamerikanischen Coca-Pflanze sind in einer ganzen Reihe von Gesundheitsmittelchen enthalten, die die bolivianische Firma Coincoca vertreibt. Coca-Bestandteile senken den Blutdruck, heißt es etwa, treiben Bandwürmer aus, lindern Herz- und Prostata-Beschwerden und optimieren die Wirkung anderer, rezeptpflichtiger Medikamente. Schenkt man Reynaldo Molina Salvatierra, dem Generaldirektor von Coincoca, Glauben, dann „verzögert unser Produkt das Einsetzen von Beschwerden bei AIDS-Kranken um mehrere Jahre." Der Bestseller von Coincoca, „Cocaestet", ist ein Schlankheitsmittel, das den Abbau von Kohlehydraten, Fettstoffen und Harnsäure fördern soll. Ein Schlückchen Antikrebs-Sirup der Firma „stoppt das Tumorwachstum", ein Herzsirup „reguliert den Herzrhythmus". Bei Geschlechtskrankheiten empfiehlt Señor Molina „Blood Tonic", für „mehr Lust auf Sex" sorge „Coca Sirup", und bei Alkoholproblemen gibt es „einen Löffel Alkoholismus-Sirup pro Tag aufgelöst in einem Glas deines Lieblingsgetränks – das verhilft zum Nachdenken über die Abhängigkeit, sowie zu seelischer und geistiger Symbiose im Sinne einer Festigung des Charakters". Aber trotz all der Wunder, die Coincoca-Produkte demnach bewirken, bleibt ihnen eines verwehrt: Sie kommen nicht durch den Zoll. Seit 1961 gibt es ein fast weltweit geltendes Embargo gegen den Vertrieb von Coca-Produkten auf dem internationalen Markt.

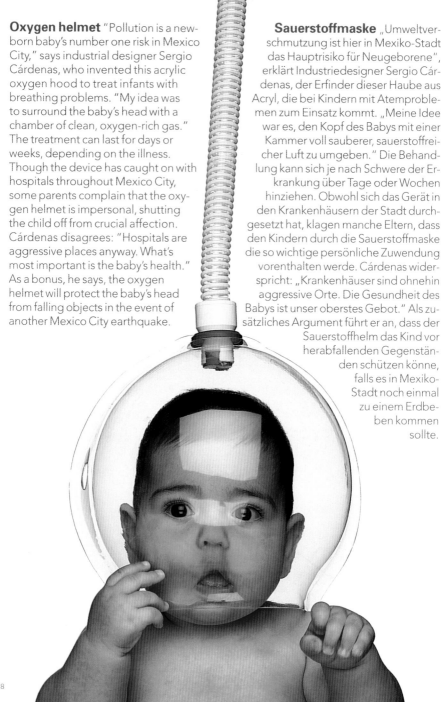

Oxygen helmet "Pollution is a newborn baby's number one risk in Mexico City," says industrial designer Sergio Cárdenas, who invented this acrylic oxygen hood to treat infants with breathing problems. "My idea was to surround the baby's head with a chamber of clean, oxygen-rich gas." The treatment can last for days or weeks, depending on the illness. Though the device has caught on with hospitals throughout Mexico City, some parents complain that the oxygen helmet is impersonal, shutting the child off from crucial affection. Cárdenas disagrees: "Hospitals are aggressive places anyway. What's most important is the baby's health." As a bonus, he says, the oxygen helmet will protect the baby's head from falling objects in the event of another Mexico City earthquake.

Sauerstoffmaske „Umweltverschmutzung ist hier in Mexiko-Stadt das Hauptrisiko für Neugeborene", erklärt Industriedesigner Sergio Cárdenas, der Erfinder dieser Haube aus Acryl, die bei Kindern mit Atemproblemen zum Einsatz kommt. „Meine Idee war es, den Kopf des Babys mit einer Kammer voll sauberer, sauerstoffreicher Luft zu umgeben." Die Behandlung kann sich je nach Schwere der Erkrankung über Tage oder Wochen hinziehen. Obwohl sich das Gerät in den Krankenhäusern der Stadt durchgesetzt hat, klagen manche Eltern, dass den Kindern durch die Sauerstoffmaske die so wichtige persönliche Zuwendung vorenthalten werde. Cárdenas widerspricht: „Krankenhäuser sind ohnehin aggressive Orte. Die Gesundheit des Babys ist unser oberstes Gebot." Als zusätzliches Argument führt er an, dass der Sauerstoffhelm das Kind vor herabfallenden Gegenständen schützen könne, falls es in Mexiko-Stadt noch einmal zu einem Erdbeben kommen sollte.

Escape hood The EVAC-U8 smoke hood is essential emergency gear for today's commuter. The luminous can (designed to glow in the dark) contains a hood made of Kapton, an advanced plastic that's heat-resistant up to 427°C. In the event of fire, nerve-gas attack or toxic leakage, you twist off the red cap, pull the hood over your head, fasten at the neck and breathe into the mouthpiece. The canister's "multi-stage, air-purifying catalytic filter" neutralizes any incoming toxic fumes, giving you 20 minutes to escape. Made in Canada, the EVAC-U8 has gained popularity in Japan since the Aum cult released poisonous sarin gas into the Tokyo metro in 1995. "It's light, portable, convenient and priced affordably," says MSA, the Japanese distributor of EVAC-U8. "Take it to work, school or shopping for a sense of safety."

Fluchthaube Die EVAC-U8-Rauchhaube gehört zur unverzichtbaren Notausrüstung für den modernen Nomaden. Die im Dunkeln leuchtende Dose enthält eine Kapton-Haube aus hitzeresistentem Kunststoff, der Temperaturen bis zu 427 °C aushält. Bei Feuer, einer Nervengasattacke oder einem Chemie-Unfall schraubt ihr die rote Kappe ab, zieht die Haube über den Kopf, befestigt sie im Nacken und atmet durch das Mundstück. Der „luftreinigende, katalytische Mehrphasenfilter" neutralisiert alle einströmenden giftigen Dämpfe und lässt euch 20 Minuten zur Flucht. In Kanada hergestellt, erfreut sich EVAC-U8 in Japan größter Beliebtheit, seit Mitglieder der Aum-Sekte 1995 hochgiftiges Saringas in einer Tokioter Metro-Station ausströmen ließen. „Es ist leicht, tragbar, bequem und preisgünstig", so MSA, der japanische EVAC-U8-Vertreiber. „Zur Arbeit, zur Schule oder zum Einkaufen mitgenommen, vermittelt es immer ein Gefühl von Sicherheit."

Protective wear Coated with reflective copper particles, these clothes are designed to block the electromagnetic radiation (EMR) that emanates wherever there's electricity. "We're the first generation to be bombarded by all these EMR emissions," says Bruce Olive, founder of Shieldworks, the US-based company that makes the apron and scarf seen here. "Nobody really knows what their medical impact will be over time." Swedish researchers at the Karolinska Institute found that children living 50m or less from major power lines are twice as likely to develop leukemia. A recent Boston University Medical School survey in the USA suggests that women who work near mainframe computers are 43 percent more likely to develop breast cancer.

Be ready in the event of a nuclear war. Stock up your bunker with potassium iodide tablets. The tablets are used as anti-radiation medicine for nuclear wars or meltdowns.

Schutzkleidung Ausgestattet mit reflektierenden Kupferpartikeln soll diese Kleidung vor Elektrosmog (Electromagnetic Radiation, EMR) schützen, der überall entsteht, wo es Elektrizität gibt. „Wir sind die erste Generation, die mit diesen EMR-Emissionen bombardiert wird", stellt Bruce Olive fest, der Gründer der US-Firma Shieldwork, die Schürze und Kopftuch unserer Abbildung hergestellt haben. „Niemand kann die gesundheitlichen Folgen genau abschätzen." Bei Kindern, die höchstens 50 Meter von Hochspannungsleitungen entfernt aufwachsen, soll ein doppelt so hohes Risiko einer Leukämie-Erkrankung bestehen, behaupten Wissenschaftler vom schwedischen Karolinska Institut. Eine Studie der Bostoner Universitätsklinik legt den Verdacht nahe, dass Frauen, die an Computerbildschirmen arbeiten, mit 43% höherer Wahrscheinlichkeit an Brustkrebs erkranken.

Hier ein Tipp für die Ausstattung deines Atombunkers: Leg dir auf jeden Fall einen Vorrat Jodkaliumtabletten an. Im Falle eines Atomkriegs oder eines Supergaus in deiner Nähe dienen sie als Anti-Strahlenmedikament.

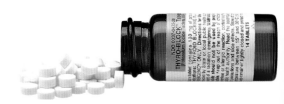

331

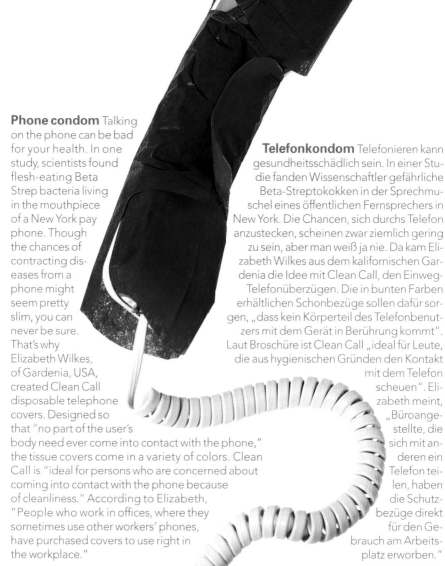

Phone condom Talking on the phone can be bad for your health. In one study, scientists found flesh-eating Beta Strep bacteria living in the mouthpiece of a New York pay phone. Though the chances of contracting diseases from a phone might seem pretty slim, you can never be sure. That's why Elizabeth Wilkes, of Gardenia, USA, created Clean Call disposable telephone covers. Designed so that "no part of the user's body need ever come into contact with the phone," the tissue covers come in a variety of colors. Clean Call is "ideal for persons who are concerned about coming into contact with the phone because of cleanliness." According to Elizabeth, "People who work in offices, where they sometimes use other workers' phones, have purchased covers to use right in the workplace."

Telefonkondom Telefonieren kann gesundheitsschädlich sein. In einer Studie fanden Wissenschaftler gefährliche Beta-Streptokokken in der Sprechmuschel eines öffentlichen Fernsprechers in New York. Die Chancen, sich durchs Telefon anzustecken, scheinen zwar ziemlich gering zu sein, aber man weiß ja nie. Da kam Elizabeth Wilkes aus dem kalifornischen Gardenia die Idee mit Clean Call, den Einweg-Telefonüberzügen. Die in bunten Farben erhältlichen Schonbezüge sollen dafür sorgen, „dass kein Körperteil des Telefonbenutzers mit dem Gerät in Berührung kommt". Laut Broschüre ist Clean Call „ideal für Leute, die aus hygienischen Gründen den Kontakt mit dem Telefon scheuen". Elizabeth meint, „Büroangestellte, die sich mit anderen ein Telefon teilen, haben die Schutzbezüge direkt für den Gebrauch am Arbeitsplatz erworben".

By mail Condoms were at one time prohibited in England, so people used to have them sent from France by mail. That's how the condom came to be called the French letter.

Per Post Als Kondome in England noch verboten waren, ließ man sich welche per Post aus Frankreich schicken. Daher ihr Name in Englisch: „French letter".

Japanese schoolchildren are strongly advised to buy one of these fireproof cushion hoods. In fact, some schools insist that they do. In the event of fire or earthquake, students pop open the cushion (usually tied to their desk chairs), fold it over their heads and tie with the ribbon. "The cushions were developed after the war, when people would wet normal cushions and use them to protect themselves against fire bombs," a spokesman at Tokyo's City Hall Catastrophe Center told us. "But they're not going to protect your head in an earthquake—the best thing you can do is get under a table." With regular earthquake safety programs on TV, and several compulsory safety drills a year, most Japanese have some idea of what to do if a big quake strikes. "Once a week you can feel the earth shake in Tokyo," says our Japan correspondent. "It's worrying, but you get used to it."

Japanischen Schulkindern wird wärmstens empfohlen, sich diese feuerfeste Kissenhaube zuzulegen. Einige Schulen bestehen sogar darauf. Im Falle eines Feuers oder Erdbebens öffnen die Schüler das Kissen, das normalerweise an ihren Stühlen befestigt ist, falten es über dem Kopf zusammen und binden es mit einer Schleife fest. „Die Hauben wurden nach dem Krieg entwickelt, als die Leute normale Kissen anfeuchteten, um sich gegen Feuerbomben zu schützen", erzählte uns ein Sprecher des städtischen Katastrophenzentrums von Tokio. „Aber im Falle eines Erdbebens sind sie nicht zu gebrauchen – das Beste ist immer noch, sich unter einem Tisch zu verkriechen." Regelmäßig ausgestrahlte TV-Programme zum Erdbebenschutz und etliche obligatorische Sicherheitsübungen pro Jahr haben dafür gesorgt, dass die meisten Japaner für den großen Ernstfall gerüstet sind. „Die Erde bebt in Tokio etwa einmal die Woche", bestätigt unser Japan-Korrespondent. „Das ist beunruhigend, aber man gewöhnt sich daran."

Pure well water from Japan keeps for several years in this steel can. Keep it handy for emergencies like earthquakes.

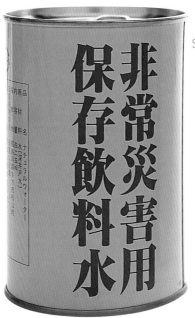

Reines Quellwasser aus Japan ist in dieser Stahldose mehrere Jahre haltbar. Solltet ihr in Notfällen, etwa bei Erdbeben, immer in Reichweite haben.

Home radiation kit If there's nuclear radiation in your backyard, this handy Kearny Fallout Meter (KFM) will detect it. Invented for survivors of a nuclear blast, the KFM can be assembled in only 1 1/2 hours "by the average untrained family," according to the US-based manufacturer. That's welcome news for French Polynesians, who don't have to wait for a nuclear attack to put their KFMs to good use: Since 1966, France has carried out more than 200 nuclear tests in the area. Although high cancer rates have been documented in populations near test sites in Australia and Kazakhstan, no such data exists in French Polynesia. The year the tests started, publication of public health statistics mysteriously stopped.

Strahlenmessgerät Ist dein Garten nuklear verstrahlt? Das handliche Kearny Fallout Meter (KFM) beantwortet dir diese Frage. Das KFM wurde für eventuelle Überlebende eines Atomkriegs entwickelt und kann, so der amerikanische Hersteller, sogar von der „technisch unbedarften Durchschnittsfamilie" in nur anderthalb Stunden zusammengebaut werden. Das hören die Einwohner Französisch-Polynesiens wahrscheinlich besonders gern: Sie brauchen keinen Atomkrieg abzuwarten, um ihren KFM auszuprobieren, denn seit 1966 hat Frankreich in der Region über 200 Atomtests durchgeführt. Beunruhigende Zahlen über einen Anstieg der Krebserkrankungen in ähnlichen früheren Testgebieten in Australien und Kasachstan liegen zwar vor, nicht jedoch Erhebungen über Französisch-Polynesien: Seit Beginn der Testserie wurden merkwürdigerweise keine Statistiken der Gesundheitsbehörde mehr veröffentlicht.

Safety shoes are worn by workers cleaning up hazardous radioactive material (or handling it in laboratories). They're made of lightweight vinyl and sponge for a quick getaway from contaminated areas, and they're also easy to wash. If your safety shoes become dangerously radioactive, seal them immediately in a steel drum and bury in a concrete vault for eternity.

Sicherheitsschuhe werden von Arbeitern getragen, die gefährliches radioaktives Material entsorgen oder damit im Labor zu tun haben. Die Schuhe sind aus leichtem Vinyl und Gummi, damit man schnell aus den kontaminierten Zonen entkommen kann, und sie sind waschbar. Wenn deine Sicherheitsschuhe zu radioaktiv geworden sind, versiegel sie umgehend in einer Stahltrommel und begrab sie für immer unter einer Betonschicht.

Want to have sex? Go ahead. But only if you use latex rubber condoms. They are the only condoms that prevent the transmission of HIV. Phallus-shaped glass cylinders are dipped in processed rubber. Then the condoms are powdered or lubricated, dried, inspected thoroughly and rolled. Generally, 996 out of 1,000 condoms must pass a leak test (they use water), or the entire batch is rejected. An electronic current is passed through condoms to check for holes and thin spots, and randomly selected samples are stretched to 1.5m or inflated with 40 liters of air. Testing condoms and destroying faulty ones accounts for about a third of manufacturing costs. Some ordinary condoms make black men's penises look beige or pink. No one wants his penis to change color. This black condom can help solve the problem.

Willst du Sex? Kein Problem. Aber nur mit Latex-Kondomen. Das sind die einzigen Kondome, die die Übertragung von HIV verhindern. Phallusförmige Glaszylinder werden in Gummi getaucht. Dann werden die Kondome gepudert oder geschmiert, getrocknet, sorgfältig inspiziert und aufgerollt. Normalerweise müssen 996 von 1000 Kondomen den Test auf Wasserundurchlässigkeit überstehen, andernfalls kommt der ganze Schub nicht in den Handel. Mit elektrischem Strom werden die Kondome auf Löcher und dünne Stellen untersucht, und Stichproben werden auf 1,5 Meter gedehnt oder mit 40 Liter Luft aufgeblasen. Die Tests und die Vernichtung der fehlerhaften Kondome machen fast ein Drittel der Produktionskosten aus. In den meisten normalen Kondomen sehen schwarze Penisse beige oder rosa aus. Keiner will, dass sein Penis so einfach die Farbe wechselt. Dieses schwarze Kondom kann Abhilfe schaffen.

Skin-whitening cream This cosmetic contains hydroquinone, a bleaching agent that slows down production of melanin, the skin's natural defense against ultraviolet rays and cancer. As the concentration of melanin pigment decreases, the skin becomes lighter. Eventually, the skin gets lumpy and patchy with exposure to the sun. The damage is irreversible. In 1980, the South African government set a maximum limit of two percent on hydroquinone in the product. The UK, USA and Nigeria quickly followed. The market for skin-whiteners in South Africa is worth US$20 million per year.

Bleichmittel für die Haut Diese Creme enthält Hydrochinon, ein Bleichmittel, das die Melaninproduktion hemmt, die natürliche Abwehr der Haut gegen UVA und Krebs. Indem die Dichte der Melaninpigmente sinkt, wird die Haut heller. Durch Sonneneinstrahlung kann die Haut faltig und fleckig werden. Der Schaden ist dann nicht wieder gutzumachen. 1980 hat die südafrikanische Regierung den Hydrochinongehalt der Mittel auf maximal 2 % festgesetzt. Großbritannien, die USA und Nigeria haben bald nachgezogen. In Südafrika werden mit Bleichmitteln pro Jahr 20 Millionen US$ umgesetzt.

One spritz of vanilla-flavored Spray-N-Wake Caffeine Stimulant Spray gives you the caffeine equivalent of a cup of coffee. Chocolate mint-flavored Spray-U-Thin, popular in Russia, claims to be an appetite suppressant and breath freshener in one.

Ein Schuss Spray-N-Wake - Koffein-stimulanz mit Vanillegeschmack hat dieselbe stimulierende Wirkung wie eine ganze Tasse Kaffee. Das Spray-U-Thin - Mundspray mit der Geschmacksrichtung Schokoladenminz-bonbon erfreut sich in Russland großer Beliebtheit: Es wirkt als Appetitzügler und sorgt für frischen Atem.

Formerly known as "Darkie" or "Black Man," this toothpaste (left) from Thailand, made by Colgate and popular in China and India, now has a new name.

Diese früher als „Darkie" oder „Schwarzer Mann" bekannte Zahnpasta aus Thailand, hergestellt von Colgate, ist inzwischen auch in China und Indien unter anderem Namen gut eingeführt. Nun wird sie „Darlie" genannt.

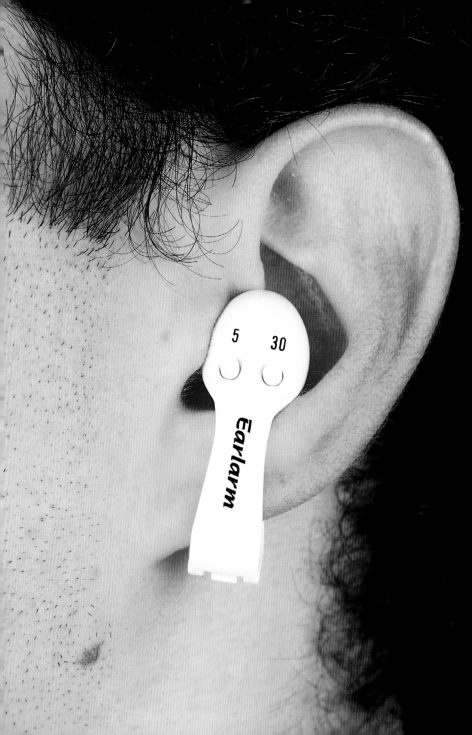

Ear alarm A short nap can work wonders, say scientists who study sleep patterns. Especially in a place like Japan, where *karoshi* (death by overwork) and *jisatsu-karoshi* (suicide from overwork) are on the rise. In Tokyo, where street crime is low, taking a nap in public is relatively safe. The only real risk is not waking up on time. Luckily, Japan's exhausted workers can now rely on the Earlarm, a tiny timer that can be set to go off after as little as five minutes or as long as eight hours. The Earlarm, says the instruction sheet, is also popular with homemakers who want to catch a few winks while waiting for eggs to boil.

Adapting Lauda Air crew manager Elena Nasini is allowed to spend no more than 100 hours a month airborne. In order to function socially when home in Italy, she tries not to adapt to other time zones. Other tips from frequent flyers: Take melatonin, avoid excessive food or alcohol, and catnap frequently. Or order the Jet Lag Combat Kit. The Jet Lag Light Visor regulates light stimulus and keeps your light patterns adjusted to those in your destination.

Ohrenwecker Ein kurzes Nickerchen kann Wunder wirken, sagen Wissenschaftler, die unser Schlafverhalten erforschen. Besonders wichtig in Japan, wo *karoshi* (Tod durch Überarbeitung) und *jisatsu-karoshi* (Selbstmord aus Überlastung) immer häufiger auftreten. In Tokio, wo es kaum Straßenkriminalität gibt, ist es ziemlich ungefährlich, in der Öffentlichkeit einzunicken. Das wahre Risiko besteht darin, nicht rechtzeitig aufzuwachen. Glücklicherweise können sich Japans erschöpfte Arbeiter nun auf „Earlarm" verlassen, einen kleinen Zeitmesser, der schon nach fünf Minuten losgehen kann – oder aber erst nach acht Stunden. Der Ohrenwecker ist laut Gebrauchsanweisung auch bei Hausfrauen und -männern beliebt, die z.B. beim Eierkochen schnell eine Mütze Schlaf nachholen wollen.

Anpassen Die Crew-Managerin Elena Nasini bei Lauda Air darf höchstens 100 Stunden pro Monat in der Luft verbringen. Um sich problemlos in ihr heimatliches Sozialleben in Italien einfügen zu können, versucht sie ihren Rhythmus nicht an andere Zeitzonen anzupassen. Andere Tipps von Vielfliegern: Melatonin nehmen, wenig Essen und Alkohol meiden, häufige Nickerchen zwischendurch. Der Jet-Lag-Lichtregulator kontrolliert die Lichtreize und passt euer Lichtsystem dem des Zielortes an.

Eye It takes 20 hours to make this fake eye. Patrick Bordet, of Vichy, France, works closely with patients who have suffered eye loss. Each new eye is custom-built and hand-painted to perfectly match the patient's other one. "We are never finished, as far as giving our patients back their lost confidence," says Bordet. "Our greatest reward is the fulfillment and dignity our patients recover in the eyes of others when they wear our eyes."

Shades On hot Zimbabwe afternoons, Timothy Mandisyeuza sets up shop on a street corner outside the Montagu Shopping Center in downtown Harare. An expert with pliers, he twists stiff strands of wire together to make these handsome sunglasses. Because lenses cost so much, Mandisyeuza avoids them altogether. Instead, he attaches shades cut from plastic juice bottles to the tops of the frames. Mandisyeuza, who sells two or three pairs a day, says people want his glasses because "they're something people thought man could not make with his own hands."

Auge Dieses künstliche Auge wird in 20 Arbeitsstunden gefertigt. Patrick Bordet aus dem französischen Vichy stellt Glasaugen in enger Abstimmung mit den Patienten her, die ein Auge verloren haben. Jedes neue Auge ist maßgefertigt und wird per Hand bemalt, damit es genau zum verbliebenen Auge passt. „Unsere Hauptaufgabe besteht darin, dem Patienten wieder Selbstvertrauen zu geben, und da hört die Arbeit nie auf", sagt Bordet. „Unser schönster Lohn ist es, dass unsere Patienten vor den Augen der anderen wieder ihr Selbstgefühl und ihre Würde zurückerhalten, wenn sie unsere Augen tragen."

Schatten Wenn die Nachmittage in Simbabwe sehr heiß werden, macht Timothy Mandisyeuza an einer Straßenecke vor dem Montagu-Einkaufszentrum in Harare sein Geschäft auf. Als Kneifzangenexperte verdreht Timothy starke Drahtstränge ineinander, und heraus kommen diese wundervollen Sonnenbrillen. Da Gläser zu teuer sind, lässt Mandisyeuza sie einfach weg. Stattdessen bringt er Schatten spendende Deckel von Plastikflaschen oben an den Gestellen an. Mandisyeuza, der pro Tag etwa zwei oder drei Brillen verkauft, erklärt seinen Erfolg so: „Die Leute können sich einfach nicht vorstellen, dass so etwas per Hand hergestellt wird."

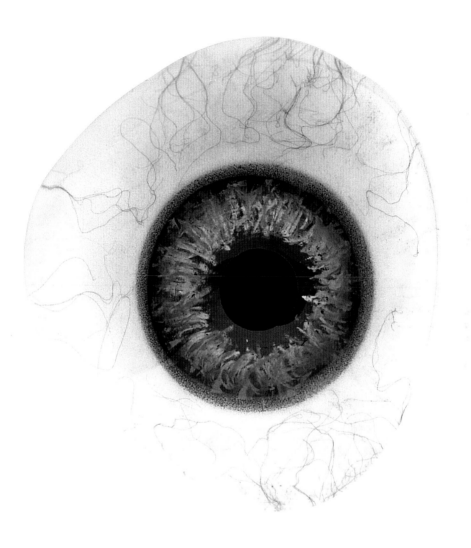

Dye Dip your finger in this purple dye, and it will be stained for at least 72 hours. Also available in red, green and "invisible" varieties, the dye is used to ensure fair elections by preventing people from voting twice. Election dye like this one, made by the British company De La Rue, has assisted the democratic process in India, Burundi and Rwanda, among other countries. It made one of its most recent appearances at the September 1996 elections in Bosnia. "If the voter has no right index finger," read the instructions posted in Bosnian polling stations, "the next available finger should be inked, following this sequence: thumb, finger three, four, five. If the voter has no right hand, use the same sequence on the %left. If the voter has no fingers, the ink requirement is waived." An invisible spray (right), is used in refugee camps to keep people from signing up twice for food ration cards. A blue light shows who has already received their rations. Refugee officials sometimes have to dip their finger in the non-toxic ink, then lick it, to combat rumors that it causes sterility and other health problems.

Electoral Stain (ES/A Purple)
100 ml
Contains Silver Nitrate, Tetrahydrofurfuryl alcohol

Instructions for use.
1 Ensure voter's finger is clean and free from grease.

2 Insert finger of voter into from centre hole to second knuckle.

3 Replace lid when not in use.

4 Shake jar periodically

Irritating to eyes.
Keep locked and out of reach of children.

De La Rue Identity Systems Limited
De La Rue House
Basingstoke
United Kingdom, BG22 4BN
Tel: +44 1256 29122
Fax: +44 1256 605299

DeLaRue

Tinte Tunke deinen Finger in diese violette Tinte (linke Seite), und er behält 72 Stunden lang die Farbe. Auch in roter, grüner und „unsichtbarer" Tönung erhältlich. Die Tinte wird bei Wahlen verwendet, damit Wähler nicht zweimal ihre Stimme abgeben können. Die von der englischen Firma De la Rue hergestellte Tinte hat den Demokratisierungsprozess in etlichen Ländern unterstützt. Sie kam kürzlich bei Wahlen in Bosnien zum Einsatz. „Wenn der Wähler keinen rechten Zeigefinger hat", so die Anleitung in den bosnischen Wahllokalen, „sind die anderen Finger in folgender Reihenfolge zu benutzen: Daumen, Mittelfinger, Ringfinger und kleiner Finger. Falls der Wähler keine rechte Hand hat, die Finger der linken Hand in derselben Reihenfolge benutzen. Wenn der Wähler keine Finger hat, wird auf die Tinte verzichtet." Ein unsichtbares Spray (rechts) wird in Flüchtlingslagern verwendet, damit Lebensmittelkarten nicht doppelt ausgegeben werden. Die Leiter der Flüchtlingslager müssen von Zeit zu Zeit ihre Finger in die Flüssigkeit tauchen und sich anschließend die Finger ablecken, um Gerüchten vorzubeugen, wonach sie Sterilität oder Gesundheitsprobleme verursacht.

INVISIBLE STAIN (

(Contains Tetrahydrofu

Instructions for use

1. One pump application per hand.
2. Press pump firmly and quickly.
3. Wipe off surplus stain.
4. In case of small children, apply to other part of body e.g. foot.

De La
De La
Englan
Tel: 4
Fax: 4

De La Rue

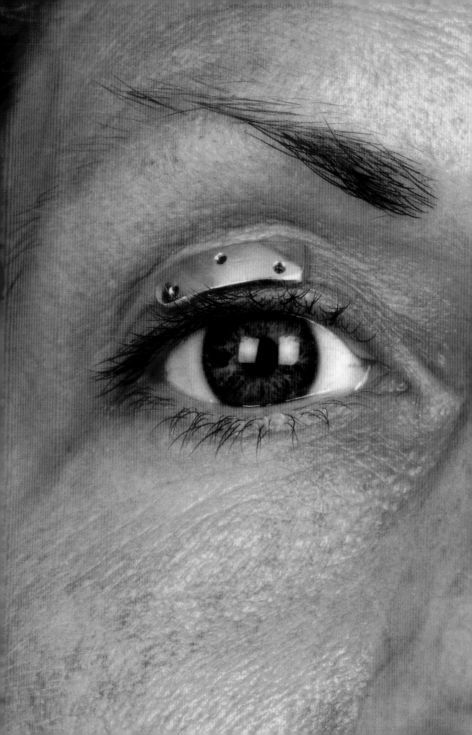

Tanning pills Get a glowing tan— without leaving the house. The potent blend of canthaxanthin (a coloring used to brighten egg yolks) and beta-carotene (a pigment found in carrots) in these pills dyes your skin—from the inside. While their controversial side effects (including possible damage to bone marrow, eye retinas, kidneys and blood) have led authorities to ban them in some countries, dedicated users agree: Tanning pills are the simplest way to a deep, even color —without any unsightly tan lines.

Eye weights Available in four flesh-tone colors, the MedDev Corporation's metallic eyelid weights are the leading treatment for lagophthalmos, a partial facial paralysis that prevents people from closing their eyes. "While the muscle that opens the eye still works," explains US ophthalmologist Richard Jobe, "the muscle that closes the eye does not." Permanently open, the eye dries up, risking irritation or even total blindness. Before the weights were developed in 1972, the only way of treating lagophthalmos was to sew the eyes partially together. Now, with these handy external weights (secured with hypoallergenic tape), the eyelids fall naturally whenever the wearer relaxes her eye-opening muscles. "Most people are very happy to have them," says Jobe. "I've opened up eyelids that had been sewn together, and loaded them with weights. The patients just can't stop thanking me."

Bräunungspillen Hol dir eine beneidenswerte Bräune, ohne das Haus zu verlassen. Die wirksame Mischung aus Canthaxanthin (einem Farbstoff zum Aufhellen von Eigelb) und Beta-Karotin (einem in Karotten vorkommenden Pigment) in diesen Pillen färbt deine Haut, und zwar von innen. Während ihre umstrittenen Nebenwirkungen einschließlich möglicher Schäden am Knochenmark, der Netzhaut des Auges, an den Nieren und im Blut die Behörden einiger Länder dazu veranlasst haben, sie aus dem Verkehr zu ziehen, sind sich eingefleischte Benutzer nach wie vor einig: Die Bräunungspillen sind die einfachste Art, zu einer nahtlosen, tiefen Bräune zu gelangen.

Augenlidgewichte Vier verschiedene Hautfarbtöne stehen bei den Metall-Augenlidgewichten der MedDev-Corporation zur Auswahl. Sie sind die führende Behandlungsmethode bei Lagophtalmus, einer partiellen Gesichtslähmung, bei der man die Augenlider nicht schließen kann. „Die Augen lassen sich zwar öffnen, aber der Augenschließmuskel arbeitet nicht", erklärt der amerikanische Augenarzt Richard Jobe. In ständig geöffnetem Zustand trocknet das Auge aus, was zu einer Reizung und sogar zu völliger Erblindung führen kann. Bevor diese Gewichte 1972 entwickelt wurden, bestand die einzige Behandlung darin, die Augen teilweise zusammenzunähen. Jetzt, mit diesen handlichen Augengewichten, die mit allergiegetestetem Klebeband befestigt sind, fallen die Augenlider zu, sobald der Träger die Augenmuskeln entspannt. „Die meisten Leute sind sehr glücklich darüber", sagt Jobe. „Ich habe zusammengenähte Augenlider wieder geöffnet und sie mit Gewichten beschwert. Die Patienten können mir gar nicht genug danken."

Virgins' tea Yin Zhen White Tea is one of the most expensive teas in the world. We're not sure if experts can taste it, but each leaf has been handpicked by young Chinese virgins in the province of Fujian. It sells for US$900/kg.

Jungfrauentee Yin Zhen White Tea ist eine der teuersten Teesorten der Welt. Wir wissen nicht, ob die Experten es wirklich herausschmecken können, aber jedes Blatt ist von einer Jungfrau aus der chinesischen Provinz Fujian handgepflückt. Der Tee wird für 900 US$ das Kilo verkauft.

Like a virgin Venezuelan Dr. Angel Salas spends most of his day performing elementary plastic surgery: skin pleats, liposuction, breast enlargements. Occasionally he is called upon to do something rather special. "Surgery to reconstruct virginity is simple but very meticulous," he says. If the operation is performed one month before a wedding, and the freshly made virgin doesn't ride horses or bikes until the big day, her groom won't be disappointed on their "first night." He need never know.

Rein und jungfräulich Der venezolanische Arzt Dr. Angel Salas verbringt den größten Teil des Tages mit der üblichen plastischen Chirurgie: Lifting, Fettabsaugen oder Brustvergrößerung. Ab und zu wird er auch um einen eher ungewöhnlichen Eingriff gebeten: „Die Operation, mit der die Jungfräulichkeit wieder hergestellt wird, ist zwar einfach, muss aber sehr genau sein." Wenn der Eingriff einen Monat vor der Hochzeit durchgeführt wird und die wieder zur Jungfrau gewordene Verlobte bis dahin weder reitet noch Fahrrad fährt, wird ihr Mann von der „ersten Nacht" nicht enttäuscht sein. Warum sollte man ihn aufklären?

If you want a firmer bust, try freezing it. The Belgian makers of Bust'Ice claim you can "strengthen and harden your breasts" with their gel-filled plastic bra in a matter of weeks. Place the bra in your freezer until the cups harden, strap it on for just five minutes a day, and watch as the "tonic action" of the cold begins to lift your breasts. "Indispensable for all women," says the manufacturer's brochure, Bust'Ice comes with special instructions for avoiding freezer burn.

Removable nipples

"give an attractive hint of a real nipple" to breast prosthetics, according to Gerda Maierbacher of German manufacturers Amoena. Worn by women who have undergone a mastectomy (breast removal), the nipples look great with bikinis or thin dresses. "They're glued to the skin and held in place by the fabric," says Maierbacher, "So there's no danger of them sliding around or falling off, even while you're swimming."

Wenn ihr eine festere Brust haben wollt, versucht sie einzufrieren. Die belgischen Hersteller von Bust'Ice behaupten, ihre mit Gel gefüllten Plastik-BHs würden innerhalb von Tagen „die Brüste stärken und härten". Steckt den BH in den Kühlschrank, bis die Körbchen hart sind, legt ihn für fünf Minuten pro Tag an und stellt fest, wie durch die „belebende Wirkung" der Kälte die Brüste zusehends angehoben werden. „Unerlässlich für alle Frauen", so die Herstellerbroschüre; sie enthält auch Hinweise zur Vermeidung von Frostbeulen.

Die abnehmbaren Silikonwarzen

„lassen charmant die Präsenz von Brustwarzen erahnen", so Gerda Maierbacher von der deutschen Herstellerfirma Amoena. Die Zielgruppe sind Frauen, die eine Brustoperation (Mastectomie) über sich ergehen lassen mussten. Die Brustwarzen passen gut unter Bikinis oder feine Kleiderstoffe. „Sie werden auf die Haut geklebt und durch den Stoff festgehalten", so Frau Maierbacher, „damit gibt es kein Risiko, dass sie runterfallen oder verrutschen, auch wenn Sie damit schwimmen."

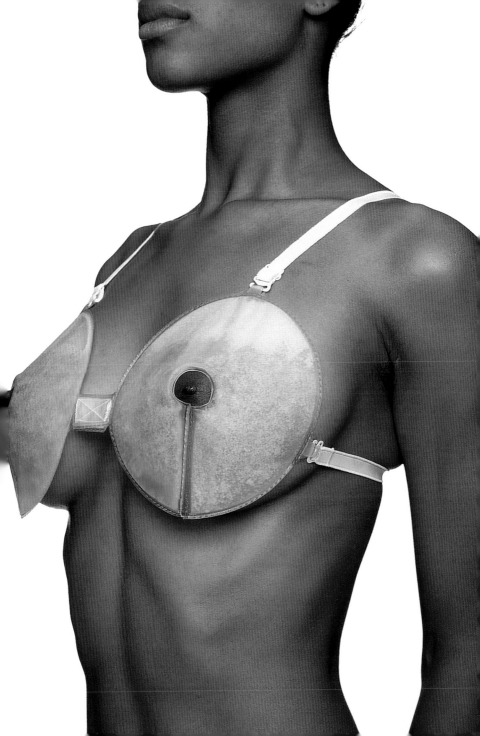

The Kegelcisor might be the most versatile device in this book. By inserting the stainless steel rod into the vagina, says the brochure, and flexing the pubococcygeus muscle (the same muscle one flexes to control the bladder), women can strengthen the pelvic region and intensify their orgasms. But that's not all, say the US manufacturers. The Kegelcisor (named after Howard Kegel, the scientist who first discovered the sexual potential of the pelvic muscle) is also supposed to improve bladder control, increase vaginal lubrication, ease childbirth pain and improve postpartum sex. And there's more: "Though our research is incomplete," says the brochure, "a number of people have reported that by exercising the portion of the pubococcygeus surrounding the anus, they have, in a short period of time, eliminated some forms of hemorrhoids." However you decide to use your Kegelcisor, you can sterilize it afterward by tossing it in the dishwasher or simply boiling it in hot water. "In either case," warns the catalog, "allow sufficient cooling time" before using again.

Der Kegelcisor ist vielleicht das vielseitigste Gerät in diesem Buch. Wenn Frauen den rostfreien Stahlstab in die Vagina einführen, so die Broschüre, und die Beckenbodenmuskulatur anspannen (die auch das Wasserlassen kontrolliert), können sie die Beckenregion stärken und ihren Orgasmus intensivieren. Aber das ist noch nicht alles, sagen die US-Hersteller. Der Kegelcisor – benannt nach dem Wissenschaftler Howard Kegel, der als Erster das sexuelle Potenzial der Beckenmuskulatur entdeckte – soll auch die Blasenkontrolle verbessern, die Vaginalfeuchtigkeit erhöhen, Geburtsschmerz lindern und Sex nach einer Geburt angenehmer machen. Und das ist noch nicht alles, erklärt die Broschüre: „Unsere Forschungen sind zwar noch nicht abgeschlossen, aber eine ganze Reihe von Leuten haben uns bestätigt, dass sie durch Anspannung des Schließmuskels in Kürze einige Arten von Hämorrhoiden losgeworden sind." Wie auch immer ihr den Kegelcisor verwendet: Nach Gebrauch ist er ganz leicht in der Spülmaschine oder in kochendem Wasser zu sterilisieren. „In jedem Fall", so warnt der Katalog, „sollte man ihn lange genug abkühlen lassen", bevor man ihn wieder benutzt.

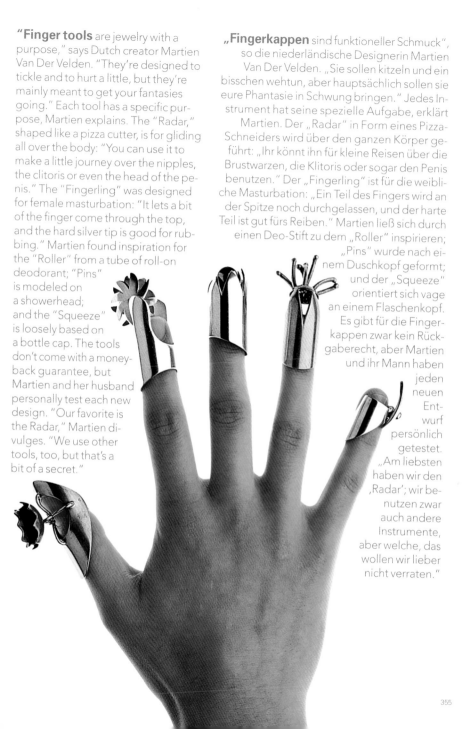

"Finger tools are jewelry with a purpose," says Dutch creator Martien Van Der Velden. "They're designed to tickle and to hurt a little, but they're mainly meant to get your fantasies going." Each tool has a specific purpose, Martien explains. The "Radar," shaped like a pizza cutter, is for gliding all over the body: "You can use it to make a little journey over the nipples, the clitoris or even the head of the penis." The "Fingerling" was designed for female masturbation: "It lets a bit of the finger come through the top, and the hard silver tip is good for rubbing." Martien found inspiration for the "Roller" from a tube of roll-on deodorant; "Pins" is modeled on a showerhead; and the "Squeeze" is loosely based on a bottle cap. The tools don't come with a money-back guarantee, but Martien and her husband personally test each new design. "Our favorite is the Radar," Martien divulges. "We use other tools, too, but that's a bit of a secret."

„**Fingerkappen** sind funktioneller Schmuck", so die niederländische Designerin Martien Van Der Velden. „Sie sollen kitzeln und ein bisschen wehtun, aber hauptsächlich sollen sie eure Phantasie in Schwung bringen." Jedes Instrument hat seine spezielle Aufgabe, erklärt Martien. Der „Radar" in Form eines Pizza-Schneiders wird über den ganzen Körper geführt: „Ihr könnt ihn für kleine Reisen über die Brustwarzen, die Klitoris oder sogar den Penis benutzen." Der „Fingerling" ist für die weibliche Masturbation: „Ein Teil des Fingers wird an der Spitze noch durchgelassen, und der harte Teil ist gut fürs Reiben." Martien ließ sich durch einen Deo-Stift zu dem „Roller" inspirieren; „Pins" wurde nach einem Duschkopf geformt; und der „Squeeze" orientiert sich vage an einem Flaschenkopf. Es gibt für die Fingerkappen zwar kein Rückgaberecht, aber Martien und ihr Mann haben jeden neuen Entwurf persönlich getestet. „Am liebsten haben wir den ‚Radar'; wir benutzen zwar auch andere Instrumente, aber welche, das wollen wir lieber nicht verraten."

Electric tongue With its plump, soft lips and textured vinyl tongue, the FunTongue promises "the orgasmic experience of your life!" Advertised as the "first sensual aid that feels and acts like a real tongue," FunTongue offers a variety of speed settings and licking actions (up and down, side to side, in and out, or a little of each), ensuring that "oral sex will never be the same again." You can even press a button for squirts of realistic saliva. Co-inventor Teresa Ritter of Virginia, USA, says the FunTongue is the result of hard work and hours of testing. "We even had meetings with animatronics specialists from a theme park to figure out how to make it move like a real tongue," she says. And the makers are still working to improve it: Eight new tongue attachments (including one that's "real long and curly") will hit the market soon, along with an inconspicuous FunTongue carrying case. That way, Ritter says, "you can take it with you everywhere."

Elektrische Zunge Mit diesen vollen, weichen Lippen und der angerauhten Vinylzunge verspricht FunTongue „den besten Orgasmus des Lebens!" FunTongue wird als „erste Sinneshilfe, die sich wie eine richtige Zunge anfühlt und auch so wirkt" angepriesen und bietet verschiedene Geschwindigkeiten und Leckarten – von oben nach unten, von rechts nach links und umgekehrt, rein und raus oder von allem etwas. „Oraler Sex wird damit zu einem ganz neuen Erlebnis", versichert der Hersteller. Auf Knopfdruck erhält man sogar „Speichelspritzer". Ko-Erfinderin Teresa Ritter aus Virginia, USA, erklärt, dass FunTongue das Ergebnis harter Arbeit und stundenlanger Tests sei. „Wir hatten sogar Treffen mit den Puppen-Animations-Spezialisten eines Vergnügungsparks, um herauszufinden, wie man die Bewegungen einer richtigen Zunge simuliert." Und die Hersteller arbeiten weiter an Verbesserungen: Acht neue „Zungenschläge" werden bald auf den Markt kommen, darunter einer, der „extra lang und verschlungen" sein soll, alles zusammen in einem diskreten Tragekoffer. Damit, so Ritter, „kommt man überall auf seine Kosten".

Vulva puppet Having trouble locating your clitoris (or your partner's)? Get a vulva puppet, a soft velvet and satin toy in striking colors. The package includes a detailed map of a woman's erogenous zones. Just US$75 could improve your sex life forever.

Vulva-Puppe Habt ihr Probleme, eure Klitoris – oder die eurer Partnerin – zu finden? Besorgt euch die Vulva-Puppe, ein weiches Spielzeug aus Samt und Satin in grellen Farben. Das Paket enthält eine detaillierte Übersicht über die erogenen Zonen der Frau. Schon 75 US$ können euer Sexualleben für immer anheizen.

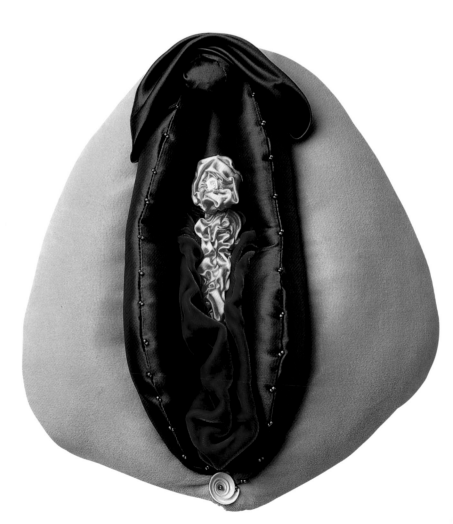

Genital mutilation tool This steel and goatskin scythe is used to "circumcise" young girls of Kenya's Kikuyu tribe. Nobody knows how many girls worldwide are subjected to female circumcision (more accurately known as genital mutilation), but in some African countries (including Somalia and Sierra Leone), it's about 90 percent. The procedure, an important puberty rite in these countries, is usually carried out on girls aged four to 12. The scythe (or sometimes a sharpened stone or rusty razor) is used to slice off the clitoris and scrape away part of the labia. In the most extreme cases, the vulva is then sewn together with thorns or thread, leaving a small hole for urine and menstrual blood to pass through. The whole operation is performed without anesthetic. Many people (including some mutilated women) believe circumcision keeps women pure until marriage (an "uncircumcised" woman often has little chance of finding a husband). Others think it's barbaric: Mutilated women sometimes become severely infected and need to be cut or ripped open to have sexual intercourse or give birth.

Genitalverstümmelungsgerät Diese Sichel aus Stahl und Schafsfell wird bei dem kenianischen Stamm der Kikuyu benutzt, um junge Mädchen zu „beschneiden". Niemand weiß genau, wieviele Mädchen weltweit Opfer solcher Genitalverstümmelung – auch „Klitorisbeschneidung" genannt – werden, aber in einigen afrikanischen Staaten, darunter Somalia und Sierra Leone, sind es an die 90% eines Jahrgangs. Die Prozedur ist ein wichtiger Bestandteil der Initiationsriten und wird gewöhnlich bei Mädchen im Alter zwischen vier bis zwölf Jahren ausgeführt. Mit der oben abgebildeten Sichel – manchmal auch mit einem scharfen Stein oder einem Rasiermesser – werden die Klitoris und Teile der Schamlippen entfernt. In Extremfällen wird die Vagina anschließend zugenäht, sodass nur ein kleines Loch für Urin und Menstruationsblut bleibt. Die ganze Operation erfolgt ohne Betäubung. Viele Menschen, darunter auch betroffene Frauen, sind der Ansicht, die Beschneidung sorge dafür, dass die Frauen bis zur Ehe „rein" blieben; oft hat eine nicht operierte Frau Probleme, einen Mann zu finden. Andere halten diese Sitte schlicht für barbarisch: Beschnittene Frauen haben kein Lustempfinden, zudem kommt es manchmal zu schweren Infektionen, und die Frauen müssen vor dem ersten Geschlechtsverkehr oder der Geburt des ersten Kindes erneut operiert werden.

Suspicion Do you suspect that your partner is having sex with other people? Check undergarments or sheets for sperm stains with the Semen Check Spray kit. Simply spray Solution A onto the suspicious area, let it dry for a minute and then spray with Solution B. Semen spots will turn bright blue. "Your own private detective in a spray bottle" is available from Safety Detective Agency in Japan.

Verdacht Hast du den Verdacht, dass dein Partner dich betrügt? Überprüf seine/ihre Unterwäsche oder das Bettlaken mit dem Sprayset für Samenspuren: Einfach nur Lösung A auf die verdächtige Stelle sprühen, eine Minute trocknen lassen und Lösung B anwenden: Eventuelle Spermaflecken färben sich leuchtend blau. Deinen „Privatdetektiv aus der Flasche" kannst du bei der Safety Detective Agency in Japan bestellen.

First drink From the moment you're born, you can be just like mom and drink out of a Pepsi bottle. Munchkin Bottling Inc. introduced brand-name plastic baby bottles in 1992 with the slogan "A Bottle a Mother Could Love." The new 6cl size has silicone nipples and is tapered for little hands.

Der erste Drink Vom Tag der Geburt an kann man schon wie Mama aus einer Pepsi- Flasche trinken. 1992 hat Munchkin Bottling Inc. eine Babyflasche aus Plastik mit Markennamen und der Aufschrift: „Eine Flasche, wie Mutti sie mag" auf den Markt gebracht. Das neue 6-cl-Modell hat einen Gummisauger und ist speziell für kleine Hände geformt.

With this little piece of Soviet-era technology, you'll never worry about achieving erections again. Made in Russia, the Erektor works like a tiny scaffolding, sustaining your flaccid member and enabling you to penetrate your partner. According to the manufacturer, the coated wire device will "help keep your family together" by prolonging sex after premature ejaculations, curing impotence and relieving feelings of inferiority. It can even make you "happier and more productive at work." The Erektor can be used up to 50 times without pain for either partner, says the instruction manual (though they don't say how they arrived at the figure). Just wash with soap and water after use. Comes in a range of sizes, for a perfect fit.

Erektor Mit diesem kleinen Technologie-Relikt aus der Sowjet-Ära braucht ihr euch nie wieder Sorgen um eure Erektion zu machen. Erektor, ein russisches Erzeugnis, wirkt wie ein winziges Gerüst, das euer schlaffes Glied stützt und euch den Sexualverkehr ermöglicht. Laut Hersteller sorgt dieses umkleidete Drahtgestell dafür, „dass die Familie zusammen bleibt", indem es nach verfrühten Ejakulationen den Sex verlängert, Impotenz kuriert und Minderwertigkeitsgefühle lindert. Es kann euch sogar „glücklicher machen und die Arbeitsleistung steigern". Der Erektor könne bis zu 50 Mal völlig schmerzfrei für die Beteiligten benutzt werden, heißt es in der Bedienungsanleitung – obwohl sie nicht verrät, wie diese Zahl zustande kommt. Wascht ihn nach Gebrauch einfach mit Seife und Wasser. Es gibt ihn in verschiedenen Größen, für optimale Passform.

" *Myembe* makes you feel like a virgin again," says Evelyn Muyimane, a traditional healer and pharmacist in Johannesburg, South Africa. Ground from the root of the myembe tree, the powder is mixed with water and spread inside the vagina. The result is tight, dry sex. "That's how men and women like it here," says Evelyn. "It's part of our culture." Myembe and similar drying potions can be found in traditional markets throughout southern Africa. "I don't know how it works," Evelyn says of the sawdust-like powder, "but it does. If you don't believe me, try it and see for yourself."

„**Mit *Myembe*** fühlt ihr euch wieder wie eine Jungfrau", schwärmt Evelyn Muyimane, eine traditionelle Heilerin und Apothekerin in Johannisburg. Das Puder aus gemahlenen Wurzeln des Myembe-Baums wird mit Wasser vermengt und in die Vagina gesprüht. Das Resultat ist fester, trockener Sex. „So lieben es die Männer und Frauen hier", sagt Evelyn, „das ist Teil unserer Kultur." Myembe und ähnliche Trockenmittel kann man auf traditionellen Märkten in ganz Südafrika finden. „Ich weiß zwar nicht genau, wie das funktioniert", meint Evelyn zu dem Puder, das wie Sägemehl aussieht, „aber es wirkt. Wenn ihr mir nicht glaubt, probiert es doch einfach selbst aus."

Tiger parts

Many Korean and Taiwanese men think eating tiger penises will aid their sexual performance. In 1994, the *Atlantic Monthly* magazine reported that US$20,000 could buy tiger soup for 15 persons in certain Taiwanese restaurants. The tiger population in the world has dropped from 100,000 in 1900 to 5,000 today. Suggestions that tiger farms should be set up are rejected by the animal conservation group Traffic. You need large numbers of animals to establish farms, it says. With three sub-species already extinct, tiger populations could never stand the strain.

Etwas vom Tiger

Manch ein Koreaner oder Taiwanese glaubt, der Verzehr von Tigerpenissen erhöhe die sexuelle Leistung. 1994 berichtete das Magazin *The Atlantic Monthly*, dass bestimmte taiwanesische Restaurants für 20 000 US$ Tigerpenis-Suppe für 15 Personen servieren. Der weltweite Tigerbestand ist seit 1900 von 100 000 auf 5000 zurückgegangen. Vorschläge, Tigerfarmen zu gründen, wurden von der Tierschutzgruppe Traffic mit der Begründung abgelehnt, dass man dazu riesige Mengen an Tieren braucht. Bei schon drei ausgestorbenen Unterarten könnten die Tigerzahlen der Belastung kaum standhalten.

Du kannst dir kein Viagra leisten? Probier's mal mit der Rinde des Karubabaums. „Das ist brasilianisches Viagra", sagt die 52-jährige Tereza Maciel, die Baumrinde, Kräuter und Tierprodukte aus dem Amazonasgebiet verkauft. „Zermahlt es und gebt es in Wasser, Saft, Milch oder sonst ein Getränk, und ihr werdet unten herum schön hart."

Can't afford Viagra? Try caruba tree bark. "It's Brazilian Viagra," says Tereza Maciel, 52, who sells bark, herbs and animal parts from the Amazon. "Grind it up and put it in water or juice or milk or anything, and it will get you good and hard down below."

Privacy shelter Lack of privacy can destroy a marriage, counselors say. Surrounded by children, mom and dad just don't get a chance to work on their relationship. With this sturdy privacy shelter (designed to conceal camping toilets) they can escape into a world of their own—without leaving the room.

Sperm Human sperm counts have decreased by up to 50 percent over the last half-century, a Danish study recently concluded. Though scientists argue over the causes of this decline, most agree that environmental pollution is a factor. Before the quality of human sperm deteriorates any further, perhaps the people of the world should start exchanging body fluids and stocking up for the future. A good sperm donation (like the specimens in this aluminum container) contains at least 60 million sperm per ml. A minimum of 70 percent must be healthy (no double heads or double tails) and at least 40 percent should be motile—otherwise they can't swim freely up to the egg.

Schutz der Privatsphäre Manche Beziehung scheitert nach Angaben von Eheberatern an einer fehlenden Rückzugsmöglichkeit. Von ihren Kindern umgeben, haben Mami und Papi einfach keine Gelegenheit, ihre Bindung zu pflegen. Dieser stabile Sichtschutz, der ursprünglich entwickelt wurde, um Campingtoiletten zu verbergen, erlaubt ihnen die Flucht in ihre eigene Welt – ohne dass sie den Raum verlassen müssen.

Sperma Nach einer neuen Studie dänischer Forscher ist die Anzahl der Spermien in der Samenflüssigkeit des Mannes im Laufe des letzten halben Jahrhunderts um 50% zurückgegangen. Obwohl sich die Wissenschaftler noch über die genauen Ursachen dieser Negativentwicklung streiten, sind sie sich darüber einig, dass Umweltverschmutzung eine große Rolle spielt. Bevor die Qualität des Spermas noch weiter sinkt, sollte man vielleicht damit beginnen, Körperflüssigkeiten auszutauschen und Vorräte für die Zukunft anzulegen. Eine gute Spermaspende (wie in diesem Aluminiumgefäß) besteht aus mindestens 60 Millionen Spermien/ml. Wenigstens 70 % müssen gesund – keine doppelten Köpfe oder gespaltenen Schwänze – und mindestens 40 % frei beweglich sein, sonst gelangen sie nicht bis zur Eizelle.

CLASSIC-25

Sex machine Some people are just too embarrassed to buy pornography. Now, thanks to specialized vending machines, porn lovers living in Tokyo need never be ashamed again. Located throughout the city, they dispense videotapes for between ¥3,000 to ¥5,000 (US$28-$47). And they don't only sell tapes, either—they also dispense sex toys. You can find such items as Nasty Schoolgirl Pussy (a battery-operated vagina complete with "oozing juices" for ¥3,000, or $28) and the Carry-Anywhere Mini-Hole (no description necessary, for ¥2,000, or $19).

Penis cage The Kablok is, according to its manufacturers, "the first impenetrable and flexible chastity cage." The Kablok—made of steel wire and bronze rings—locks behind the testicles, making it "really impossible to take off."

Automatensex Viele Leute sind einfach zu schüchtern, um pornographisches Material zu kaufen. Jetzt müssen sich Pornofans in Tokio nie wieder schämen. An Automaten in der ganzen Stadt können sie sich für 3000–5000 ¥ (28–47 US$) Pornovideos ziehen. Und nicht nur das: Außer Videos gibt es auch Sexzubehör, z.B. die „Freche Schulmädchenmöse" (eine batteriebetriebene Vagina mit Flüssigkeitspatronen ‚für extrafeuchtes Feeling'; 3000 ¥, 28 $) und das unauffällige Miniloch für unterwegs (Beschreibung überflüssig, für 2000 ¥, 19 $).

Peniskäfig Der *Kablok* ist nach Herstellerangaben „der erste uneinnehmbare, biegsame Keuschheitskäfig". Er besteht aus Stahldraht und Bronzeringen und wird hinter den Hoden befestigt – das macht „eine Entfernung praktisch unmöglich".

The foreskin is more than a little piece of flesh: It's a human rights issue. At least that's what NORM (the US-based National Organization for Restoring Men) says. Now, thanks to NORM's efforts, circumcision is no longer permanent: Thousands of "amputated" men have "restored." The process begins with the Restore Skin System, a long elastic band that tapes to the head of the penis. By fixing the other end of the band to a stationary object and stepping backward, a circumcised man can actually loosen the skin at the tip of his penis. "This stage usually takes only a few months," says R. Wayne Griffiths, of NORM. When the skin has stretched enough, it's time for the Foreballs. The budding foreskin is pulled over the smaller of the stainless steel balls and taped around the connecting rod. The Foreballs can be left to dangle for as long as you like. Eventually, some men also turn to the PUD (Penis Uncircumcising Device). Weighing in at 340g (equivalent to a small coconut), the PUD features a drainage pipe that enables users to urinate without removing the device. Wayne thinks it's well worth the effort: "I have restored, and it is wonderful. Not only am I more comfortable, but sex is now full of delightful sensations."

Die Vorhaut ist mehr als ein kleines Stück Fleisch: Sie ist eine Angelegenheit der Menschenrechte. Das behauptet zumindest NORM, die amerikanische Nationale Organisation zur Wiederherstellung des Mannes. Dank der Bemühungen von NORM kann die Beschneidung rückgängig gemacht werden. Tausende von „amputierten" Männern wurden „wiederhergestellt". Der Prozess beginnt mit der Hautrestaurierung mittels eines langen Gummibandes, das an der Penisspitze angebracht wird. Das andere Ende befestigt man an einem stabilen Gegenstand, und der beschnittene Patient kann, indem er einen Schritt zurücktritt, nach und nach die vordere Penishaut lockern. „Dieses Stadium nimmt gewöhnlich bloß ein paar Monate in Anspruch", so R. Wayne Griffiths, Mitbegründer von NORM. Wenn die Haut genügend gedehnt ist, kommen die Foreballs an die Reihe. Die wachsende Vorhaut wird über die kleinere der rostfreien Stahlkugeln gezogen und an der Verbindungsschnur befestigt. Die Foreballs können beliebig lange baumeln. Oder aber ihr probiert es mit PUD (Penis Uncircumcising Device). Das 340 g schwere PUD – so viel wiegt eine kleine Kokosnuss – enthält ein Abflusssystem, das es Benutzern ermöglicht, zu urinieren, ohne das Gerät abzunehmen. Obwohl es bis zu drei Jahre dauern kann, bis die Beschneidung rückgängig gemacht ist, lohnt sich laut Wayne die Mühe schon : „Ich bin wiederhergestellt, und es ist wunderbar. Ich fühle mich nicht nur wohler, auch Sex macht jetzt mehr Spaß."

Apparently, some Chinese people think this is what a black man looks like. The Chinese-made "Black Power Doll," bought in Catena di Villorba, Italy, has exaggerated facial features and a penis a third of its height. "I do not know if black people are always represented with large penises," says Peter Kanyandango of the Institute of Ethics and Development Studies in Kampala, Uganda. "But in a racist approach to understanding black people, they're generally not being recognized as fully human, and are seen to have no full control over their sexual impulses. The black man's power is physical, because he's thought to be intellectually inferior." Hence the common stereotype that black men have big penises and large sexual appetites. In reality, according to a survey by condom manufacturer Durex, Africans rank far below the French, Australians and Germans for number of sexual partners. Now can someone explain the tartan?

Manche Chinesen denken anscheinend, dass ein typischer Schwarzer so ausschaut. Diese in China gefertigte „Black Power Doll", die wir im italienischen Catena di Villorba gekauft haben, hat übertrieben ausgeprägte Gesichtszüge, und der Penis entspricht einem Drittel der Gesamtgröße. „Keine Ahnung, ob Schwarze immer mit Riesenpenissen dargestellt werden", meint Peter Kanyandango vom Institut für Ethik- und Entwicklungsstudien in Kampala, Uganda. „Aber aus der Sicht eines Rassisten sind Schwarze keine vollwertigen Menschen; man glaubt, dass sie ihre Sexualtriebe nicht unter Kontrolle hätten. Man verlegt die Kraft des schwarzen Mannes in seinen Körper, weil man meint, dass er intellektuell minderbemittelt sei." Daher das bekannte Vorurteil, dass Schwarze große Penisse und entsprechende Gelüste hätten. In Wirklichkeit liegen Afrikaner laut einer Studie des Kondomherstellers Durex weit hinter Franzosen, Australiern und Deutschen, was die Zahl ihrer Sexualpartner angeht. Könnte jetzt vielleicht jemand die Sache mit dem Schottenrock erklären?

Educational Every 90 seconds, a woman dies during pregnancy or childbirth. Contaminated water and inadequate medical care are partly responsible—but so is the Roman Catholic Church, which forbids its one billion followers to use contraceptives. According to the World Society of Labor and Delivery, the number of maternity deaths worldwide could be halved by the introduction of effective family planning methods. Contraception would be especially helpful in Africa, home to 90 million Catholics and some of the world's highest maternal mortality rates (one in seven Somali women die, compared to one in 17,000 Italians). Referred to by its South African manufacturer as a Wooden Willie, this phallus is ideal for teaching proper condom use. In Zimbabwe, a vigorous sex education program using the willies has led 40 percent of local women to adopt some form of contraception.

Lehrreich Alle 90 Sekunden stirbt eine Frau während der Schwangerschaft oder der Geburt. Verschmutztes Wasser und unzureichende medizinische Betreuung tragen zum Teil die Schuld – doch ebenso die katholische Kirche, die ihrer Milliarde Anhänger den Gebrauch von Verhütungsmitteln verbietet. Der Weltverband für Entbindung und Niederkunft geht davon aus, dass durch die Einführung sinnvoller Familienplanungsmethoden die Sterberate während der Schwangerschaft weltweit um die Hälfte verringert werden könnte. Besonders hilfreich wären die Verhütungsmaßnahmen in Afrika, das 90 Millionen Katholiken beheimatet und eine der höchsten Raten zu verzeichnen hat (eine von sieben Somalierinnen stirbt während der Schwangerschaft oder Geburt, im Gegensatz zu einer von 17 000 Italienerinnen). Der Phallus, der von seinem südafrikanischen Hersteller als „Hölzerner Willie" bezeichnet wird, ist ideal, um den richtigen Gebrauch von Kondomen zu erklären. In Simbabwe hat ein sehr wirkungsvolles Sexualerziehungsprogramm unter Einsatz von Willie dazu geführt, dass 40% der betroffenen Frauen in irgendeiner Form Empfängnisverhütung betreiben.

Condom Demonstrator

FOR EXTERNAL USE ONLY

Relief Sometimes called "the sitter's disease," hemorrhoids—painfully inflamed blood vessels clustered around the rectum—afflict more than half the over-50-year-olds in the USA. Although a lack of dietary fiber may bring on the condition, a sedentary lifestyle doesn't help. This doughnut-shaped hemorrhoid cushion can relieve discomfort (the hole alleviates pressure on the rectum, reducing itching and bleeding), but it can't do much for boredom.

Erleichterung Hämorrhoiden sind schmerzhaft entzündete Blutgefäße am Ausgang des Rektums. Mehr als die Hälfte der über 50-Jährigen in den USA leidet an dieser Krankheit der „sitzenden Berufe". Auch wenn das Leiden durch ballaststoffarme Ernährung hervorgerufen wird, trägt zuviel Sitzen gewiss sein Teil dazu bei. Dieses wie ein Kringel geformte Hämorrhoidenkissen kann Erleichterung verschaffen – das Loch nimmt den Druck vom Rektum und mindert Juckreiz und Blutungen, hilft aber nicht gegen Langeweile im Büro.

Arousal meter This steel band can measure a man's erection. Known as the Barlow gauge, it's a vital part of the "PPG" (penile plethysmograph), a sexual arousal test invented in Cold War Czechoslovakia to identify homosexuals. These days, you're more likely to find it attached to an inmate's penis in any prison that uses the PPG to assess sex offenders. US-based Behavioral Technology, makers of the "portable sex offender system," describe the PPG test procedure: "The client is seated in a comfortable chair in a small room. In complete privacy the client places a strain gauge sensor on his penis." Then, "the client is exposed to a number of stimuli which have been carefully selected by the therapist to simulate real-life cues that elicit deviant action." In other words, the prisoner is shown photographs or videos that might turn him on: A pedophile might watch videos of scantily clad children; a convicted rapist might be shown aggressive sex. The steel band expands and contracts with the circumference of the offender's penis, measuring his sexual response. The British Prison Service claims the PPG is the most efficient way of assessing sex offenders' progress. Prisoner reform groups say the test is neither very accurate (prisoners can masturbate beforehand) nor very useful (just because someone is aroused, doesn't mean he will act on it). Besides, they say, it's an invasion of privacy, and sometimes abused (the test has reportedly been administered to convicts serving life sentences for non-sexual offenses). "It was the most degrading, dehumanizing experience of my life," comments one lifer. "And when you've been locked in a cell for 23 hours a day with a toilet bucket, that's saying something."

Erektionsmessgerät Dieses Stück Bandstahl dient zur genauen Feststellung der so-genannten Manneskraft. Das auch als Barlow-Erektionsmeter bekannte Gerät ist ein wichtiger Bestandteil der „PPG" (Penis-Plethysmographie)-Methode, die zu Zeiten des Kalten Krieges in der nicht mehr existierenden Tschechoslowakei entwickelt wurde, um Homosexuelle zu „enttarnen". Heutzutage findet man es eher in Haftanstalten, die es zu Tests mit Sexualstraftätern benutzen. Die Herstellerfirma Behavioral Technology mit Sitz in den USA beschreibt die Prozedur so: „Die Testperson lässt sich auf einem kom-fortablen Sessel in einem kleinen Raum nieder. Dort kann sie völlig ungestört den Sen-sor auf den Penis streifen." Dann „werden ihr eine gewisse Zahl von Stimulierungen vor-geführt, die vom Therapeuten sorgfältig danach ausgewählt sind, ob sie als Auslöser für sexuell abweichendes Verhalten in Alltagssituationen in Frage kommen." Mit anderen Worten, man führt dem Gefangenen Fotos oder Videos vor, die ihn erregen könnten: Ein Pädophiler müsste zum Beispiel eine Sitzung mit Videos leicht bekleideter Kinder über sich ergehen lassen, verurteilte Vergewaltigungstäter bekommen aggressive Sexszenen vorgeführt. Das Stahlband reagiert auf das Anschwellen des Penisumfangs und misst so die sexuelle Erregung. Die britische Gefängnisaufsichtsbehörde behaup-tet, die PPG-Tests seien bestens geeignet, um Therapiefortschritte bei Sexualstraftä-tern festzustellen. Gruppen für die Wahrung der Rechte von Gefangenen meinen, der Test sei ungenau – da die Gefangenen vorher onanieren könnten – und ohne echte Be-weiskraft: Wer auf bestimmte Reize mit sexueller Erregung reagiert, handelt noch lange nicht entsprechend. Außerdem, so die Testgegner, werde damit die Privatsphäre ver-letzt. „Die erniedrigendste Erfahrung meines Lebens", kommentiert ein betroffener Lebenslänglicher. „Und wenn man 23 Stunden am Tag in Gesellschaft eines Toilettenei-mers eingesperrt ist, will das schon etwas heißen!"

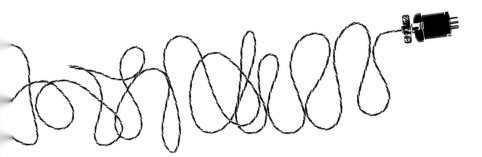

Tool Use this pump for 10 minutes every day, promise US manufacturers Doc Johnston Enterprises, and after a couple of months your penis should be 2 or 3cm longer. The object is to achieve a moderate or low vacuum around the penis. This is possible only if the cylinder is applied to clean, hairless skin, so a little pubic shaving is necessary. As the pump attachment is squeezed the skin is stretched: regular users recommend liberal use of baby oil to minimize pain. Your newly extended member may need to relax after its workout; that's where the vibrator attachment on the top of the pump comes in.

Werkzeug Benutzt diese Pumpe jeden Tag zehn Minuten lang, und – so der amerikanische Hersteller Doc Johnston Enterprise – schon nach ein paar Monaten ist euer Penis zwei bis drei Zentimeter länger. Sie soll um den Penis herum ein gern mäßiges bis leichtes Vakuum erzeugen. Dazu muss der Zylinder auf ganz glatte Haut aufgesetzt werden, was eine kleine Rasur der Schamhaare erforderlich macht. Wenn die Pumpe läuft, wird die Haut gedehnt: Regelmäßige Benutzer raten, Babyöl anzuwenden, um die Schmerzen zu lindern. Euer frisch erweitertes Glied könnte nach den Übungen Erholung brauchen: Da kommt der Vibrator ins Spiel, der am Ende der Pumpe befestigt ist.

Bull testicles are considered a man's dish throughout South America. In Argentina, calves are sometimes castrated at roundups called *fiestas de huevos* (ball parties). The huevos are sliced, seasoned with paprika, sprinkled with flour and fried in butter and oil until golden. The testicles of the youngest bulls are said to be the tastiest.

Bullenhoden gelten in ganz Südamerika als Gericht speziell für Männer. Wenn in Argentinien Kälber zum Kastrieren zusammengetrieben werden, nennt man das *fiestas de huevos*, „Eierfest". Die huevos werden in Scheiben geschnitten, mit Paprika gewürzt, in Mehl gewälzt und dann in Butter und Öl gebraten, bis sie goldgelb sind. Die Hoden der jüngsten Bullen sollen die schmackhaftesten sein.

Ecoyarn organic tampons contain no chemicals, bleaches or pesticides. Nor—unlike most tampons—do they contain dioxin, a chlorine by-product that probably increases the risk of cancer and infertility when it enters the vagina, one of the most absorbent organs in the body.

60 percent of women use tampons during their menstrual period (five tampons a day, five days a month for 38 menstruating years makes a lifetime total of about 12,350). Synthetic fibers in tampons can cause toxic shock syndrome, a rare but often fatal infection.

EcoYarn-Tampons enthalten keine Chemikalien, Bleichmittel oder Pestizide. Auch keine Dioxine – wie die meisten Konkurrenzprodukte. Diese toxischen Chlorkohlenwasserstoffe erhöhen wahrscheinlich das Risiko für Krebserkrankungen oder Unfruchtbarkeit, wenn sie in die Vagina gelangen, die zu den am stärksten absorbierenden Körperteilen gehört.

60% aller Frauen benutzen während der Periode Tampons. Fünf Tampons am Tag, fünf Tage während 38 Menstruationsjahren – das ergibt pro Frau 12 350 Stück. Synthetische Fasern in den Tampons können das Toxische Schocksyndrom (TSS) auslösen, eine seltene, aber oft tödliche Infektion.

Save tampon money, the environment and possibly your health, with the natural rubber Keeper Menstrual Cup. The 5cm bell-shaped cup sits just inside the vagina and collects menstrual blood. After about six hours, remove and rinse.

Statt Tampons zu tragen lieber Geld sparen, die Umwelt und vielleicht auch die Gesundheit schonen: Der Naturgummi „Keeper Menstrual Cup" ist die Alternative. Ein 5 cm großer, glockenförmiger Gummibehälter wird in die Öffnung der Vagina eingelegt und sammelt abfließendes Menstruationsblut. Nach etwa sechs Stunden herausnehmen und ausspülen.

Do you recycle? Try reusing your sanitary napkins. With reusable sanitary pads from Canada, you never need to buy pads or tampons again. After use, simply place the soiled pad in the washing machine, hang up to dry and reuse during your next menstrual cycle.

Jamu is a herbal drink from Indonesia made from plants, grasses, minerals, fungi, roots, barks and animal parts. Mix with an egg, two kinds of wine, a cup of sweet tea and a piece of candy. It's reputed to cure just about anything, and can be found everywhere in Indonesia. We got the menstrual pain-relieving version from Bali.

Recycelst du? Versuch es mal mit deinen Monatsbinden. Mit diesen Mehrwegbinden aus Kanada brauchst du nie wieder Binden oder Tampons zu kaufen. Steck die blutige Binde nach Gebrauch einfach in die Waschmaschine, lass sie trocknen und benutz sie bei der nächsten Menstruation wieder.

Jamu ist ein Kräutertrank aus Indonesien, der aus Pflanzen, Gras, Mineralien, Pilzen, Wurzeln, Rinde und tierischen Substanzen gebraut wird. Man verquirlt ihn mit einem Ei, zwei verschiedenen Weinsorten, einer Tasse süßem Tee und einem Bonbon. Dieses angebliche Allheilmittel ist in ganz Indonesien verbreitet. Wir erhielten dieses Rezept, das gegen Menstruationsschmerzen helfen soll, auf Bali.

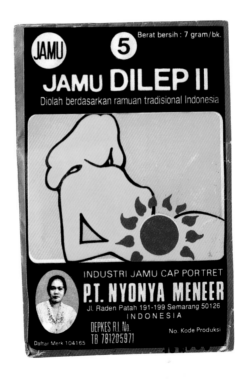

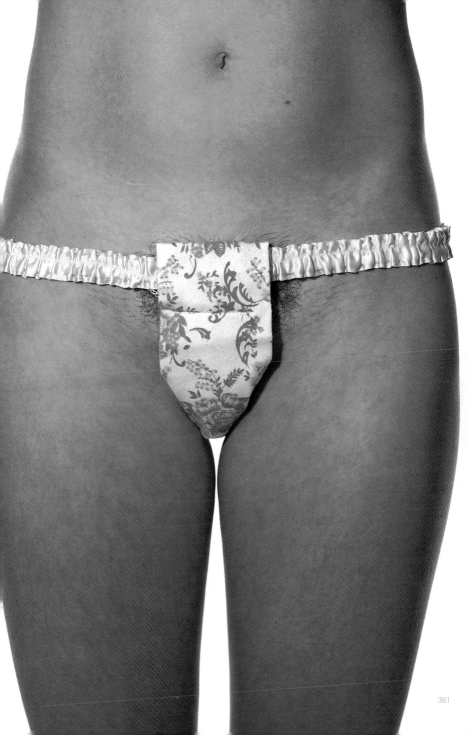

Never trust a pregnant woman,

say supermarket security staff in Colombia. "A female shoplifter's favorite technique is the fake belly," explains Carlos Echeverry, who works for a Bogotá supermarket chain. "They pose as if they were pregnant, then fill up their fake bellies with our products." The hollow bellies are attached with elastic and worn under loose clothing with side openings for easy access.

Childbirth kit

Four hundred babies a year are born in traffic jams in Bangkok (the most congested city in the world). The emergency childbirth kit issued by the Save the Children charity in Bangladesh includes a plastic bowl, soap, antiseptic and half of a razor blade. Since March 1997, the Thai Red Cross has provided one-day midwifery courses for the Bangkok traffic police. Officers learn to time contractions, ease the baby out and seal the umbilical cord with an elastic band.

Trau niemals einer schwangeren Frau,

heißt es in einem Supermarkt-Sicherheitsteam in Kolumbien. „Die beliebteste Technik bei Warenhausdiebinnen ist der falsche Bauch", erklärt Carlos Echeverry, der für eine Supermarktkette in Bogotá arbeitet. „Sie täuschen eine Schwangerschaft vor und füllen ihren falschen Bauch mit unseren Waren." Die hohlen Bäuche werden mit Gummibändern befestigt und unter loser Kleidung mit seitlichen Öffnungen getragen, damit man leichter dran kommt.

Geburtshelferset

In Bangkok, der Stadt mit der größten Verkehrsdichte, werden jährlich 400 Babys im Stau geboren. Dieses Geburtshelferset wäre genau das Richtige für die Taxifahrer der Metropole. Es ist von der Stiftung „Save the Children" in Bangladesch zusammengestellt und enthält eine Plastikschüssel, Seife, Desinfektionsmittel und eine halbe Rasierklinge. Seit März 1997 bietet das thailändische Rote Kreuz eintägige Kurse in Geburtshilfe für die Verkehrspolizei an. Die Polizisten lernen die Wehenfrequenz zu beobachten, dem Baby auf die Welt zu helfen und die Nabelschnur mit einem Gummi abzubinden.

Breast milk is the most ecologically sound food available to humans. It is also the best protection against infant infection, passing a mother's antibodies directly to her child. Because it is free, no one can make any money on it, so some milk companies have been trying to market artificial baby milk in its place. Their most successful strategy is to donate free supplies of artificial milk to hospitals in poor countries. As a child feeds on hospital milk, its mother's natural supply dries up from disuse; by the time they leave the hospital, mother and child are completely dependent on artificial baby milk. In Brazil, where this can of Nestlé Nestogeno comes from, artificial milk can be a young family's most expensive food purchase, absorbing a fifth of the weekly income. Because they can't afford adequate supplies, mothers are frequently forced to dilute the artificial milk. The United Nations Children's Fund (UNICEF) estimates that 1.5 million children die each year because they weren't breastfed.

Muttermilch ist die umweltfreundlichste Nahrung für Menschen. Sie ist auch der beste Schutz vor Infektionen, weil mit ihr das Baby auch die Antikörper der Mutter zu sich nimmt. Da sie umsonst ist und sich mit ihr kein Geld machen lässt, haben einige Milchhersteller versucht, einen Markt für künstliche Babymilch zu schaffen. Als bester Weg hat sich erwiesen, Krankenhäusern in armen Ländern Milch umsonst anzubieten. In der Zeit, in der das Baby mit der Krankenhausmilch ernährt wird, trocknen die natürlichen Vorräte der Mutter aus. Einmal aus dem Krankenhaus, sind Mutter und Kind auf die künstliche Milch angewiesen. In Brasilien, woher diese Dose Nestlé Nestogeno stammt, kann es passieren, dass ein junges Paar mehr für Kindermilch ausgibt als für irgendein anderes Nahrungsmittel – etwa ein Fünftel des Wocheneinkommens kann dafür draufgehen. Wenn das Geld nicht reicht, sind die Mütter oft gezwungen, die gekaufte Milch zu verdünnen. Nach Schätzungen von UNICEF sterben jedes Jahr 1,5 Millionen Kinder, weil sie nicht mit Muttermilch ernährt worden sind.

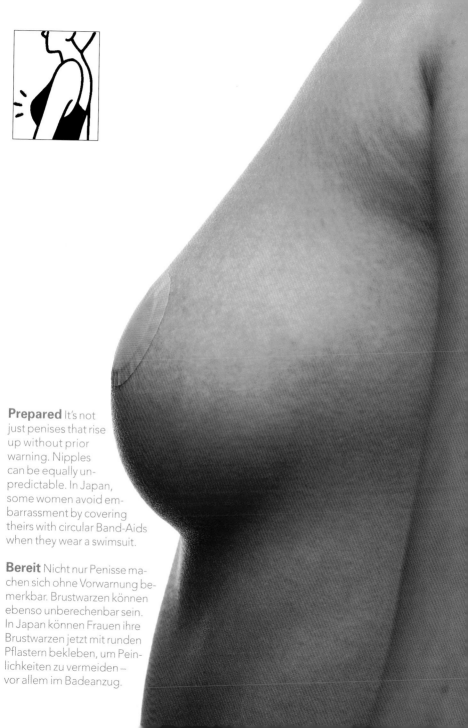

Prepared It's not just penises that rise up without prior warning. Nipples can be equally unpredictable. In Japan, some women avoid embarrassment by covering theirs with circular Band-Aids when they wear a swimsuit.

Bereit Nicht nur Penisse machen sich ohne Vorwarnung bemerkbar. Brustwarzen können ebenso unberechenbar sein. In Japan können Frauen ihre Brustwarzen jetzt mit runden Pflastern bekleben, um Peinlichkeiten zu vermeiden – vor allem im Badeanzug.

Alternate breasts when feeding a baby, so one doesn't dry up. This tip comes from Betsy and Ponchi, two dolls used in Peru to teach children about gestation, birth and breast-feeding. The handmade dolls come with a pouch that holds a small baby doll to simulate pregnancy and birth. A snap on the baby doll's mouth lets you attach it to the breast soon after birth.

An beide Brüsten abwechselnd solltet ihr das Baby beim Stillen anlegen, damit nicht eine Brust austrocknet. Dieser Tipp kommt von Betsy und Ponchi, zwei Puppen, von denen Kinder in Peru etwas über Schwangerschaft, Geburt und Stillen lernen sollen. Die handgefertigten Puppen gibt es mit einer kleineren Babypuppe, sodass Schwangerschaft und Geburt demonstriert werden können. Mit einem Druckknopf am Mund wird das Baby gleich nach der Geburt an der mütterlichen Brust befestigt.

Meet Kar Kar (with bra) and her sexual partner Tak Tak. Designed in 1997 by the Family Planning Association of Hong Kong (FPAHK) as part of a sex education campaign, the dolls fit together to demonstrate intercourse. Tak Tak ("tak" means "moral" in Cantonese) and Kar Kar ("kar" means family) have similar faces so children understand the equality of the sexes. "Tak Tak and Kar Kar can be used to perform a puppet show on topics like giving birth [hence Kar Kar's baby dangling from her vagina], knowing one's private parts, and puberty changes," explains David Cheng of the association. A valuable service: Parents polled in one Hong Kong survey turned out to be too ignorant about sex to teach their children the facts of life. According to a FPAHK 1996 youth sexuality study, 78 percent of children in Hong Kong learn about sex from pornography and the mass media.

Hier stellen wir euch Kar Kar (mit BH) und Tak Tak, ihren Sexualpartner, vor. 1997 wurden sie von der Vereinigung für Familienplanung in Hongkong (FPAHK) als Teil einer Kampagne zur Sexualerziehung entworfen. Sie sind so gestaltet, dass sie ineinander passen, sodass man mit ihnen Geschlechtsverkehr demonstrieren kann. Tak Tak („tak" ist das kantonesische Wort für „Moral") und Kar Kar („kar" steht für „Familie") sind mit ähnlichen Gesichtern ausgestattet, damit Kinder ein Gespür für die Gleichwertigkeit der Geschlechter bekommen. „Tak Tak und Kar Kar können im Puppentheater in Stücken auftreten, in denen es um den Geburtsvorgang – was erklärt, wieso an Kar Kars Vagina ein Baby baumelt –, um die eigenen Geschlechtsorgane oder um Veränderungen während der Pubertät geht", erklärt David Cheng von der Vereinigung. Ein wertvoller Dienst: Eine Umfrage hat ergeben, dass viele Eltern in Hongkong zu wenig über Sex wissen, um ihre Kinder über die Fakten des Lebens aufzuklären. Laut einer Studie des FPAHK von 1996 beziehen 78 % der Kinder in Hongkong ihr Wissen über Sex aus Pornoheften und den Massenmedien.

父名	氏名	生年月日	生地	身長	体重	医師
成和 22歳／母名 珠恵 21歳	松田 卓也	昭和53年 11月 13日生	大阪	49 cm／頭囲 35.1 cm	3100g／胸囲 30 cm	元山 福仁

Stump The umbilical cord usually shrivels up and falls off newborns two to three weeks after birth. In Japan, mothers save the stump of the dried cord in a small wooden box along with a few strands of the baby's hair. If the child becomes seriously ill, the cord is ground up into powder and given to the baby as a powerful medicine.

Nabelschnurende Die Nabelschnur trocknet ein und fällt Neugeborenen normalerweise zwei bis drei Wochen nach der Geburt ab. In Japan heben viele Mütter das Ende der Nabelschnur zusammen mit einer Haarlocke des Babys in einer kleinen Holzschachtel auf. Wenn das Kind ernsthaft erkrankt, wird die Nabelschnur zermahlen und dem Kind als Heilpulver eingegeben.

"I bought a cricket for my baby,"
says Ma Yanan, mother of
a 1-year-old in Beijing,
"but maybe it was just an
excuse, since now I'm too old to have
crickets for myself." Many Chinese
mothers give their children crickets
in minuscule bamboo cages to keep
them entertained. Other moms complain that the crickets are so noisy it
distracts them more than the kids.

**„Ich habe meinem Baby eine
Grille gekauft,"** sagt Ma Yanan,
die Mutter eines Einjährigen in Peking, „aber vielleicht war das nur ein
Vorwand, weil ich selbst zu alt dafür
bin." Viele chinesische Mütter schenken
ihren Kindern Grillen in winzigen Bam-
buskäfigen zum Spielen. Andere Mütter beklagen sich, dass die Grillen
so viel Krach machen; sie lassen
sich dadurch stärker ablenken
als die Kleinen, für die sie
gedacht sind.

Abortion tool "Anyone here been raped and speak English?" Many women were asked this question by scoop-hungry journalists reporting on Serb atrocities in Bosnia-Herzegovina. The calculated use of rape as a war weapon made front-page headlines as reports came in that soldiers were acting upon the orders of their superiors. Systematic rape in designated camps was part of a Serbian "ethnic cleansing" program. The exact number of victims has been hard to verify. In 1992, the Bosnian Serb leader Radovan Karadzic guessed at 13 rapes; the Bosnian government claimed 50,000. During the conflict, abortions in Sarajevo hospitals outnumbered births by three to one. Some aborted out of fear for the future; others out of dread at the thought of giving birth to the child of a rapist. With this curette, the operation takes just a few minutes.

Instrumente zur Abtreibung „Ist hier jemand vergewaltigt worden und kann Englisch?" Viele Frauen haben gehört, wie Journalisten, die von serbischen Grausamkeiten in Bosnien-Herzegowina berichten wollten, auf der Suche nach Sensationsmeldungen diese Frage stellten. Der kalkulierte Einsatz von Vergewaltigung als Waffe machte Schlagzeilen, nachdem in Berichten davon die Rede war, dass die Soldaten auf Anordnung ihrer Befehlshaber gehandelt hätten. Systematische Vergewaltigungen in bestimmten Gefangenenlagern gehörten zur „ethnischen Säuberung" seitens der Serben. Die genaue Anzahl der Opfer ist schwer zu ermitteln. 1992 gab es nach Schätzungen des Führers der bosnischen Serben, Radovan Karadzic, 13 Fälle, während die bosnische Regierung von 50 000 Vergewaltigungen ausging. Während des Bosnienkrieges wurden in den Krankenhäusern von Sarajevo dreimal mehr Abtreibungen vorgenommen als Kinder zur Welt gebracht. Manche Frauen trieben aus Zukunftsangst ab, anderen graute es davor, das Kind eines Vergewaltigers auf die Welt zu bringen. Mit dieser Kürette dauert eine Operation nur wenige Minuten.

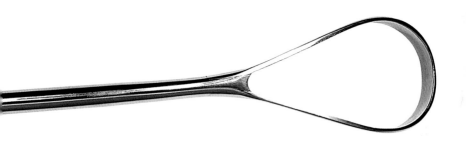

Education This model is used by the Inter-
African Committee (IAC) to educate people to
stop the practice of female genital mutilation
(FGM). The degrees of mutilation practiced vary according to geographical area, so the kit has interchange-
able parts that can be used as required. Center: childbirth in a
woman who has been infibulated or severely excised (the opening
tears unless it is cut, causing severe hemorrhage). Counter clock-
wise from top left: normal female genitalia; after *sunna*, when the
clitoris has been removed (the mildest form of FGM); after
excision, when the prepuce of the clitoris and the labia majora
have been cut off; after infibulation, when the whole clitoris and
labia majora as well as some of the labia minora have been cut off and
the two sides of the vulva stitched together (leaving an opening just big
enough for the passage of urine and menstrual blood); a swollen infibulation scar (this
form of scar tissue is called keloid); normal childbirth. In areas where it has conducted
sensitization programs, the IAC noted that people speak more openly about FGM and
that many mothers have decided not to have their daughters mutilated.

Aufklärung Diese
Puppe wird vom Interafri-
kanischen Komitee (IAC) bei
seinen Kampagnen für die Ab-
schaffung der Verstümmelung der
weiblichen Genitalien benutzt. Der
Grad der Verstümmelung ist von Region
zu Region unterschiedlich, deshalb hat die
Puppe austauschbare Teile, die je nach Bedarf benutzt werden können. Zentrum: Eine Frau,
die infibuliert wurde, gebiert ein Kind (die Öffnung
reißt aus, wenn sie nicht vorher aufgeschnitten wird, wobei es zu schweren Blutungen kommen kann). Andere Seite,
gegen den Uhrzeigersinn von oben links: Normale weibliche
Genitalien; nach der Sunna, bei der die Klitoris entfernt wird
(die mildeste Form der Verstümmelung); nach der Beschneidung, bei der der vordere Teil der Klitoris und die großen Schamlippen abgeschnitten werden; nach der Infibulation, bei der die
gesamte Klitoris, die großen Schamlippen sowie ein Teil der inneren Schamlippen
abgeschnitten werden und die Vulva zusammengenäht wird (es bleibt eine winzige
Öffnung für Urin und Menstruationsblut); eine geschwollene Infibulationsnarbe
(diese Art vernarbtes Gewebe wird keloid genannt); Geburt eines Kindes im Nor-
malfall. Die Funktionäre des IAC haben festgestellt, dass in den Regionen, in denen
das Aufklärungsprogramm des IAC durchgeführt wurde, offener darüber gesprochen
wird und viele Mütter beschlossen haben, ihre Töchter nicht verstümmeln zu lassen.

soul
Seele

Expired Roman Catholic communion wafers (also known as hosts) are believed to be transformed into the body of Jesus Christ during mass. In 1998, the European Union ruled that packages of the wafers must be labeled with expiry dates—like all other food. And though food poisoning isn't a threat, colds might be transmitted during the ceremony when worshippers shake hands or embrace as a sign of peace. The average North American suffers from six colds per year—and most of them aren't Catholics.

Verfallen Die Hostie, wie das bei der heiligen Kommunion verwendete ungesäuerte Weizenbrot genannt wird, verwandelt sich dem katholischen Glauben nach bei der Messe in den Leib Christi. 1998 schrieb die Europäische Union vor, dass auf den Verpackungen der Hostien ein Verfallsdatum angegeben werden muss, wie bei allen anderen Nahrungsmitteln. Eine Lebensmittelvergiftung riskiert hier wohl niemand; bei der gemeinsamen Abendmahlsfeier können aber Erkältungskrankheiten weitergegeben werden, wenn sich die Gläubigen zum Zeichen des Friedens umarmen oder einander die Hand geben. Der Durchschnittsamerikaner holt sich sechs Erkältungen im Jahr – und dabei sind durchaus nicht alle regelmäßige Kirchgänger.

ABCs The Hebrew alphabet has 22 characters. If you aren't one of the world's five million Hebrew speakers, learn with Osem's kosher chicken-flavored Alef-bet alphabet soup. Aleph is the first letter of the Hebrew alphabet.

ABC Das hebräische Alphabet hat 22 Buchstaben. Wenn du nicht zu den fünf Millionen Menschen auf diesem Planeten gehörst, die Hebräisch sprechen, kannst du die Sprache jetzt mit Osems koscherer Alef-bet-Buchstabenhühnersuppe lernen. Aleph ist der erste Buchstabe des hebräischen Alphabets.

Pilgrims During the Hajj (or pilrimage to Mecca in Saudi Arabia), that each Muslim is required to make at least once in a lifetime, the devout circle the Ka'aba (a square black building built by Abraham) seven times counterclockwise, before walking back and forth seven times between two nearby hills, Safa and Marwah. The practice is called Sa'i, and symbolizes Hagar's desperate search for water. Tradition says a spring of water (Zam Zam) suddenly sprang up from the earth here, saving her life and that of her son Ismail ("Ishmael" to Jews and Christians), father of all Arabs. Pilgrims today drink the water (or take it home) in the belief that it can heal. This prayer rug pictures Mecca, and is used by Muslims five times a day.

Pilger Auf der Hajj (der Pilgerfahrt nach Mekka), die jeder Moslem einmal im Leben machen muss, ziehen die Gläubigen in großen Kreisen siebenmal gegen den Uhrzeigersinn um die Kaaba (ein rechteckiges schwarzes Gebäude, das von Abraham errichtet wurde). Anschließend wandeln sie siebenmal zwischen zwei nahen Hügeln, Safa und Marwah, hin und her. Diese Wanderung wird Sa'i genannt und symbolisiert Hagars verzweifelte Suche nach Wasser. Der Legende zufolge quoll plötzlich frisches Wasser aus der Erde: Diese Quelle (Zam Zam) rettete ihr Leben und das ihres Sohnes Ismail ('Ishmael' für Juden und Christen), Stammvater aller Araber. In dem Glauben, dass es Heilwirkung besitzt, trinken die Pilger das Wasser der Quelle (oder nehmen es mit nach Hause). Auf diesem Gebetsteppich ist Mekka abgebildet. Moslems benutzen ihn fünfmal am Tag.

Catholic priests on the move can say mass anywhere with this portable mass kit, a briefcase equipped with crucifix, chalice, ceremonial cloth, wine and water flasks, and even battery-powered candles.

Katholische Priester auf Reisen können dank dieses tragbaren Messkoffers, ausgestattet mit Kruzifix, Kelch, Messgewand, Wein- und Wasserfläschchen und sogar einer batteriebetriebenen Kerze, überall die heilige Messe zelebrieren.

Water Bodies in water decompose four times faster than those in soil. Softened by liquid, body tissues are eaten by fish and aquatic insects (they start by nibbling on the eyelids, lips and ears). In India, the practice of water burial is so common (about 3,000 whole bodies and 1,800 tons of partially burnt cremation remains are thrown into the river Ganges every year) that the government instituted a novel clean-up project. Unfortunately, the 28,820 turtles raised to consume the decomposing flesh have already been eaten by locals. This flask contains water from the Ganges, which is sacred to Hindus.

Wasser Im Wasser verwesen Leichen viermal schneller als in der Erde. Haut und Gewebe werden von der Flüssigkeit aufgeweicht und von Fischen und Wasserinsekten verspeist – zuerst knabbern sie an Augenlidern, Lippen und Ohren. In Indien werden alljährlich 3000 vollständige Leichen und die Überreste von Aschenbestattungen mit einem Gewicht von 1800 Tonnen in den Ganges befördert. Angesichts dieser Verbreitung der Wasserbestattung hat die Regierung ein innovatives Säuberungsprojekt entwickelt, doch leider landeten die 28 820 Schildkröten, die eigens gezüchtet worden waren, um das verwesende Fleisch zu beseitigen, in den Kochtöpfen der Einwohner. Dieser Flakon enthält Wasser aus dem Ganges, der den Hindus heilig ist.

Jesus speaks Hindi. A postage stamp showing the nail wound on Christ's hand was issued in India to commemorate his birth 2,000 years ago. In a country of almost one billion inhabitants, where only 23 million are Christians, the Rs3 (US$0.07) stamp can help spread the Christian word—and it will also get a standard letter from Mumbai to Calcutta. Buy the stamp at the General Post Office in Mumbai, India.

Jesus spricht Hindi. In Indien wurde zum Gedenken an die Geburt Christi vor 2000 Jahren eine Briefmarke herausgegeben, auf der die Nagelwunden an seinen Händen nach der Kreuzigung abgebildet sind. In einem Land mit fast einer Milliarde Einwohnern, von denen nur 23 Millionen Christen sind, kann die 3 Rs-(0,07 US$-)Marke die christliche Botschaft unterstützen und gleichzeitig einen Standardbrief von Bombay nach Kalkutta befördern. Gibt's bei der Hauptpost in Bombay.

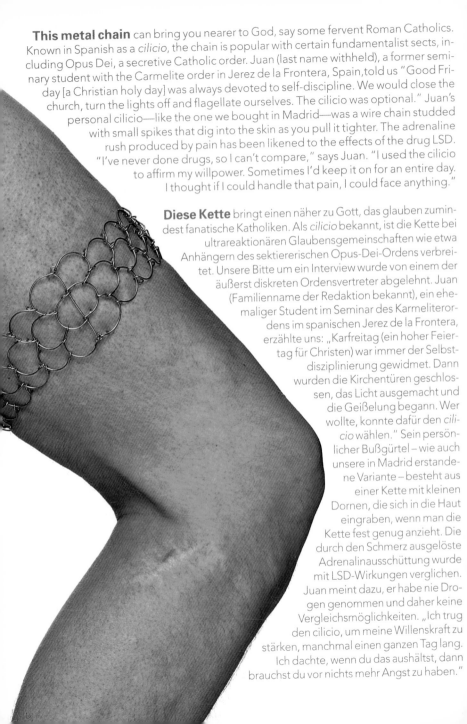

This metal chain can bring you nearer to God, say some fervent Roman Catholics. Known in Spanish as a *cilicio*, the chain is popular with certain fundamentalist sects, including Opus Dei, a secretive Catholic order. Juan (last name withheld), a former seminary student with the Carmelite order in Jerez de la Frontera, Spain, told us "Good Friday [a Christian holy day] was always devoted to self-discipline. We would close the church, turn the lights off and flagellate ourselves. The cilicio was optional." Juan's personal cilicio—like the one we bought in Madrid—was a wire chain studded with small spikes that dig into the skin as you pull it tighter. The adrenaline rush produced by pain has been likened to the effects of the drug LSD. "I've never done drugs, so I can't compare," says Juan. "I used the cilicio to affirm my willpower. Sometimes I'd keep it on for an entire day. I thought if I could handle that pain, I could face anything."

Diese Kette bringt einen näher zu Gott, das glauben zumindest fanatische Katholiken. Als *cilicio* bekannt, ist die Kette bei ultrareaktionären Glaubensgemeinschaften wie etwa Anhängern des sektiererischen Opus-Dei-Ordens verbreitet. Unsere Bitte um ein Interview wurde von einem der äußerst diskreten Ordensvertreter abgelehnt. Juan (Familienname der Redaktion bekannt), ein ehemaliger Student im Seminar des Karmeliterordens im spanischen Jerez de la Frontera, erzählte uns: „Karfreitag (ein hoher Feiertag für Christen) war immer der Selbstdisziplinierung gewidmet. Dann wurden die Kirchentüren geschlossen, das Licht ausgemacht und die Geißelung begann. Wer wollte, konnte dafür den *cilicio* wählen." Sein persönlicher Bußgürtel – wie auch unsere in Madrid erstandene Variante – besteht aus einer Kette mit kleinen Dornen, die sich in die Haut eingraben, wenn man die Kette fest genug anzieht. Die durch den Schmerz ausgelöste Adrenalinausschüttung wurde mit LSD-Wirkungen verglichen. Juan meint dazu, er habe nie Drogen genommen und daher keine Vergleichsmöglichkeiten. „Ich trug den cilicio, um meine Willenskraft zu stärken, manchmal einen ganzen Tag lang. Ich dachte, wenn du das aushältst, dann brauchst du vor nichts mehr Angst zu haben."

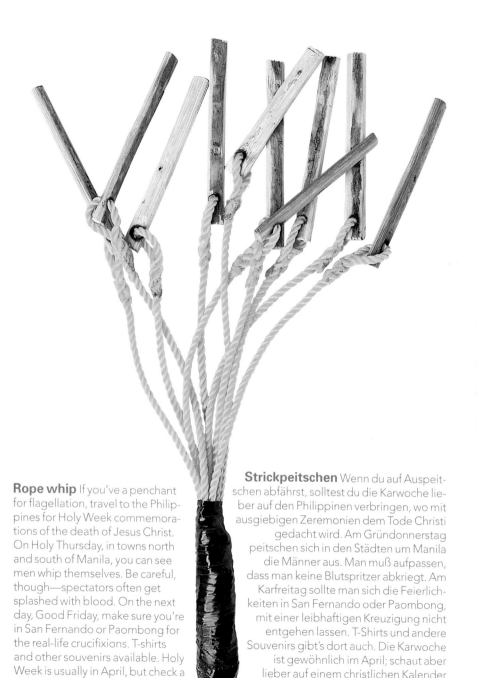

Rope whip If you've a penchant for flagellation, travel to the Philippines for Holy Week commemorations of the death of Jesus Christ. On Holy Thursday, in towns north and south of Manila, you can see men whip themselves. Be careful, though—spectators often get splashed with blood. On the next day, Good Friday, make sure you're in San Fernando or Paombong for the real-life crucifixions. T-shirts and other souvenirs available. Holy Week is usually in April, but check a Catholic calendar, as dates vary.

Strickpeitschen Wenn du auf Auspeitschen abfährst, solltest du die Karwoche lieber auf den Philippinen verbringen, wo mit ausgiebigen Zeremonien dem Tode Christi gedacht wird. Am Gründonnerstag peitschen sich in den Städten um Manila die Männer aus. Man muß aufpassen, dass man keine Blutspritzer abkriegt. Am Karfreitag sollte man sich die Feierlichkeiten in San Fernando oder Paombong, mit einer leibhaftigen Kreuzigung nicht entgehen lassen. T-Shirts und andere Souvenirs gibt's dort auch. Die Karwoche ist gewöhnlich im April; schaut aber lieber auf einem christlichen Kalender nach: die Daten ändern sich.

Miracle God can help you lose weight! First Place is a Christ-centered health and weight-loss program that advocates changing lives through Bible study, prayer and exercise. They promote fitness weeks and seminars, the *Praise Aerobic* video and the *Praise Workout* audio tape, "a refreshing one-hour tape of contemporary Christian music for exercising."

Wunder Gott kann dir helfen, abzunehmen! First Place ist ein auf christlicher Lehre beruhendes Gesundheits- und Abmagerungsprogramm, das durch Bibelstudium, Gebete und Übungen deine Lebensweise verbessern soll. Es werden Fitness-Wochen und Seminare angeboten, sowie das Video Praise Aerobic und die Musikkassette Praise Step Aerobic Workout, „ein erfrischendes Ein-Stundenband mit zeitgenössischer christlicher Musik für die Übungen".

Prayer beads serve as a counting device for several religions: Buddhists use 108 beads, Muslims count on 99 and some Christians on 150. Materials include bone, wood, glass, jet and metal. Partial to plastic? Get a credit card rosary. You can finger the bumps on it rather than the beads. But don't mix it up with your credit cards—you might stick it in an automatic banking machine by mistake.

Gebetsperlenketten dienen den verschiedenen Religionen als Maßeinheit: Buddhisten beten mit 108 Perlen, Moslems mit 99 und manche Christen mit 150. Die Perlen können aus Knochen, Holz, Glas, Stahl oder Metall sein. Steht ihr auf Plastik? Dann nehmt einen Kreditkarten-Rosenkranz. Darauf könnt ihr statt der Perlen die Punkte fühlen. Aber verwechselt ihn am Geldautomaten nicht mit eurer echten Kreditkarte.

The smoking saint of Mexico is St. Hermano San Simón. If you need a favor, buy a statue of the saint and light two cigarettes—one for him and one for you. If you want to quit smoking, simply light a cigarette for him and ask for his help.

Der mexikanische Heilige der Raucher ist St. Hermano San Simón. Wenn du Hilfe brauchst, kaufe eine Heiligenstatue von ihm und zünde zwei Zigaretten an – eine für ihn und eine für dich. Wenn du das Rauchen aufgeben möchtest, mach nur eine Zigarette für ihn an und bitte ihn um Hilfe.

Fire Worried about finding a lover? Buy a *gualicho* (lucky charm) candle. Etch your name on the candle along with the name of the lover you desire, dip the candle in honey, and burn a piece of paper covered with your names in the candle's flame. Once the sheet is consumed, your love is guaranteed.

Feuer Hast du Angst, keinen Liebhaber zu finden? Dann kauf dir eine *gualicho*, eine glückbringende Kerze. Ritz deinen Namen und den der Person, die du erobern möchtest, in das Wachs, tauch die Kerze in Honig und verbrenn in ihrer Flamme ein Blatt Papier, das mit euren Namen beschrieben ist. Wenn das Blatt verbrannt ist, ist dir deine Liebe sicher.

Prayer sprayer For best results, say a prayer after freshening the air with House Blessing deodorant aerosol spray. There's a prayer printed on the can for first-time users.

Gebetsspray Um auf Nummer sicher zu gehen, sprecht ein Gebet, nachdem ihr mit einer Sprühdose der Heiligen Michael, Clara, Martin oder Judith für frische Luft gesorgt habt. Auf jeder Dose ist für noch nicht Eingeweihte ein Gebet aufgedruckt.

"**A shrine** must come from the heart in order to weave a thread of communication between the maker and the beholder." These words of advice come from Ralph Wilson, who conducts shrinemaking workshops around North America. No time to attend a workshop? Buy a kit that includes everything you need to whip up an altar to your idol.

„**Die Einrichtung eines Schreins** sollte von Herzen kommen, damit eine Verbindung zwischen dem Stifter und demjenigen hergestellt wird, dem er gewidmet ist." Dieser Ratschlag kommt von Ralph Wilson, der Workshops zum Bau von Schreinen im Norden der USA durchführt. Keine Zeit dafür? Mit diesem Set für einen Altar kannst du schnell einen Schrein für dein persönliches Idol zusammensetzen.

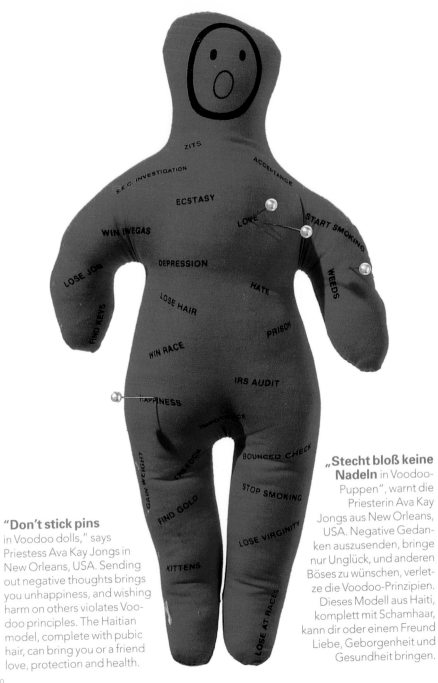

"Don't stick pins
in Voodoo dolls," says
Priestess Ava Kay Jongs in
New Orleans, USA. Sending
out negative thoughts brings
you unhappiness, and wishing
harm on others violates Voodoo principles. The Haitian
model, complete with pubic
hair, can bring you or a friend
love, protection and health.

**"Stecht bloß keine
Nadeln** in Voodoo-
Puppen", warnt die
Priesterin Ava Kay
Jongs aus New Orleans,
USA. Negative Gedan-
ken auszusenden, bringe
nur Unglück, und anderen
Böses zu wünschen, verlet-
ze die Voodoo-Prinzipien.
Dieses Modell aus Haiti,
komplett mit Schamhaar,
kann dir oder einem Freund
Liebe, Geborgenheit und
Gesundheit bringen.

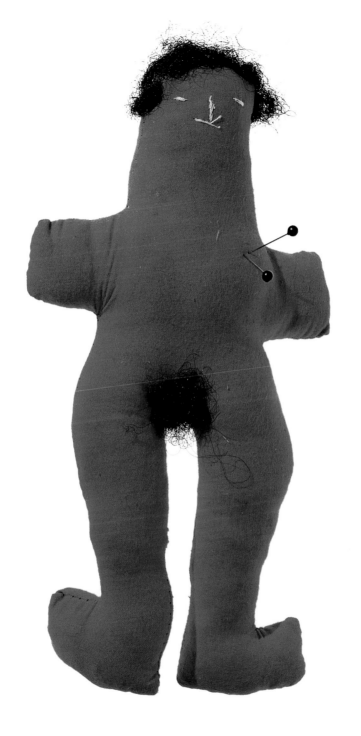

Green Man The Egyptian government has a monopoly on imported alcoholic drinks and limits sales to the tourist venues. A bottle of genuine Scotch whisky costs at least E£150 (US$43, equivalent to an average monthly wage). Cheaper buys (at £30, or $9) are imitations of Western spirits, such as Jonny Black, Good Gin and Happy Queen. These drinks are also known as Shorbat Al Ahmar (or "red drink") and are made with poor-quality alcohol, coloring and quinine. Cheapest of all are drinks like Ferro China The Green Man. The label claims the drink eases digestion; the Cairo shopkeeper promises that it is "good for your sex drive."

Die ägyptische Regierung hat ein Monopol auf importierten Alkohol und beschränkt den Verkauf auf die Touristenorte. Eine Flasche guter Whiskey kostet mindestens 150 Ägyptische Pfund (43 US$, etwa der durchschnittliche Monatslohn). Billigere Spirituosen (30 Ägyptische Pfund, oder 9 US$) sind Imitationen westlicher Marken wie „Jonny Black", „Good Gin" oder „Happy Queen". Solche Getränke werden auch Shorbat Al Ahmar („rote Getränke") genannt und enthalten billigen Alkohol, Farbstoffe und Chinin. Die billigsten sind „China Ferro" oder „The Green Man". Auf dem Etikett steht, das Getränk fördert die Verdauung; ein Händler in Kairo hat versprochen, dass es den Sexualtrieb steigert.

Azan alarm clock Muslims pray five times a day, and this clock reminds them when to do so. As the time approaches, red lights inside the temple minarets flash and a voice from inside the battery-operated clock wails a melodious, "Allah Akbar" (God is great).

Azan-Wecker Moslems müssen fünfmal am Tag beten; diese Uhr erinnert sie daran. Die Gebetszeit wird durch ein rotes Lämpchen angezeigt, das in der Plastikmoschee blinkt, und eine Stimme ruft vom batteriebetriebenen Band „Allahu Akbar" (Gott ist groß).

Miracle Six teenagers in Medjugorje, Bosnia-Herzegovina, claim the Virgin Mary visited them almost every evening at dinnertime from 1981 to 1991. The Madonna usually appeared in the center of a floating sphere of bright light, wearing a gray dress and a white veil, sometimes holding an infant. After the apparitions, which lasted from one to 45 minutes, the teenagers dictated Mary's messages to local Franciscan priests, who frequently had to correct her grammar. Now pizza parlors, espresso bars, souvenir shops and new hotels crowd Medjugorje, catering to more than a million pilgrims a year. Though the visitations stopped in 1991, the remote farming village of 3,000 continues to draw US$70 million a year in tourist revenues. The six former teenagers responsible for this economic miracle occasionally sign autographs.

Wunder Sechs Jugendliche in Medjugorje, Bosnien-Herzegowina, behaupten, die Jungfrau Maria hätte sie zwischen 1981 und 1991 fast jeden Abend zur Essenszeit besucht. Die Madonna erschien angeblich immer in einer strahlenden Lichtkugel, trug ein graues Kleid mit einem weißen Schleier, und hatte manchmal ein Kind im Arm. Nach den Erscheinungen, die zwischen einer bis 45 Minuten dauerten, diktierten die Teenager die Botschaften Marias einem Franziskanerpater aus dem Ort, der oft ihre Grammatik korrigieren musste. Heute florieren Pizzerien, Espresso-Bars, Souvenirshops und neue Hotels in Medjugorje und bedienen über eine Million Pilger im Jahr. Obwohl die Erscheinungen 1991 aufgehört haben, geben Touristen immer noch 70 Millionen US$ pro Jahr in dem abgelegenen Bauerndorf mit 3000 Einwohnern aus. Die sechs ehemaligen Teenager, die das Wirtschaftswunder herbeigeführt haben, geben gelegentlich Autogramme.

Apparition In 1858, the Virgin Mary appeared in Lourdes, France, and, according to the Roman Catholic Church, led 14-year-old Bernadette Soubirous to drink from a nearby grotto spring. Today, five million pilgrims a year kneel at the spring, kiss a statue of the Virgin, dunk themselves and drink. (During droughts, take-away is limited to one glass.) The sick ones are hoping for a miracle cure and about a dozen a year proclaim themselves healed: Some carry medical certificates to prove it. "It's not the water that cures, it's your faith," notes sanctuary employee Pierre Adias. That may be why spring officials decided to take no chances. In 1995, the sanctuary's Medical Bureau began to purify the holy water with chlorine, sand filters and antimicroorganism UV heat lamps. You can buy water to take home from the gift shops.

Erscheinung 1858 erschien in Lourdes die Jungfrau Maria und führte laut Katholischer Kirche die 14jährige Bernadette Soubirous zu einer nahegelegenen Quelle in einer Grotte. Heute knien dort jährlich 5 Millionen Pilger nieder, küssen die Jungfrauen-Statue, tauchen ins Wasser ein und trinken davon. (Bei Dürre darf man nur ein Glas Wasser mitnehmen). Kranke hoffen auf Wunderheilung und etwa ein Dutzend Pilger pro Jahr erklären, dass ihnen geholfen wurde. „Es ist nicht das Wasser, das heilt; es ist der Glaube", bemerkt der Lourdes-Mitarbeiter Pierre Adias. Die Behörden wollten kein Risiko eingehen: 1995 begannen sie das heilige Wasser mit Chlor, Filtern und UV-Lampen von Mikroorganismen zu reinigen. Das Wasser könnt ihr auch abgefüllt in Souvenirshops kaufen.

Bingo fever is common among young women in the UK. More than three million people play each week, making it the nation's most popular group leisure activity, especially for females in their early 20s. Some play every night. Mecca, one of the bigger chains of bingo halls, has 131 clubs in the UK and seven in the south of Spain (to cater for British expatriates). Their club in Dewsbury seats 1,076 and employs people to teach newcomers the game. Before a night of bingo, bathe in Chama Dinheiro lotion from Brazil and you are sure to increase your chances of winning (so the package claims).

Bingofieber haben in Großbritannien viele junge Frauen. Über drei Millionen Menschen spielen es dort wöchentlich, wodurch es zur beliebtesten britischen Freizeitaktivität wurde, vor allem für Frauen von Anfang 20. Manche spielen es jeden Abend. Mecca, eine der größeren Bingo-Spielhallenketten, hat 131 Clubs in GB und sieben in Südspanien (für die britischen Auswanderer). Der Club in Dewsbury hat 1076 Sitzplätze und Angestellte, die die Neulinge einweisen. Vor einer Bingo-Nacht sollte man in Chama Dinheiro-Lotion aus Brasilien baden, das – so verspricht die Packung – erhöht die Gewinnchancen.

Launder your money at the *zeniarai benten* (money washing shrine) in Kamakura, Japan. Give your yen bills and coins a good scrub while you pray. Legend has it that the money you rinse in the shrine's springwater pool will soon return to your wallet many times over. You're provided with a bamboo basket to use for the wash.

Wascht euer Geld am Zeniarai Benten (Geldwaschschrein) in Kamakura, Japan. Verpasst euren Yen-Scheinen und Münzen eine kräftige Dusche, während ihr eure Gebete sprecht. Man sagt, dass Geld, das in dem Brunnen des Schreines gewaschen wird, sich bald in eurem Portemonnaie um ein Vielfaches vermehren wird. Für die Geldwäsche stehen Bambuskörbe bereit.

The powerful hand Christ's hand is a popular icon of the pagan Santería movement. Santería is a fusion of African religion and Catholicism, a result of bringing slaves to Cuba between the 16th and 19th centuries. The hand protects you from all undesirables, be they in human or spirit form.

Die mächtige Hand Christi wird von der Santería-Bewegung verehrt. Santería verbindet Elemente aus afrikanischen Religionen mit katholischen Riten und bildete sich zwischen dem 16. und dem 19. Jahrhundert auf Kuba heraus. Man stellt die Hand hinter die Tür, um das Haus vor unerwünschten Besuchern zu schützen – seien es Menschen oder Geister.

Fortune soap Ads for soap are the same the world over. They promise that using a bar of Brand X every day will change your life. Use Brand Y and you'll become instantly attractive to the opposite sex. Use Brand Z and your financial worries will be over. These soaps from Venezuela claim to be just as magical.

Glücksseife In der ganzen Welt gleichen sich Seifenreklamen: Alle versprechen, dass sich dein Leben ändert, wenn du dich jeden Tag mit Seife X wäschst. Mit Seife Y wirst du unwiderstehlich, und Seife Z löst alle finanziellen Probleme. Diese Seifen aus Venezuela sollen magische Kräfte haben.

Message Chinese fortune cookies were invented in the USA. This one was packaged in Germany and contains a trilingual message (English, French, Italian). To ease global marketing, messages have been revised—gender-specific sentences and references to Confucius have been removed.

Botschaft Chinesische Glückskekse wurden in den USA erfunden. Dieser Glückskeks wurde in Deutschland abgepackt und enthält eine Botschaft in drei Sprachen (Englisch, Französisch und Italienisch). Um globales Marketing zu vereinfachen, wurden die Sprüche verändert. Geschlechtsspezifische Sprüche und Anspielungen auf Konfuzius ließ man weg.

About nine million Italians watch TV every Saturday night, hoping to get rich. TV personality Raffaella Carrà gives away billions of lire (19 billion, or US$9.6 million, in 1999) in her very own lottery, while also reuniting long-separated relatives or friends, in addition to singing and dancing for the viewer. A limited offer of 3,000 statuettes of the so-called Lady of Luck, together with a CD of her hits, is available at record stores in Italy for Lit100,000 ($52).

Etwa neun Millionen Italiener sehen jeden Samstagabend fern, in der Hoffnung auf das schnelle Geld. Fernsehstar Raffaella Carrà verteilt in ihrer Lotterieshow Milliarden Lire (1999 waren es 19 Milliarden Lire oder 9,6 Millionen US$). Gleichzeitig bringt sie Freunde und Verwandte, die sich lange nicht gesehen haben, wieder zusammen und mischt das Ganze mit eigenen Tanz- und Musikeinlagen. Jetzt wird in italienischen Plattenläden eine limitierte Auflage von 3000 Statuetten der sogenannten „Glücksfee" zusammen mit einer CD ihrer Hits angeboten. Kostenpunkt: 100 000 Lit. (52 US$).

Teddy Bear's nurturing skills are in great demand in the field of law and order. In Los Angeles, USA, PD "Police Department" Bear rides around in police cars, ready to comfort traumatized children. At the Memphis Sexual Assault Resource Center, meanwhile, Teddy helps abused children get used to testifying in court: They practice in a miniature courtroom (complete with judge's hammer, desk, and benches) populated by bears. "Sex offenders come in two categories," says Walter Gentile, who works with pedophiles in a northern Italian prison. "There are the rich men who are well organized, using erotic tourism and Internet sites featuring toy giveaways to attract children. But men from poor backgrounds don't need toys to get children—they just abuse their own at home."

Teddybärs Beruhigungskünste sind sogar bei den Gesetzeshütern gefragt: In Los Angeles, USA, fährt der PD („Police Department")-Bär in allen Polizeiautos mit, um verstörte Kinder zu trösten. Im Zentrum für Sexualverbrechen in Memphis hilft ein Teddy Kindern, als Zeugen vor Gericht auszusagen: Geübt wird im Minigerichtssaal (mit Richterhammer, Pult und Bänken) vor einem Teddybärenpublikum. Aber Teddy mag nicht jeden: In einigen Ländern dürfen Personen, die wegen Pädophilie verurteilt worden sind, keinen Teddy besitzen, weil er dazu dienen könnte, Kinder anzulocken. „Es gibt zwei Kategorien Sexualverbrecher", sagt Walter Gentile, der in einem norditalienischen Gefängnis mit Pädophilen arbeitet. „Entweder sind es reiche Männer, die gut organisiert sind, Sextouren in die Dritte Welt unternehmen und Webseiten mit Geschenken einrichten, um Kinder anzulocken. Oder Arme: Die haben dazu kein Spielzeug nötig, sie missbrauchen einfach ihre eigenen Kinder zu Hause."

Transportation In Chile, dead babies are buried with a pair of white wings, made from paper or chicken feathers glued onto a cardboard base. Not having had the chance to commit sin, babies are thought to be *angelitos*, or little angels. Attached to the baby's back with elastic bands, the wings will help the child fly to heaven.

Beförderungsmittel In Chile werden tote Babys mit kleinen weißen Flügeln aus Papier oder Hühnerfedern, die auf Pappe geklebt werden, begraben. Da ihnen auf Erden die Zeit fehlte zu sündigen, sagt man, sie seien *Angelitos*, Engelchen. Die Flügel werden ihnen mit Gummibändern am Rücken befestigt, damit sie direkt in den Himmel fliegen können.

Birth-control pills 94 million women worldwide can tell what day it is from their contraceptive packaging: The pill, an oral contraceptive that uses synthetic hormones to fool the body into thinking it's already pregnant, must be taken on a strict schedule to be effective. In Japan, this popular family planning method was illegal until 1999. Authorities said it encouraged sexual promiscuity and was dangerous (the pill has been linked with heart disease and breast cancer). Some 200,000 Japanese women got around the restrictions, though: Doctors prescribed the pill for menstrual disorders, but only the high-dosage varieties that carry the biggest health risks.

Antibabypille 94 Millionen Frauen wissen, welcher Tag heute ist, weil sie die Pille nehmen, ein orales Empfängnisverhütungsmittel, das den Körper mit künstlichen Hormonen glauben macht, bereits schwanger zu sein. Die Pille muss jeden Tag pünktlich geschluckt werden, um zuverlässig zu wirken. Japan ist das einzige Land der Welt, in dem diese beliebte Methode der Familienplanung bis 1999 verboten war. Die Gesetzgeber waren der Ansicht, die Pille trüge zum Sittenverfall bei und sei gesundheitsschädlich (sie wird mit Herzkrankheiten und Brustkrebs in Verbindung gebracht). Ungefähr 200 000 Japanerinnen umgingen jedoch das Verbot: Ärzte durften die Pille als Mittel gegen Unregelmäßigkeiten des Zyklus' verschreiben, aber nur die Versionen, die hohe Hormonmengen enthalten und daher tatsächlich Gesundheitsrisiken mit sich bringen.

Triphasil®-28
(levonorgestrel and ethinyl estradiol tablets)

Stylish clock This clock
was purchased in New York
City's Chinatown for US$10. "Time
is a central focus within Christianity,"
reports an anonymous priest at St.
Martin-in-the-Fields church in London.
"The present is very important—you're
not meant to worry about the past or
the future, but to take responsibility
for your life now. Even so, puritan the-
ologists probably wouldn't approve of
the use of Christ's image in this way."
Perhaps they'd prefer the Virgin Mary
version? (It's the same price.)

Jesus-Uhr
Diese interessante Uhr
wurde in Chinatown in New
York für 10 US$ erstanden. „Zeit ist
ein zentrales Thema des christlichen
Glaubens", sagt ein anonymer Pastor der
Londoner Kirche St-Martin-in-the-Fields.
„Die Gegenwart bietet eine wichtige Botschaft: Man soll sich nicht um Vergangenheit
oder Zukunft sorgen, sondern hier und jetzt
für sein Leben Verantwortung übernehmen.
Trotzdem würden Puritaner diese Art der Verwendung des Christusbilds nicht unbedingt
billigen." Vielleicht ziehen sie die Version mit
der Jungfrau Maria vor? Der Preis ist derselbe.

This baby is designed to damage your health.
"It's frustrating, getting up at 2, 3, 4 o'clock in the
morning and hearing the baby crying. I got real mad."
Saulo Martínez is a satisfied customer of Baby
Think it Over, a program designed to teach
teenagers the realities of parenthood. Students
are given a life-size model of a baby that cries
at random intervals, comes with stroller, diapers and other accessories, and is inescapable.
"Parents" wear a wristband "care key": If Baby is
neglected, or if the care key is removed, it's registered in
his built-in computer. Red lights mean he was handled too
roughly, yellow that he was left to cry for more than a minute. "When they start," says Betty Rosenbaum, who runs the program in New Jersey, USA, "they're giggly and enthusias-
tic. Then as the week progresses and they get less and less sleep, it all starts to hit home."
The underweight baby doll pictured here is modeled on a crack baby, born addicted to
crack cocaine the mother took during pregnancy. He comes with tape-recorded cries of
a real drug-affected baby, and custody is limited to a nerve-racking 24 hours.

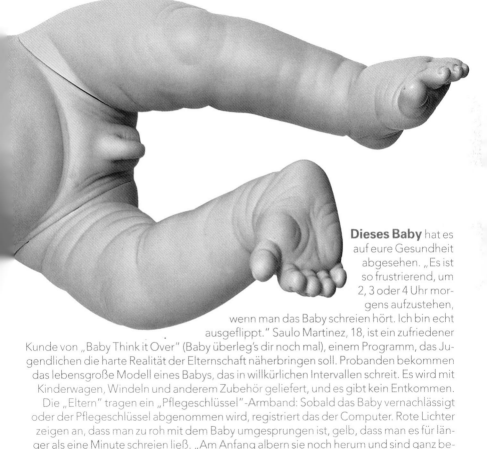

Dieses Baby hat es
auf eure Gesundheit
abgesehen. „Es ist
so frustrierend, um
2, 3 oder 4 Uhr mor-
gens aufzustehen,
wenn man das Baby schreien hört. Ich bin echt
ausgeflippt." Saulo Martinez, 18, ist ein zufriedener
Kunde von „Baby Think it Over" (Baby überleg's dir noch mal), einem Programm, das Ju-
gendlichen die harte Realität der Elternschaft näherbringen soll. Probanden bekommen
das lebensgroße Modell eines Babys, das in willkürlichen Intervallen schreit. Es wird mit
Kinderwagen, Windeln und anderem Zubehör geliefert, und es gibt kein Entkommen.
Die „Eltern" tragen ein „Pflegeschlüssel"-Armband: Sobald das Baby vernachlässigt
oder der Pflegeschlüssel abgenommen wird, registriert das der Computer. Rote Lichter
zeigen an, dass man zu roh mit dem Baby umgesprungen ist, gelb, dass man es für länger als eine Minute schreien ließ. „Am Anfang albern sie noch herum und sind ganz be-
geistert", erklärt Betty Rosenbaum, die das Programm in New Jersey, USA leitet. „Aber im
Laufe der Woche, mit zunehmendem Schlafentzug, schlägt es einfach durch." Die unter-
gewichtige Babypuppe, die hier abgebildet wurde, ist das Modell eines Crackbabys, das
süchtig geboren wurde, weil seine Mutter während ihrer Schwangerschaft Crack einnahm.
Der Säugling wird mit Tonbandaufzeichnungen von Schreien eines echtes Drogenbabys
geliefert, und die Aufsichtspflicht ist auf 24 nervenaufreibende Stunden beschränkt.

Heart Throbber makes other parts of your body throb before you feel it in your heart. UK manufacturer Ann Summers describes this vibrator as "dainty and soft, a clitoral stimulator a lady will always cherish."

Der Heart Throbber bewegt andere Körperpartien, bevor ihr ihn im Herzen fühlt. Die britische Herstellerin Ann Summers beschreibt den Vibrator als „zart und sanft, eine Klitoris-Stimulation, die Frauen immer genießen werden."

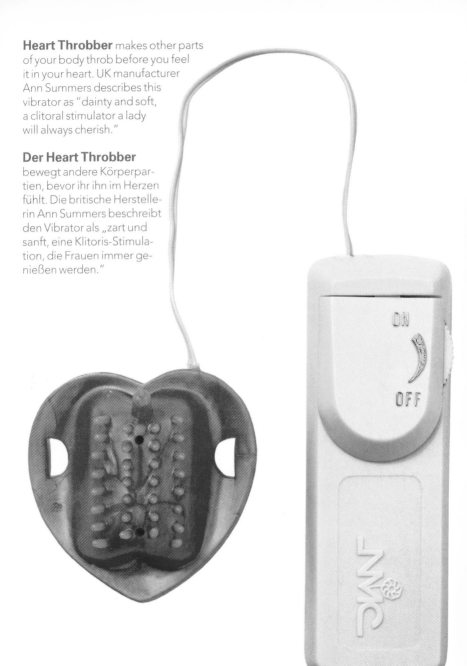

Sick of being single? Tired of listening to your workmates arranging dinner dates when you're facing a lonely evening at home? Try convenient Boyfriend-In-A-Box. Guaranteed not to lie, cheat on you or talk with his mouth full. He comes complete with his own instruction manual, portrait shot, data sheet and notes that you can leave in strategic places.

Genug vom Singledasein? Keine Lust mehr, dir anzuhören, wie deine KollegInnen ihre Verabredungen treffen, während du wieder mal allein zu Hause sitzt? Jetzt gibt's den praktischen Boyfriend-In-A-Box. Er lügt gasrantiert nicht, betrügt nicht und spricht auch nicht mit vollem Mund. Komplett mit Anleitung, einem Foto, Ausweispapieren und Briefchen, die du an den geeigneten Orten „vergessen" kannst.

Human breast milk safely provides essential fatty acids needed to develop brain cells in newborn babies—and it's cheap, too. To make sure you'll have enough milk for your baby visit the Chichigami-Sama (tit shrine) in Kiyone, Japan. On the wall, leave a pair of cloth breasts attached to a votive plaque.

Muttermilch versorgt neugeborene Babys sicher mit wichtigen Fettsäuren, die zum Aufbau des Gehirns notwendig sind, und sie ist billig. Um sicher zu gehen, dass du genug Milch für dein Baby haben wirst, bete im Chichigami-Sama (Brustschrein) in Kiyone, Japan, und hänge zum Zeichen deiner Ergebenheit ein Paar Stoffbrüste mit einer Votivplakette an die Wand.

Up until the 1970s, the Australian government had a policy of assimilating Aboriginal children into "European society" by taking them from their families and placing them in orphanages or with white foster families. These children are now known as the "Stolen Generations." The Bindi doll represents a typical Aboriginal child. Aboriginal children are better able to identify with their culture and origins with their dark-skinned Aboriginal doll.

Bis in 70er Jahre verfolgte die australische Regierung ein Assimilationsprogramm für die Kinder der Aboriginals, um sie in die „westliche Gesellschaft" zu integrieren. Die Kinder wurden von ihren Eltern getrennt und in Waisenhäusern oder bei weißen Gastfamilien untergebracht. Heute bezeichnet man diese Kinder als „gestohlene Generation". Die Bindi-Puppe repräsentiert ein typisches Aboriginal-Kind. Durch diese dunkelhäutige Puppe können sich die Aboriginal-Kinder besser mit ihrer Kultur und ihren Wurzeln identifizieren.

Touch the "universe" in the hand of the Virgin of Montserrat, the patron saint of Cataluña. Every year, two million pilgrims come to kiss the orb in her hand in a small chapel in the monastery of Montserrat, near Barcelona, Spain. The statue dates from the 12th century, and oxidation over the centuries caused the pigment on her face and hands to darken (she's now nicknamed "La Moreneta," or "The Dark One"). The Moreneta souvenir icon glows in the dark.

Berührt das „Universum" in der Hand der Madonna von Montserrat, der Schutzpatronin Kataloniens. Jedes Jahr besuchen etwa zwei Millionen Pilger die Kapelle des Klosters von Montserrat bei Barcelona in Spanien, um die Kugel in der Hand der Madonna zu küssen. Das Gesicht und die Hände der Statue aus dem zwölften Jahrhundert sind im Lauf der Zeit durch Oxidation ganz dunkel geworden. Deshalb wird die Madonna auch „La Moreneta" oder „die Dunkle" genannt. Die Moreneta-Andenkenikone leuchtet sogar im Dunkeln.

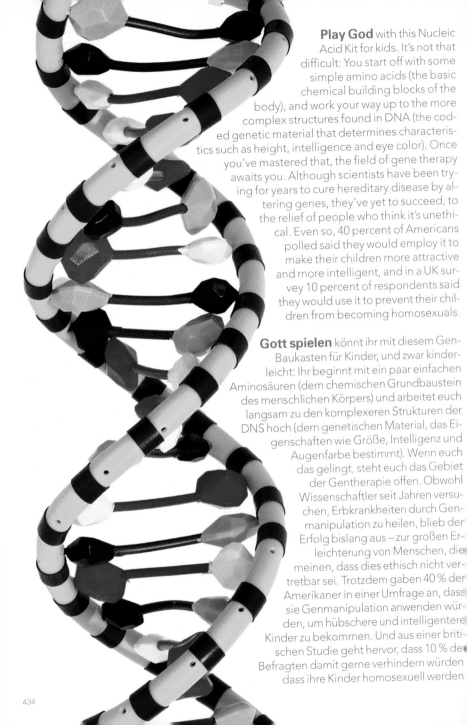

Play God with this Nucleic Acid Kit for kids. It's not that difficult: You start off with some simple amino acids (the basic chemical building blocks of the body), and work your way up to the more complex structures found in DNA (the coded genetic material that determines characteristics such as height, intelligence and eye color). Once you've mastered that, the field of gene therapy awaits you. Although scientists have been trying for years to cure hereditary disease by altering genes, they've yet to succeed, to the relief of people who think it's unethical. Even so, 40 percent of Americans polled said they would employ it to make their children more attractive and more intelligent, and in a UK survey 10 percent of respondents said they would use it to prevent their children from becoming homosexuals.

Gott spielen könnt ihr mit diesem Gen-Baukasten für Kinder, und zwar kinderleicht: Ihr beginnt mit ein paar einfachen Aminosäuren (dem chemischen Grundbaustein des menschlichen Körpers) und arbeitet euch langsam zu den komplexeren Strukturen der DNS hoch (dem genetischen Material, das Eigenschaften wie Größe, Intelligenz und Augenfarbe bestimmt). Wenn euch das gelingt, steht euch das Gebiet der Gentherapie offen. Obwohl Wissenschaftler seit Jahren versuchen, Erbkrankheiten durch Genmanipulation zu heilen, blieb der Erfolg bislang aus – zur großen Erleichterung von Menschen, die meinen, dass dies ethisch nicht vertretbar sei. Trotzdem gaben 40 % der Amerikaner in einer Umfrage an, dass sie Genmanipulation anwenden würden, um hübschere und intelligentere Kinder zu bekommen. Und aus einer britischen Studie geht hervor, dass 10 % der Befragten damit gerne verhindern würden dass ihre Kinder homosexuell werden

Sara is the Islamically correct Barbie. Conceived by the Children's Cultural Promotion Center (CCPC) in Iran as part of a drive to combat "the catastrophic effects of Barbie culture," she has an extensive wardrobe of traditional Iranian costumes. Identified by the CCPC as a fake, this doll was put on sale throughout Iran after plans to produce Sara were leaked to a local manufacturer. With her hair clearly in view under her skimpy scarf and her waistline visible, she blatantly contravenes the Islamic dress code. In Tehran, where Islamic law is more strictly enforced than in the rest of Iran, a woman who repeatedly dressed like this in public would face imprisonment or a whipping by state police.

Sara ist die korrekte Barbie-Puppe des Islam. Sie wurde vom Children's Cultural Promotion Center (CCPC) im Iran konzipiert und ist Teil der Kampagne gegen die „katastrophalen Auswirkungen der Barbie-Kultur". Sara wird mit vielen traditionellen iranischen Kleidungsstücken geliefert. Die Puppe in unserem Beispiel wurde durch den CCPC als Fälschung entlarvt. Sie tauchte im Iran auf dem Markt auf, kurz nachdem ein iranischer Puppenfabrikant von den Plänen zur Herstellung von Sara gehört hatte. Allerdings verstößt sie mit ihren deutlich sichtbaren Haaren und der betonten Taille gegen die islamischen Sitten. In Teheran, wo die islamische Gesetzgebung strenger als anderswo im Iran befolgt wird, würde eine Frau, die sich in solcher Kleidung in der Öffentlichkeit zeigt, mit Gefängnisstrafe oder Auspeitschung durch die Staatspolizei bestraft.

This Star of David slinky in the colors of the Israeli flag is produced by Jewish Educational Toys, Chicago, USA. To use, place the plastic slinky at the top of a flight of stairs and watch it "walk" down, coiling and uncoiling from stair to stair. Just how educational is that? "It's a novelty item," admits cofounder Joseph Blumberger, "but it strengthens Jewish identity." Unfortunately for Joseph, the market for his slinky is shrinking: Worldwide, the Jewish population is in decline (40 percent of Jews now marry non-Jews), and sales are likely to slump even in Israel. Arabs—who now have twice as many children as Jews—are expected to become the majority in Israel within a few decades. Maybe a slinky in the shape of Palestine (the Palestinian national symbol) would be more of a money-spinner.

Dieser Davidsstern-Slinky in den Farben der israelischen Flagge wird von der Firma Jewish Educational Toys in Chicago, USA, hergestellt. Legt den Plastik-Slinky einfach oben auf eine Treppe und schaut zu, wie er ‚runtersteigt', sich Stufe um Stufe auf- und zurollt. Pädagogisch wertvoll? „Er ist ein Modegag", gibt Mitbegründer Joseph Blumberger zu, „aber er stärkt das jüdische Identitätsgefühl". Leider sind die Marktchancen wenig vielversprechend. Weltweit nimmt die jüdische Bevölkerung ab (40 % der Juden heiraten heutzutage Nichtjuden) und der Verkauf wird voraussichtlich sogar in Israel stagnieren. Araber, die derzeit doppelt so viele Kinder haben wie Juden, werden in Israel in ein paar Jahrzehnten in der Überzahl sein. Vielleicht wäre ein Palästina-Slinky eher der Renner.

The Bible is the best-selling book of all times—it's estimated that more than six billion have been printed in over 2,000 languages. To start your child early, get the *New Baby's Bible*— a cloth book of favorite biblical stories. It comes with a handle for portability. Also available: *Baby's First Prayers*.

Die Bibel ist der erfolgreichste Bestseller aller Zeiten: Man schätzt, dass über sechs Milliarden Bibeln in etwa 2000 Sprachen gedruckt wurden. Für die ganz Kleinen gibt es jetzt die *Neue Baby-Bibel*: ein Stoffbuch mit den beliebtesten Geschichten der Heiligen Schrift, das sich dank des handlichen Griffs gut tragen lässt. Ebenfalls im Angebot: *Babys erste Gebete*.

Tick juice is used in black magic love rituals in Venezuela. If you want the object of your desire to stick to you like a tick, chant the following incantation, included in the package: "Oh beautiful tick, I want love to stick to me like you do to a cow." Then drink a small amount of the liquid and wait for your true love to find you.

Zeckensaft wird in Venezuela von Hexenmeistern bei Liebesritualen verwendet. Wenn du willst, dass das Objekt deiner Begierde wie eine Zecke an dir kleben bleibt, sprich den folgenden Zauberspruch, der der Packung beiliegt: „Oh wundersame Zecke, ich will, dass die Liebe an mir hängt wie du an einer Kuh." Dann trink einen kleinen Teil der Flüssigkeit und warte, dass dein/e Geliebte/r zu dir findet.

You can't be a sumo wrestler without a topknot (a ponytail folded over on the top of the head). And you can't retire without cutting your topknot off. Top-ranking wrestlers in Japan sacrifice theirs in a formal ceremony (called a *danpatsu-shiki*) that often turns into a national event. When champion wrestler Chiyonofuji retired in 1992, his topknot was shorn on live television. "Three hundred people made cuts in my topknot, and each person had contributed to my growth in some way. As I sat there feeling the scissors dig deeper into my hair, my whole career flashed before my eyes—it was a sort of epiphany. After the last snip, I felt light-headed—I had never realized how heavy my hair was. Whenever I see a picture of myself with long hair, I feel a slight longing to have it back. It's said that a sumo wrestler's hair is his life, and I always felt a sort of power in it, as if energy flowed from it. But I don't regret anything. It was the right time for me to move on."

Du kannst kein Sumo-Ringer sein ohne oben am Kopf eingedrehten Pferdeschwanz. Doch wenn man sich nach Ausübung dieses Berufs zur Ruhe setzt, muss man ihn abschneiden. Japanische Spitzenringer opfern ihre Haartracht in einer formellen Zeremonie namens *danpatsu-shiki*, die häufig zu einem nationalen Ereignis wird. Als sich Meister Chiyonofuji 1992 zur Ruhe setzte, wurde das Abschneiden seines Haarknotens live im Fernsehen übertragen. „Dreihundert Leute schnibbelten an meinem Knoten herum, und jeder von ihnen hat in irgendeiner Weise zu meinem Erfolg beigetragen. Als ich da saß und fühlte, wie die Schere immer tiefer in mein Haar vordrang, spulte sich vor meinem inneren Auge meine ganze Karriere ab – es war wie eine Erleuchtung. Nach dem letzten Schnipser fühlte ich mich ganz leicht – erst da spürte ich, wie schwer mein Haar gewesen war. Immer wenn ich ein Bild von mir mit langen Haaren sehe, sehne ich mich ein wenig danach zurück. Es heißt, das Haar eines Sumo-Ringers sei sein Leben. Ich habe auch stets gefühlt, dass eine Art Kraft von ihm ausgeht, so etwas wie ein Energiestrom. Doch ich bedaure nichts. Es war für mich an der Zeit, etwas Neues anzufangen."

Loneliness As the patron saint of spinsters, St. Anthony is used in many rituals by single Brazilian women. Boil a statue of St. Anthony in a pot of beans and tell him that if he doesn't find you a husband, you'll boil him again.

Einsamkeit Als Schutzpatron für alle Unverheirateten wird Sankt Antonius in vielen Ritualen lediger Frauen in Brasilien angerufen. Kocht eine Statue des Hl. Antonius in Bohnensuppe und erklärt ihm, dass ihr die Prozedur wiederholen werdet, sollte er für euch keinen Ehemann finden.

St. Clare of Assisi
Patron of Television
Prog. by Pius XII 2 17 1958

Watching television is the fastest-growing leisure activity in the world. And Americans—who set viewing trends—devote more time to watching TV than to any other activity except sleeping and working. Keep a statue of St. Clare on top of your TV set. In 1958 she was declared patron saint of television by Pope Pius XII: On her bedroom wall, she saw an image of a priest celebrating mass. 1

Fernsehen ist die verbreitetste Freizeitbeschäftigung der Welt. Und die Amerikaner, Trendsetter bei den TV-Gewohnheiten, widmen ihrem Fernseher mehr Zeit als irgendeiner anderen Tätigkeit, außer schlafen und arbeiten. Stell eine Statue der Heiligen Klara auf dein Fernsehgerät. 1958 wurde sie von Papst Pius XII. zur Schutzheiligen des Fernsehens erklärt: An ihrer Schlafzimmerwand erschien ihr die Vision eines Priesters, der eine Messe zelebrierte.

Black Santa Claus Usually pictured as an overweight white man wearing a red suit, Santa Claus now comes in other colors. This black version is from the USA, where 12.6 percent of the population is of African-American descent. At some US shopping malls, you can even have your photo taken with a black Santa, a sign that African-Americans are on their way to being taken seriously as consumers.

Schwarzer Weihnachtsmann Bisher wurde er ausschließlich als übergewichtiger Weißer im roten Mantel abgebildet, aber jetzt gibt es den Weihnachtsmann auch in anderen Farben. Diese schwarze Version kommt aus den USA, wo 12,6 % der Bevölkerung afro-amerikanischen Ursprungs sind. In einigen amerikanischen Einkaufszentren kann man sich sogar mit einem schwarzen Weihnachtsmann fotografieren lassen – ein Zeichen dafür, dass auch Afroamerikaner endlich als ernst zu nehmende Konsumenten betrachtet werden.

Ganesh There are about 33 million gods in the Hindu pantheon. Lord Ganesh is one of the most popular— and one of the chubbiest. His paunch contains all known universes. It's also a symbol of success, which is why he's the patron god of Hindu businessmen. Fond of sweets (he usually has some in one of his four hands) Ganesh is also the god of wisdom and remover of obstacles. And the trunk? His dad Shiva— one of Hindu- ism's three central deities— chopped his real head off by mistake and promised to replace it with the next living creature that came along. It happened to be an elephant.

Ganesha Im Pantheon der Hindus sind ungefähr 33 Millionen Gottheiten versammelt; Ganesha ist eine der beliebtesten – und die molligste. Sein Bauch umfasst das gesamte Universum. Darüber hinaus ist er ein Symbol des Erfolges, weshalb hinduistische Geschäftsleute ihn zu ihrem Schutzpatron erkoren haben. Er liebt Süßigkeiten über alles (normalerweise hält er welche in einer seiner vier Hände), wird als Gott der Weisheit verehrt und beseitigt Hindernisse. Und sein Rüssel? Sein Vater Shiva – einer der drei Hauptgötter des Hinduismus – schlug ihm aus Versehen den Kopf ab und versprach diesen durch den Kopf des Lebewesens zu ersetzen, das er als nächstes treffen würde. Und das war ein Elefant.

El Ekeko is Ecuador's god of luck and plenty. The El Ekeko ceramic figure comes with written instructions: "You should hang representations of your wishes on him, and you will have absolute certainty that your desires will be realized. It is also said that you should light a cigarette and the first breath should go in his mouth. We wish you the best of luck when you acquire El Ekeko for your home or your best friends."

El Ekeko ist in Ecuador der Gott des Glücks und der Fülle. Seiner Keramikfigur liegt folgende Gebrauchsanweisung bei: „Hänge Symbole deiner Wünsche an ihn, und du kannst sicher sein, dass diese Wünsche in Erfüllung gehen. Es heißt auch, dass man eine Zigarette anzünden und ihm den Rauch des ersten Zuges in den Mund blasen soll. Wir wünschen dir alles Gute, wenn du El Ekeko für deine Familie oder deine besten Freunde kaufst."

The Buddhist *haizara* (ashtray) from Japan is a trendy item. Jizo Sama (Sanskrit for "womb of the earth") is one of the many reincarnations of the Buddha. He is traditionally associated with all forms of human suffering, particularly that of children. Whenever a child dies, a commemorative Jizo is often placed in temples or by the roadside. It is not considered blasphemous to represent the Buddha in this way.

Der buddhistische *haizara* (Aschenbecher) macht Mode. Jizo Sama (in Sanskrit „der Schoß der Welt") ist eine der zahlreichen Reinkarnationen Buddhas. Er wird mit allen Formen menschlichen Leidens – besonders aber mit dem von Kindern – in Verbindung gebracht. Wenn ein Kind stirbt, wird zu seinem Gedenken häufig ein Jizo in einem Tempel oder an der Straße aufgestellt. Es wird nicht als Blasphemie empfunden, Buddha auf diese Weise darzustellen.

Wax replicas of eyes, hearts, breasts, teeth and other body parts are sold at the Mount Mary Church in Mumbai, India. People praying for cures simply choose the replica corresponding to the ailing body part, say a prayer and place the replica on the altar as an offering. Feeling better already? Take the full body replica home as a souvenir.

Wachsrepliken von Augen, Herzen, Brüsten, Zähnen und anderen Körperteilen werden bei der Mount- Mary-Kirche in Mumbai, Indien, verkauft. Kranke, die dort um Heilung bitten, wählen eine Kopie des betroffenen Körperteils, sprechen ein Gebet und stellen die Kopie dann als Opfergabe auf den Altar. Geht es schon besser? Nimm den gesamten Körper als Souvenir mit nach Hause.

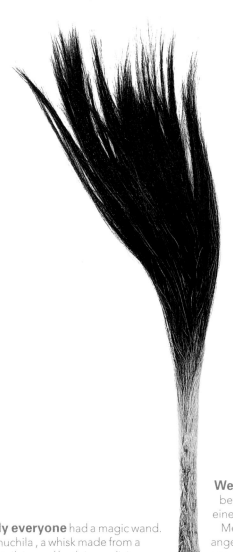

If only everyone had a magic wand. The muchila , a whisk made from a cow's tail, is used both in medicine and in witchcraft. Bush doctors in Zambia use it to heal heart problems and other illnesses. While reciting incantations, the doctor passes it over your chest and then tugs it back toward himself to draw the evil spirits out. For angina pains, your doctor might also prescribe a small bag of powder to lick when your chest pains flare up.

Wenn doch jeder einen Zauberstab besäße. Die *muchila*, ein Büschel aus einem Kuhschwanz, wird sowohl in der Medizin als auch bei der Hexenkunst angewandt. Dschungelärzte in Sambia verwenden es bei Herzproblemen und anderen Krankheiten. Während der Arzt rituelle Gesänge rezitiert, streicht er damit über deine Brust und dann wieder in seine Richtung, um böse Geister auszutreiben. Gegen Anginabeschwerden kann dir dein Arzt auch ein kleines Säckchen mit Pulver geben, an dem du lecken kannst, sobald Schmerz aufkommt.

The Sacred Heart of Jesus Christ (Son of God—for most Christians, at least) is a Roman Catholic image that represents his love for mankind. To make prayer a more intense experience, burn Extrascentsory cherry blossom incense.

Das heilige Herz Jesu Christi, den zumindest die meisten Christen als Sohn Gottes verehren, gilt in der katholischen Kirche als Symbol für die Liebe Gottes zur Menschheit. Damit die Erfahrung des Gebets für dich noch intensiver wird, benutze Weihrauch mit Kirschblütenduft von Extrascentsory.

Protect yourself from traffic accidents charm. In Japan, they're usually inscribed with the motto "Drive safely," and people hang them from the rear-view mirror. You can pick one up at most Shinto shrines throughout Japan. Or stick a good-luck heart on your windshield. Attached to a suction cup, it dangles back and forth as you drive, providing entertainment on long car trips.

Schütz dich vor Verkehrsunfällen mit dem japanischen Glücksbringer *o-mamori*. In Japan werden sie normalerweise mit der Aufschrift „Fahre sicher" verkauft und an den Rückspiegel gehängt. Das Amulett gibt es überall in Japan bei den Shinto-Schreinen. Du kannst auch ein Glücksherz mit einem Saugnapf an deine Windschutzscheibe kleben, das während der Fahrt hin und her schaukelt und auf langen Autotouren für Kurzweil sorgt.

If there's something not quite right in your life, rudraksha beads might help. They're seeds from the fruit of the rudraksha tree that grows in Indonesia (where there are only 80 of them) and in Nepal and India. Buddhists and Hindus rely on the beads as an aid to meditation (this *mala* of 32 beads is used by Hindus), but anyone can benefit from them. You just need to get the kind that's best for you. Every bead has a certain number of clefts that corresponds to its properties: Beads with one or 12 clefts will increase your serotonin levels (and relieve depression); others can control blood pressure and improve concentration. You should start feeling the effects within 90 days. To be sure your beads are the real thing, drop them in water. If they sink, they're genuine—if they float, you've been swindled.

Lord Vishnu, Hindu protector of the universe, is believed to be manifest in a slippery black rock known as the *saligram*, found on the banks of the Gandak River in Nepal. Worshiped by Nepalese, these stones can be bought outside the Pashupatinath Temple in Kathmandu.

Wenn irgendetwas in deinem Leben nicht stimmt, könnten dir Rudraksha-Perlen helfen. Das sind die Kerne der Frucht des Rudraksha-Baumes, der in Indonesien – dort allerdings nur in 80 Exemplaren –, in Nepal und Indien wächst. Buddhisten und Hindus dienen die Perlen zur Meditation (diese Gebetskette mit 32 Perlen wird von Hindus benutzt), aber sie helfen jedem. Du musst einfach nur die geeignete Sorte für dich finden. Jede Perle hat eine bestimmte Anzahl Kerben, die ihren Eigenschaften entsprechen: Perlen mit einer oder zwölf Kerben steigern den Serotoninspiegel und mildern so Depressionen, andere dienen zur Kontrolle des Blutdrucks und verbessern deine Konzentrationsfähigkeit. Die Wirkung tritt generell nach 90 Tagen ein. Wenn du sichergehen willst, dass deine Perlen echt sind, wirf sie in ein Glas Wasser: Wenn sie sinken, sind es echte, wenn nicht, hat man dich beschwindelt.

Vishnu Hindus glauben, dass Vishnu, der Schutzherr des Universums, im sogenannten Saligram präsent ist, einem glatten schwarzen Stein, den man an den Ufern des Kali Gandaki-Flusses in Nepal findet. Dieser von den Nepalesen verehrte Stein kann vor dem Pashupatinath-Tempel in Katmandu käuflich erworben werden.

Talisman Muslims believe the Angel Gabriel revealed the Koran to the Prophet Muhammad, who was illiterate, almost 1,400 years ago. The most recited book in the world, the Koran has been memorized by many Muslims. Carry your own miniature edition of the Holy Book around your neck in a talisman, or amulet, as some Muslims do in Bosnia Herzegovina. Or get your *hodža* (priest) to write some sacred inscriptions on paper for you to read to protect you from sickness, bad luck and spells.

Glücksbringer Moslems glauben, dass der Erzengel Gabriel vor 1400 Jahren dem Propheten Mohammed den Koran offenbart hat. Mohammed selbst soll Analphabet gewesen sein. Der Koran ist das meistzitierte Buch der Welt und wird von vielen Moslems auswendig gelernt. Tragt eure eigene Mini-Ausgabe dieses Heiligen Buches als Talisman oder Amulett um den Hals, wie einige Moslems in Bosnien und Herzegowina. Oder bringt euren *hodža*, den Priester dazu, ein paar heilige Sprüche zum Schutz vor, Krankheit, Unglück und dem bösen Blick auf ein Stück Papier zu schreiben.

"Ladies and gentlemen, the captain announces that in a few minutes, *insh'allah* [if Allah is willing], we shall land." So goes the pre-landing announcement on Air Pakistan flights. To ensure that God is willing and your flight is a safe one, why not take along a guardian angel, in bracelet, earring, pendant, or lapel pin form. Also available: the good bowling guardian angel.

„Meine Damen und Herren, der Kapitän kündigt an, dass wir *inschallah* [so Allah will] – in wenigen Minuten landen werden", heißt es auf Flügen der Pakistan Airlines. Um auf Nummer sicher zu gehen, dass Gott mitmacht und der Flug gelingt, nehmt doch einfach einen Schutzengel mit, als Armband, Ohrring, Anhänger oder Anstecknadel. Es gibt ihn auch als „Bowlingschutzengel".

These Chinese paper dolls can be cremated with you and will be your servants in the next life. You can generally find them in stores in the Chinese community in any major city. Ours were purchased in Los Angeles, USA, in a shop that sells a range of paper possessions to use in the afterlife. Choose from objects such as paper yachts, houses and even jewelry.

Diese chinesischen Papierpuppen werden mit dir zusammen verbrannt und begleiten dich ins Jenseits. Sie werden in chinesischen Läden in allen größeren Städten verkauft. Wir haben unsere aus einem Geschäft in Los Angeles, das eine ganze Serie von Papierobjekten anbietet, die einem im Leben nach dem Tod nützlich sein könnten: Es gibt Papieryachten, Häuser und sogar Schmuck.

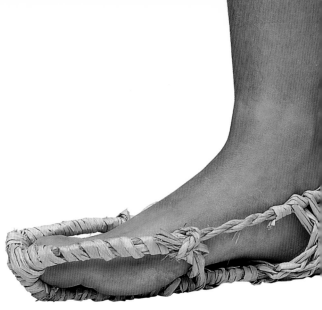

Mortuary footwear In Korea, both mourners and corpses wear these disposable straw sandals with white linen suits (costing as much as US$1,000 in specialty funeral shops). In the Kupres area of Bosnia Herzegovina (where guests entering a house are given a pair of *šarci*, or house socks), special burial šarci are knitted for the dead. The socks pictured here are šarci for the living: Burial socks (with black heels) are homemade and cannot be purchased. In Chile, the dead dispense with shoes altogether: Burying the dead barefoot, it's believed, will give them a chance to relax in the next life.

Fußbekleidung In Korea tragen sowohl die Trauernden als auch die Verstorbenen diese Einwegsandalen aus Stroh (links) und weiße Leinenanzüge (die in speziellen Läden für Trauerkleidung bis zu 1000 US$ kosten).In der Gegend um Kupres in Bosnien-Herzegowina, wo Gästen an der Haustür ein Paar Sarci – Haussocken – überreicht wird, werden dem Verstorbenen spezielle Sargsarci gestrickt. Diese hier sind für Lebende: Sargsocken haben schwarze Fersen, werden ausschließlich von Hand gefertigt und dürfen nicht verkauft werden. In Chile wird man ganz ohne Schuhe begraben: Es heißt, man könne sich im Jenseits so besser entspannen.

Sugar skulls and *pan del muerto* (bread of the dead) are eaten in Mexico to celebrate the Dia de los Muertos, or Day of the Dead, on November 1 and 2, when Mexicans believe that souls come back from heaven, hell or purgatory to visit their families. *Calaveras de azucar* (sugar skulls) and miniature coffins are also used to decorate homes and graves.

Cow Take three *waribashi* (wooden chopsticks), snap them in half, and stick them in an eggplant (four for the legs and two for the ears). You've just made a cow that your ancestor can sit on. You'll need more of them to accommodate all your ancestors (cucumbers make good horses). They will be visiting you during the three-day annual O Bon in Japan—the Buddhist Day of the Dead, usually August 13-16—when bonfires are lit and paper lanterns float down rivers to symbolize the return of loved ones.

Totenköpfe aus Zucker und Pan del Muerto (Totenbrot) werden in Mexiko am Día de los Muertos (Tag der Toten) am 1. und 2. November gegessen. Die Mexikaner glauben, dass dann die Seelen der Toten aus Himmel, Hölle oder Fegefeuer wiederkehren, um ihre Familien zu besuchen. Mit Calaveras de Azucar oder Zuckerschädeln werden auch Wohnungen und Gräber geschmückt.

Auberginenkuh Brich drei *waribashi* (hölzerne Essstäbchen) in der Mitte durch und stecke sie in eine Aubergine (vier Hölzchen sind die Beine, zwei die Ohren). Jetzt hast du eine Kuh erschaffen, auf der deine Ahnen reiten können. Wenn du für alle deine Ahnen etwas tun willst, benötigst du mehr Gemüse (insbesondere aus Gurken kann man schöne Pferde machen). Deine Ahnen kommen während des dreitägigen japanischen O-Bon-Festes zu Besuch. Das buddhistische Totenfest fällt meistens auf den Zeitraum vom 13. bis 16. August. Feuerwerke werden angezündet und man lässt Papierlaternen auf dem Wasser flussabwärts treiben, um die Rückkehr der Seelen zu symbolisieren.

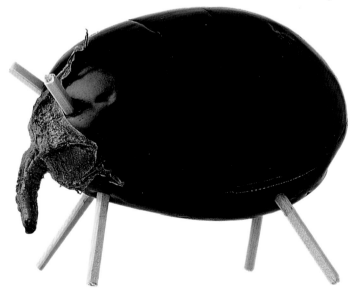

Necklace This do-not-resuscitate necklace could mean the difference between life and death. Available only to members of the Nederlandse Vereniging voor Vrijwillige Euthanasie (the Dutch euthanasia society), it reads "Do Not Resuscitate" in Dutch. The necklace is worn by people who would rather die than live in a coma or in the last stages of terminal illness. Although refusing treatment has been a legal right in the Netherlands since 1995, it's not always recognized. "I don't know if I should tell you this," says NVVE's Jonne Boesjes, "but ambulance staff policy is to ignore DNR necklaces. They say they can't be sure whether the necklace really belongs to that person, and anyway, they don't want to waste precious time figuring it out." Since NVVE members are required to keep a separate DNR statement with them at all times, some members forgo the necklace altogether. On arrival at the hospital, the medical staff can read the statement and still have time to terminate treatment. "And besides," says Jonne, "the necklace isn't exactly beautiful, is it?"

Halskette Diese Nicht-Wiederbelebungs-Halskette kann über Tod oder Leben entscheiden. Nur Mitglieder der Nederlandse Vereniging voor Vrijwillige Euthanasie (des holländischen Euthanasie-Vereins) besitzen dieses Halsband, das die holländische Aufschrift „Nicht wiederbeleben" trägt. Es wird von Menschen getragen, die lieber sterben möchten, als im Koma zu liegen oder die letzten Stadien einer tödlichen Krankheit zu erleiden. Obwohl Behandlungsverweigerung in Holland seit 1995 ein offizielles Recht ist, wird es nicht immer angewandt. „Ich weiß nicht, ob ich euch das erzählen sollte", so Jonne Boesjes von NVVE, „aber die Ambulanzen werden angewiesen, die NW-Halsbänder zu ignorieren. Sie sagen, sie können nicht sicher sein, ob das Halsband auch wirklich zu dieser Person gehört, und sie wollen keine wertvolle Zeit damit verlieren, das herauszufinden." Da NVVE-Mitglieder eine separate NW-Erklärung immer mit sich führen müssen, verzichten einige Mitglieder ganz auf das Halsband. Bei der Ankunft im Krankenhaus können die Ärzte diese Erklärung lesen und haben immer noch Zeit, die Behandlung zu beenden. „Außerdem", so Jonne, „ist das Halsband ja auch nicht gerade ein Schmuckstück, oder?"

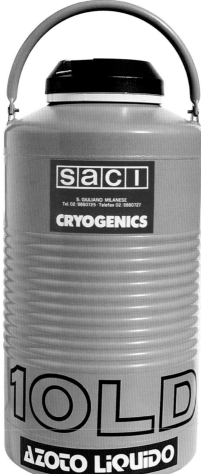

Cryonics involves freezing your dead body in liquid nitrogen, storing it upside down at -196°C and waiting until scientists in the future have conquered terminal diseases. You will then be thawed, repaired and restored to immortal life. For now, there's no way of undoing the damage that freezing causes to cell tissue (one scientist says revival is about as likely as turning a hamburger back into a cow). Cryonicists hope that nanotechnology (whereby minuscule computers repair the body's cell tissue) will help out. Some cryonicists are so optimistic about their future lives, they're even investing in cryonic suspension for their pets.

Kryogenik Eure Leiche wird in Flüssigstickstoff tiefgefroren und kopfüber bei -196°C aufbewahrt, bis die Wissenschaft eines schönen Tages aller tödlich verlaufenden Krankheiten Herr geworden ist. Dann werdet ihr wieder aufgetaut, instandgesetzt und zu ewigem Leben erweckt. Derzeit gibt es noch keine Methode, die dabei verursachten Gewebeschäden wieder rückgängig zu machen (genauso wahrscheinlich ist es, einen Hamburger wieder in eine Kuh zurückzuverwandeln, meint ein Forscher). Kryogeniker setzen ihre Hoffnungen auf die Nanotechnik (Einsatz mikroskopisch kleiner Computer zur Zellreparatur). Einige glauben so fest an ihr zukünftiges Leben, dass sie sogar für ihre Haustiere die Investition in eine Kryogenbehandlung nicht scheuen.

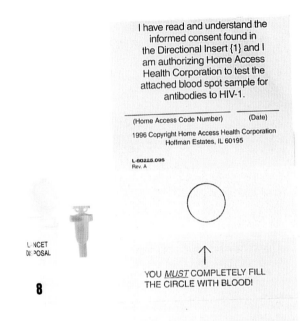

I have read and understand the informed consent found in the Directional Insert {1} and I am authorizing Home Access Health Corporation to test the attached blood spot sample for antibodies to HIV-1.

_____   _____
(Home Access Code Number)   (Date)

1996 Copyright Home Access Health Corporation
Hoffman Estates, IL 60195

L-80225.096
Rev. A

LANCET
DISPOSAL

8

YOU _MUST_ COMPLETELY FILL
THE CIRCLE WITH BLOOD!

The AIDS test

is actually a test for HIV antibodies. These are molecules produced by the immune system to attack foreign substances like a virus or bacteria. When you get tested, a small amount of your blood is mixed with some chemicals. If HIV antibodies are present the mixture turns yellow. Test for the HIV virus in the privacy of your own home with the mail-in test kit offered by the Home Access Health Corporation in the USA. You mail in a small amount of blood and they mail you the results.

Der AIDS-Test

ist ein Test auf HIV-Antikörper. Das sind Moleküle, die das Immunsystem zur Bekämpfung körperfremder Substanzen wie Viren oder Bakterien produziert. Für den Test wird ein bisschen Blut abgenommen und mit Chemikalien gemischt. Testet euch auf HIV-Infektion ganz privat zu Hause dank dem Test-Paket, das die amerikanische Home Access Health Corporation anbietet. Schickt eine Blutprobe ein, und sie schicken euch die Resultate zu

Last will and testament
Ready to be signed, wit-
nessed and sworn anywhere
you go. Make sure you're "of
sound and disposing mind
and memory." US$6.25,
including envelope.

**Letzter Wille und
Testament:** Fertig
zur Unterzeichnung,
Bezeugung und Ver-
eidigung. Der Reisen-
de muss „im Vollbesitz
seiner geistigen Kräfte
sein". 6,25 US$ Um-
schlag inbegriffen.

HENRY & BEAVER
ATTORNEYS AT LAW
937 WILLOW STREET
P. O. BOX 1140
LEBANON, PA 17042-1140

leisure
Freizeit

Deux chevaux car, Senegal
„Ente", Senegal

Footballs are made from available materials in Zambia—usually rags, paper or packaging materials—stuffed in a plastic bag and bound with string. A store-bought regulation ball would cost US$40, or one month of the average worker's wages.

Fußbälle werden in Sambia aus allem hergestellt, was gerade zur Hand ist – meistens sind das Lumpen, Papier oder Verpackungsmaterialien, die in eine Plastiktüte gestopft und mit Bindfaden umwickelt werden. Ein richtiger Ball aus dem Laden kostet 40 US$ – das durchschnittliche Monatsgehalt eines Arbeiters.

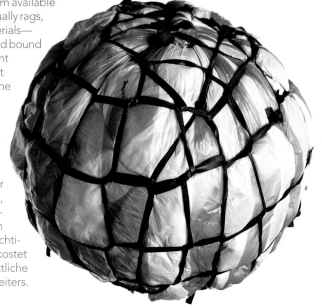

Takra balls, from Southeast Asia, traditionally woven from wicker, are now sometimes made from plastic. Players use their heads, knees and feet to volley the ball over a net.

Takrabälle aus Südostasien wurden früher aus Weidenruten geflochten, sind aber inzwischen auch oft aus Plastik. Die Spieler schießen den Ball mit Kopf, Knien oder Füßen über ein Netz.

Odd A sweatshirt stuffed with a pink nightgown and stitched with pentagonal patches to resemble a regulation football makes this rag football from Senegal.

Bizarr Dieser Lumpenfußball aus dem Senegal besteht aus einem Sweatshirt, in das ein rosa Nachthemd gestopft wurde. Damit der Ball offizieller aussieht, wurden fünfeckige Flicken draufgenäht.

Kaba Kick is russian roulette for kids. The player points the gun at his or her own head and pulls the trigger. Instead of bullets, a pair of feet kick out from the barrel (which is shaped like a pink hippo). If the gun doesn't fire, the player earns points. .

Kaba Kick ist russisches Roulette für Kinder. Der Spieler hält das mit Gummikugeln geladene Gewehr an den Kopf und drückt ab. Statt Kugeln schießen kleine Füße aus dem Lauf, der aussieht wie ein rosa Nilpferd. Wenn es nicht knallt, macht man Punkte.

The FX-Stinger fires foam missiles almost 10m, to the accompaniment of six different electronic battle sounds. It was purchased in Hong Kong, China

Der FX-Stinger feuert Raketen knapp zehn Meter weit und gibt Gefechtslärm in sechs Varianten von sich. Wir haben ihn in Hongkong, China, erworben.

"When a police officer enters the favela and sees a child running with a kite," says Jo, a teacher in Rio de Janeiro's favelas, or slums, "he thinks the child's playing. But he's actually working in the drug trade." *Olheiros* (watchers) are employed by drug traffickers in Brazil to stand at favela entrances or on rooftops. "If they see anything suspicious," reports Jo, "they fly a kite. The colors are a code: Yellow means police are coming, red means everything's under control. When police raid the favela, there's no one there—everyone's been warned by the kite a long time before." The job pays R$200 (US$170) a week, but it has its drawbacks: "If a child-informer gets distracted and the police arrest the traffickers, the child risks being killed," says Jo. "This is his job and he has to take responsibility."

„Wenn ein Polizist in die Favela kommt und ein Kind mit einem Drachen herumrennen sieht", erzählt Jo, der in den Slums von Rio de Janeiro als Lehrer arbeitet, „meint er wahrscheinlich, dass es bloß spielt. In Wirklichkeit arbeitet es für einen Drogenhändler." *Olheiros*, Beobachter, stehen im Auftrag der Drogenhändler an den Eingängen der Favelas oder auf den Dächern. „Sobald sie etwas Verdächtiges sehen, lassen sie den Drachen steigen", sagt Jo. Die Farben sind kodiert: Gelb heißt ‚Polizei im Anmarsch', rot bedeutet ‚alles unter Kontrolle'. Wenn die Polizei dann die Favela durchkämmt, findet sie niemanden – kein Wunder, alle sind durch den Drachen längst gewarnt." Der Job bringt 200 R$ (170 US$) pro Woche, hat aber seine Tücken: „Wenn ein Kind nicht aufpasst, und die Polizei verhaftet die Drogendealer, muss es damit rechnen, umgebracht zu werden", sagt Jo. „Das ist nun mal sein Job – mit allen Konsequenzen."

Playing cards Ever since their economy collapsed early in 1997, Albanians have been heading overseas to nearby Italy. The 12- to 24-hour passage across the Adriatic costs illegal immigrants US$250-600. To keep entertained during the trip, get a pack of these plastic playing cards. Since some boats don't dock—they stay offshore to avoid immigration authorities—you may have to swim to land. Fortunately, the cards are 100 percent waterproof.

Spielkarten Seit dem wirtschaftlichen Zusammenbruch Anfang 1997 versuchen viele Albaner ins nahe Italien auszuwandern. Die 12- bis 24-stündige Seereise über die Adria kostet illegale Einwanderer 250 bis 600 US$. Mit diesen Plastikspielkarten wirst du dich auf der Fahrt bestimmt nicht langweilen. Da die meisten Schiffe nicht im Hafen anlegen, sondern auf See bleiben, um den Einwanderungsbehörden zu entgehen, wirst du wahrscheinlich an Land schwimmen müssen. Glücklicherweise sind diese Karten hundertprozentig wasserfest.

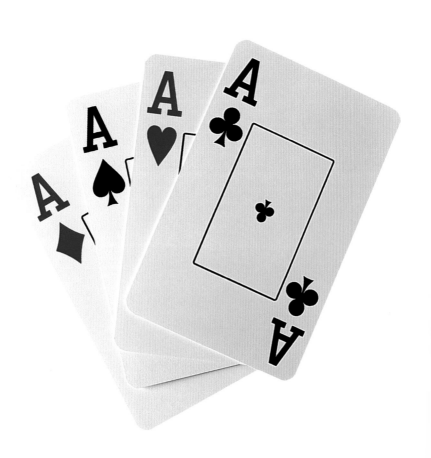

Marbles Every day, 16 million of these small glass balls roll out of Mega Marble's Mexican factory, heading for children's pockets in 50 countries worldwide. In Afghanistan, though, where marble games have been played since antiquity, the marble's future is not bright: A year after the Islamist Taliban movement came into power in 1996, playing marbles was denounced as being "un-Islamic" and having "consequences such as betting and deprivation from education," according to a missive from the Cultural and Social Affairs Department. Other illegal pastimes include playing musical instruments and flying kites.

Murmeln Täglich rollen 16 Millionen dieser kleinen Glaskugeln aus der mexikanischen Mega Marbles Fabrik und landen rund um den Globus in den Taschen von Kindern aus 50 Ländern. In Afghanistan jedoch, wo man seit der Antike mit Murmeln spielt, sieht die Zukunft der Glaskugeln nicht rosig aus: Ein Jahr nachdem 1996 die islamistische Taliban-Bewegung an die Macht kam, wurde das Murmelspiel als „unislamisch" verurteilt, da „Glücksspiele und Schuleschwänzen" die Folge sein könnten, wie ein Gesandter der Abteilung für kulturelle und soziale Belange verlauten ließ. Als illegaler Zeitvertreib gelten auch das Spielen von Musikinstrumenten und das Steigenlassen von Drachen.

Pato, the national sport of Argentina, is similar to polo. The ball is sewn into a six-handled leather harness. Players mounted on horseback swoop to grab the ball from the ground and pass it to one of their three teammates or throw it through the opponents' goal, a hoop 1m in diameter. The ball can be tossed only with the right hand. Pato means "duck" in Spanish. When the game was devised, in the 17th century, the ball was a live duck. It was encased in a leather sack which had two or more handles. The duck's head and neck, which protruded from the sack, could also be used as a handle.

Pato, der argentinische Nationalsport, ähnelt dem Polo. Der Ball ist mit Leder umkleidet und hat sechs Schlaufen. Die Spieler schnappen ihn im Reiten vom Boden auf und werfen ihn einem ihrer drei Mitspieler zu. Oder sie schleudern ihn direkt auf das Tor der gegnerischen Mannschaft, einem Reifen von einem Meter Durchmesser. Der Ball darf nur mit rechts geworfen werden. Pato heißt auf Spanisch „Ente". Als das Spiel im 17. Jahrhundert erfunden wurde, spielte man mit einer lebendigen Ente, die in einen Ledersack mit zwei oder mehr Schlaufen eingenäht war. Auch Hals und Kopf der Ente schauten aus dem Sack und dienten als Griff.

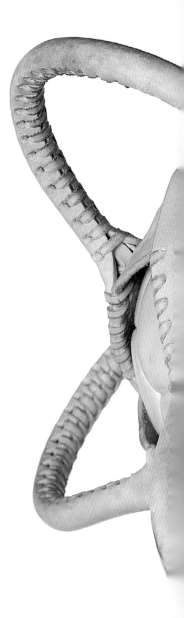

19th hole With the help of American and Japanese investments, a new golf course opens every two weeks in Thailand. As rice fields become fairways, entire farming communities are displaced, leaving plenty of teenage girls available for work. Taking advantage of favorable exchange rates, golfers usually hire three caddies each: The homeliest lugs the golf clubs, another carries the umbrella and folding chair, and the prettiest provides massages between holes. After the game, caddies routinely offer the "19th hole." Sexual services earn them in a few minutes what they would ordinarily make in a month.

Das 19. Loch Dank amerikanischer und japanischer Investitionen wird in Thailand jede Woche ein neuer Golfplatz eröffnet. Im Zuge der Umwandlung von Reisfeldern in *Fairways* werden ganze Dorfgemeinschaften aufgelöst. So sind viele junge Mädchen ohne Arbeit. Da die Wechselkurse so günstig sind, leistet sich der Golfer meistens drei Caddies: Die hässlichste trägt die Golfschläger, eine andere Schirm und Klappstuhl und die hübscheste der drei gibt zwischen den Löchern entspannende Massagen. Nach dem Spiel bieten Caddies gewöhnlich das „19. Loch" an. Sexuelle Dienstleistungen bringen ihnen in ein paar Minuten so viel ein, wie der Durchschnitts-Thailänder im Monat verdient.

Makeup Every year, over 50,000 tons of agrochemical poisons are applied to the 25,000 golf courses worldwide. The Global Anti-Golf Movement organizes campaigns against a land-grabbing sport which uses up valuable land that could be used to grow food. If you don't care about food but want to improve your golf course or lawn's appearance, try using quick and easy Lawn Makeup. It covers up unattractive dry or brown patches on your lawn while saving on water bills.

Schminke Jedes Jahr werden die weltweit 25 000 Golfplätze mit über 50 000 Tonnen giftiger Agrochemikalien besprüht. Die Internationale Anti-Golf-Bewegung organisiert Aktionen gegen den Sport, weil er wertvolles Land verbraucht, das zum Anbau von Nahrungsmitteln verwendet werden könnte. Wenn dir das egal ist und dein Golfplatz oder Rasen unansehnliche braune Flecken aufweist, probier „Lawn Makeup" aus: Dieses Spray deckt die Trockenstellen einfach ab. Das Ergebnis ist ein schönes, sattes Grün ohne hohe Wasserrechnungen.

Lawn makeup

Sprays away brown spots instantly

Will not wash off
Environmentally safe

Net Wt. 10.5 oz (300 g)

WARNING!
Contents under pressure
Read carefully on back panel

Made entirely from tiny strips of cigarette packaging, this collage (left) is just one of many prize-winning cigarette pack creations by Japanese homemaker Kyoko Sugita. "The hat was the most difficult part," Kyoko explains. "Out of all the cigarette brands produced by Japan Tobacco (the country's largest cigarette maker), only the little seal on the top of HI-LITE packs had the color and texture I needed. I ended up using about 300 packs for the hat alone."

Aus winzigen Papierstreifen von Zigarettenschachteln und nichts sonst besteht diese Collage (links). Sie ist nur eine von vielen preisgekrönten Kreationen der japanischen Hausfrau Kyoko Sugita. „Der Hut war der schwierigste Teil", erklärt Kyoko. „Unter allen Zigarettenmarken, die Japan Tobacco, der landesweit größte Zigarettenhersteller, produziert, besaß das kleine Siegel oben auf den Packungen nur bei HI-LITE die richtige Farbe und Oberflächenstruktur. Schließlich habe ich an die 300 Schachteln allein für den Hut verbraucht."

"I invented the Fuzzy Felt Storyboard in 1995," says British police sergeant Rod Maclennan, who used to work at Southwark's Child Protection Centre in London. "Interviewing children was sometimes difficult: They would try to explain something, but they couldn't, and they didn't have the skills to draw it. " How can you draw intercourse? But you can show it. Today, the Storyboard is used in all 27 Child Protection Centres in London.

„Erfunden habe ich die Schautafel aus Filz 1995", sagt der britische Polizeibeamte Rod Maclennan, der beim Southwark-Zentrum für Kinderschutz in London arbeitet. „Es war manchmal schwierig, mit den Kindern zu sprechen: Oft wollten sie etwas erklären, aber sie schafften es nicht und konnten es auch nicht aufzeichnen. Wie malt man Geschlechtsverkehr? Aber man kann darauf zeigen." Heute wird die Schautafel in allen 27 Londoner Kinderschutzzentren benutzt.

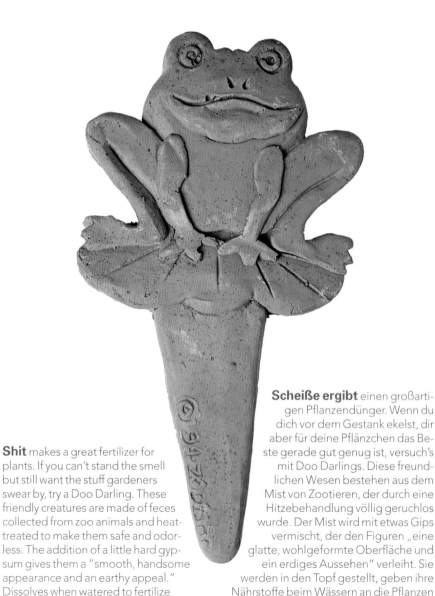

Shit makes a great fertilizer for plants. If you can't stand the smell but still want the stuff gardeners swear by, try a Doo Darling. These friendly creatures are made of feces collected from zoo animals and heat-treated to make them safe and odor-less. The addition of a little hard gyp-sum gives them a "smooth, handsome appearance and an earthy appeal." Dissolves when watered to fertilize your plants and lasts about a year.

Scheiße ergibt einen großarti-gen Pflanzendünger. Wenn du dich vor dem Gestank ekelst, dir aber für deine Pflänzchen das Be-ste gerade gut genug ist, versuch's mit Doo Darlings. Diese freund-lichen Wesen bestehen aus dem Mist von Zootieren, der durch eine Hitzebehandlung völlig geruchlos wurde. Der Mist wird mit etwas Gips vermischt, der den Figuren „eine glatte, wohlgeformte Oberfläche und ein erdiges Aussehen" verleiht. Sie werden in den Topf gestellt, geben ihre Nährstoffe beim Wässern an die Pflanzen ab und halten ein Jahr lang vor.

Art In 1961, Italian conceptual artist Piero Manzoni sold cans of his own excrement. Each can, which contained one ounce of pure feces, cost US$32 (the price of gold that year). Now his cans of "merde d'artiste" (artist's shit) fetch $75,000 a piece. As for the price of gold, it peaked at US$850 in 1980.

Kunst 1961 hat der italienische Künstler Piero Manzoni 90 Büchsen seiner eigenen Exkremente verkauft. Jede Büchse mit 30 g reinem Kot kostete 32 US$ (der Preis von 1961 für die Feinunze Gold). Heute wird eine Dose dieser „merde d'artista" (Künstlerscheiße) zu 75 000 US$ verkauft. Was Gold angeht, erreichte es seinen Spitzenpreis 1980 mit 850 US$ die Feinunze.

Face card
US lawyer H. Russell Smith says card-playing is an important part of African-American social life. He and his colleague James Foster were tired of playing with cards that didn't look like them, so in 1988 they devised Black Royalty cards. Each face card features a figure representing one of a range of black cultural and social styles. Smith says blacks and whites alike are so accustomed to the white faces on ordinary cards that they often fail to notice that these cards have black figures.

Gesichts-karten Laut H. Russell Smith, Rechtsanwalt in Detroit, spielen Karten in der Freizeit von Afro-Amerikanern eine wichtige Rolle. Sein Kollege James Foster und er hatten es satt, mit Karten zu spielen, in denen sie sich nicht wiederfanden. So haben sie 1988 die ersten Karten schwarzer Königshäuser gefertigt. Das Bild auf den höheren Karten gibt den Lebensstil der vielen kulturellen Gruppen wieder, aus denen die schwarze Gemeinschaft besteht. Smith sagt, dass Weiße wie Schwarze so sehr mit weißen Gesichtern rechneten, dass sie oft gar nicht merkten, dass auf diesen Karten Schwarze abgebildet sind.

Tyson is the first black gay doll. The manufacturers, Totem, deny that he's modeled on a living person, but that hasn't stopped Mike Tyson (a US heavyweight boxer) from threatening legal action unless the dolls are withdrawn from the market.

Tyson ist die erste schwarze schwule Puppe. Der Hersteller, Totem, bestreitet, dass Tyson nach einem lebenden Vorbild erschaffen wurde, aber das hielt Mike Tyson, den amerikanischen Schwergewichtsboxer, nicht davon ab, mit einer Strafanzeige zu drohen, sollte die Puppe nicht umgehend vom Markt genommen werden.

FIRE DEPT.

Steiner doll The gender-free doll is based on the educational teachings of Rudolf Steiner, the Austrian founder of a religious movement called Anthroposophy (which "recognizes that all individuals embody a higher spiritual being"). Steiner dolls have no features or personality (to encourage a child's imagination to create them). As the child develops, so does the doll. Babies play with a rudimentary figure made from a sheet, while toddlers' dolls are blessed with limbs and a head. They're the opposite of Barbie: As one Steiner dollmaker says, "an adult fantasy which is totally inappropriate for the development of a young child."

Steiner-Puppe Die Entwicklung der geschlechtslosen Puppe basiert auf den pädagogischen Theorien des Österreichers Rudolf Steiner, dem Begründer der Anthroposophie, einer religiösen Bewegung, nach der „jedes Individuum höhere seelische Fähigkeiten entwickeln kann". Steiner-Puppen haben weder Gesichtszüge noch Persönlichkeitsmerkmale, damit die Kinder angeregt werden, sich in ihrer eigenen Phantasie auszumalen. Für Kinder aller Entwicklungsstufen gibt es eigene Steiner-Puppen: Babys spielen mit einer einfachen Figur aus einem Stück Tuch, während die Puppen von Krabbelkindern schon Kopf und Gliedmaßen haben. Sie sind das Gegenteil der Barbie-Puppe, die ein Steiner-Puppenmacher für „ein Phantasiegebilde nach den Maßstäben Erwachsener" hält, „das für die Entwicklung eines Kindes völlig ungeeignet ist".

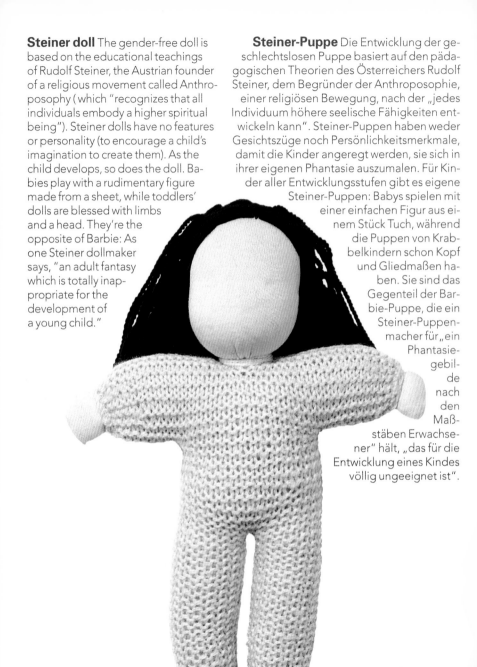

Flirty "Pink portrays the femininity and innocence of little girls. It's a happy color associated with nurturing, warmth and growth. It's soft and calming. It's also fun. We don't have any research into why women embrace pink more than men, but it has to do with flowers and all sorts of feminine types of romantic inspirations. Where red is sexy, pink is flirty. For a little girl, pink is very flattering. Pink is accepted all over the world. There were studies done in prisons with men which involved lifting weights. When they put men into a pink room, they weren't as strong—they couldn't lift the barbells. Pink makes men weak, maybe that's why they only use it with women's toys," says Lisa Herbert, a color consultant at Pantone Consulting Services (the makers of the pink used in Barbie merchandise), New Jersey, USA.

Romantisch „Rosa steht für Weiblichkeit und die Unschuld kleiner Mädchen. Es ist eine fröhliche Farbe, die mit Fürsorge, Wärme und Wachstum assoziiert wird. Es ist sanft und beruhigend. Und lustig. Wir wissen nicht genau, warum Frauen eher auf Rosa stehen als Männer, aber es hat wohl irgendwie mit Blumen und allen möglichen romantischen Ideen der weiblichen Phantasie zu tun. Rot ist sexy, Rosa dagegen steht für Flirt. Kleinen Mädchen steht Rosa ausgezeichnet. Die Farbe ist einfach auf der ganzen Welt beliebt. Man hat Studien mit Gefangenen durchgeführt, die mit Gewichten trainierten. Als man die Männer in einen rosa angestrichenen Raum führte, waren sie plötzlich nicht mehr so stark. Sie bekamen die Hanteln nicht mehr hoch. Rosa macht schwach; vielleicht gebraucht man es deshalb eher für weibliches Spielzeug." So Lisa Herbert, eine Farbberaterin von Pantone Consulting Services aus New Jersey, USA – dort wurde das Rosa erfunden, das in Barbie-Produkten vorkommt.

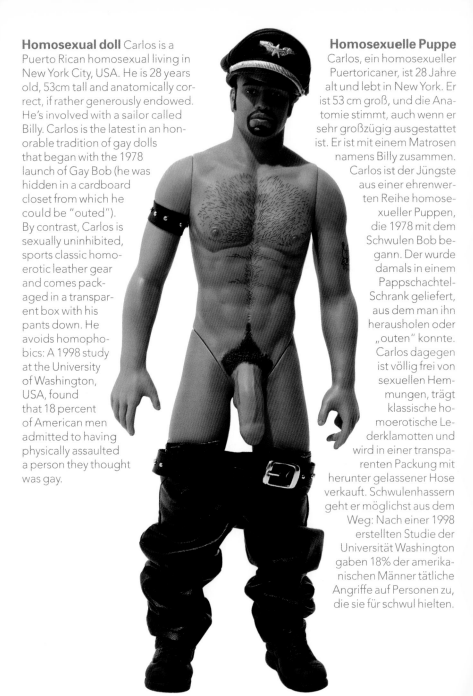

Homosexual doll Carlos is a Puerto Rican homosexual living in New York City, USA. He is 28 years old, 53cm tall and anatomically correct, if rather generously endowed. He's involved with a sailor called Billy. Carlos is the latest in an honorable tradition of gay dolls that began with the 1978 launch of Gay Bob (he was hidden in a cardboard closet from which he could be "outed"). By contrast, Carlos is sexually uninhibited, sports classic homoerotic leather gear and comes packaged in a transparent box with his pants down. He avoids homophobics: A 1998 study at the University of Washington, USA, found that 18 percent of American men admitted to having physically assaulted a person they thought was gay.

Homosexuelle Puppe Carlos, ein homosexueller Puertoricaner, ist 28 Jahre alt und lebt in New York. Er ist 53 cm groß, und die Anatomie stimmt, auch wenn er sehr großzügig ausgestattet ist. Er ist mit einem Matrosen namens Billy zusammen. Carlos ist der Jüngste aus einer ehrenwerten Reihe homosexueller Puppen, die 1978 mit dem Schwulen Bob begann. Der wurde damals in einem Pappschachtel-Schrank geliefert, aus dem man ihn herausholen oder „outen" konnte. Carlos dagegen ist völlig frei von sexuellen Hemmungen, trägt klassische homoerotische Lederklamotten und wird in einer transparenten Packung mit herunter gelassener Hose verkauft. Schwulenhassern geht er möglichst aus dem Weg: Nach einer 1998 erstellten Studie der Universität Washington gaben 18% der amerikanischen Männer tätliche Angriffe auf Personen zu, die sie für schwul hielten.

Jesus doll Jesus "Lord of All," a posable action hero, carries a detachable basket of loaves and fishes. His mission is to remind children in "today's world of man-made superheroes" of "Bible individuals who were genuine heroes, performing the work God had for them," according to his packaging. He can feed more than 5,000 people with just five loaves of bread and two fishes (John 6:1-13). He can also "Teach About Sharing," "Talk About Miracles" and "Help Children Understand Stewardship." The Lord of All is not suitable for young Christians under three years, due to his "Small Parts" (they're a choking hazard).

Jesuspuppe „Unser aller Heiland" wird als aufstellbarer Actionheld mit einem Korb voller Fische und Brote geliefert. Seine Mission besteht darin, die Kinder „in dieser Zeit der von Menschen geschaffenen Superhelden" an „die Gestalten aus der Bibel" zu erinnern, „die echte Vorbilder waren und das taten, was Gott ihnen befohlen hatte". Das steht jedenfalls auf der Verpackung. Er kann über 5000 Menschen mit nur fünf Brotlaiben und zwei Fischen sättigen (Johannes 6,1–13). Dazu „lehrt er das Teilen", „spricht von Wundern" und „hilft Kindern, verantwortlich zu handeln". „Unser aller Heiland" ist jedoch nicht für Kleinkinder unter drei Jahren geeignet, da sie an den „verschluckbaren Kleinteilen" ersticken könnten.

If you see a mine, stop. Stand still and call for help. If no one comes, retrace your steps to where you came from. Mark the spot with a stick, stones or a piece of cloth, and inform an adult. To avoid mines, never take a shortcut through unfamiliar territory. If you see dead animals in an area, it's probably mined. Be careful when washing clothes: Heavy rains can dislodge mines from the earth and carry them downstream. Never enter an area that has mine warning signs: Mines and munitions can stay active for 50 years. (In Laos, which was bombed every eight minutes between 1965 and 1973 by US forces, millions of tons of bombs are still waiting to explode). PS: The Polish-made Strategic Mine Field Game pictured requires players (age 7 and over) to cross mined enemy territory by guessing the coordinates of a secret path to safety. Nice toy. Not much use in a minefield.

Wenn du auf eine Mine stößt, bleib sofort stehen und ruf um Hilfe. Wenn keiner kommt, geh den Weg zurück, den du gekommen bist, möglichst in denselben Fußstapfen. Markiere die Stelle mit einem Stock, Steinen oder einem Stück Stoff und sag einem Erwachsenen Bescheid. Nimm in minenverseuchten Gebieten niemals eine Abkürzung durch unbekanntes Gelände. Wenn du in der Gegend auf tote Tiere stößt, sind es wahrscheinlich Minenopfer. Sei vorsichtig bei der Wäsche: Schwere Regenfälle können Minen aus der Erde lösen und sie flussabwärts treiben. Betritt niemals ein Gebiet, das als vermint gekennzeichnet ist. Minen und Munition können 50 Jahre lang aktiv bleiben. In Laos, wo zwischen 1965 und 1973 alle acht Minuten US-Flieger Bomben abwarfen, sind Millionen Tonnen Sprengstoff noch nicht detoniert. P.S.: Bei diesem strategischen Minenfeldspiel aus Polen müssen die Spieler (Mindestalter: sieben) ein feindliches Minenfeld überqueren und dazu die Koordinaten des Geheimweges erraten, der sicher durch das Gelände führt. Lustiges Spielchen. Bringt aber bei einem echten Minenfeld rein gar nichts.

Only 1.4 percent of the soldiers in the US Army were women in 1970; in 1995 the figure stood at 11.8 percent. Barbie's military career began in 1989. She has served as an officer, pilot and Thunderbird squadron leader. Here she appears as a fully qualified army medic. Her authentic uniform is based on those worn by the 101st Airborne Division during the Gulf War. Barbie is ready for any emergency, with two handy medical shoulder bags and a large, white hairbrush.

Nur 1,4 % der US-Soldaten waren 1970 weiblichen Geschlechts, 1995 waren es schon 11,8 %. Barbies Karriere beim Militär begann 1989. Sie hat als Offizierin, Pilotin und Majorin der Thunderbirdstaffel gedient. Hier tritt sie als Militärärztin auf. Ihre Uniform ist derjenigen der 101. Airborne Division der US-Armee nachempfunden, die im Golfkrieg zum Einsatz kam. Barbie ist für alle Notfälle gerüstet: Sie hat zwei Umhängetaschen für die Instrumente und eine große, weiße Haarbürste dabei.

Concentration camp Polish artist Zbigniew Libera created this Lego Concentration Camp in 1996. "The idea of making something out of Lego was because it teaches social things to children," he explains. "Nothing is individual in Lego. In concentration camps too, they tried to create and give shape to people." Construction required some ingenuity: Zbigniew found the skeletons in old Lego Pirates kits, while the gray bricks were specially made by Lego Poland. The camp's most notorious real-life counterpart, meanwhile, presented its own logistic challenges. Although the initial complex of Auschwitz-Birkenau was meticulously planned by an architecture graduate of Germany's famous Bauhaus design school, the Nazis never perfected it, according to Professor Robert Jan van Pelt, author of *Auschwitz: 1270 to the Present*. The Birkenau gas chambers, for example, were housed in two converted cottages before custom-made crematoria (gas chambers and ovens combined) were built.

Even then, there was room for improvement. "It's actually very easy to kill people," points out Professor van Pelt. "The difficult part is getting rid of their corpses. And the Germans always wanted to kill more people than they could incinerate." By the end of the war, while the gas chambers could kill 7,000 people a day, the ovens could burn only 4,756.

This work of
Zbigniew Libera
has been
sponsored by

LEGO SYSTEM

Konzentrationslager Der polnische Künstler Zbigniew Libera baute 1996 dieses Konzentrationslager aus Legosteinen. „Ich kam auf die Idee mit den Legosteinen, weil ich Kindern gesellschaftliche Zusammenhänge klar machen wollte", meint er. „Bei Lego gibt es nichts Individuelles. Auch in den KZs haben sie versucht, Menschen zu formen und nach ihren Vorstellungen zu bilden." Für den Bau war eine gewisse Findigkeit gefordert: Zbigniew entdeckte die Skelette in alten Lego-Piraten-Sets, während die grauen Ziegelsteine eigens von der polnischen Legofabrik angefertigt wurden. In dem berüchtigten Lager, das Libera als Vorbild diente, waren damals ganz eigene logistische Probleme zu bewältigen. Obwohl der erste Komplex von Auschwitz-Birkenau von einem Absolventen der berühmten Bauhaus-Schule genauestens durchgeplant war, wurde das Lager durch die Nazis nie vervollkommnet, erklärt Professor Robert Jan van Pelt, der Autor von *Auschwitz: Von 1270 bis zur Gegenwart*. In Birkenau waren z.B. die Gaskammern in zwei umgebauten Baracken untergebracht, bevor spezielle Krematorien – kombinierte Gaskammern und Öfen – gebaut wurden. Selbst dann war noch nicht alles perfekt. „Es ist eigentlich ganz leicht, Menschen umzubringen", meint Professor van Pelt. „Das Schwerste daran ist, die Leichen zu entsorgen. Und die Deutschen wollten immer mehr Leute umbringen, als sie verbrennen konnten." Gegen Ende des Krieges wurden täglich 7000 Menschen vergast, während die Öfen nur eine Tageskapazität von 4756 hatten.

Young girls in Uganda play at being mother with simple dolls like this one made from banana leaves. Elsewhere, dolls with baby bottles and disposable diapers cater to young girls' nurturing instincts. And the boys? If they're under three, they'll probably play along. After that, no chance: By then, says Dr. Malcolm Watson, a psychologist at Brandeis University, USA, children have understood whether they're a boy or girl. "They start to do everything possible to make that clear." That usually means boys will dump a baby doll for a GI Joe. "Of course parents socialize them too—they're not going to give their son a frilly baby doll —but it's also children who socialize themselves by copying their peers. Once a boy's friends say, 'Boys don't play with dolls, girls do,' then it's all over."

Kleine Mädchen spielen in Uganda mit solchen einfachen Puppen aus Bananenblättern Mutter und Kind. Anderswo wird bei den Mädchen der Mutterinstinkt mit Babypuppen geweckt, die mit Fläschchen und Papierwindeln ausgestattet sind. Und was machen kleine Jungen? Bis sie drei Jahre alt sind, spielen sie wahrscheinlich auch damit. Danach nicht mehr: Dr. Malcolm Watson, Psychologe an der amerikanischen Brandeis-Universität, sagt, dass Kinder in diesem Alter begreifen, welchen Geschlechts sie sind. „Und sie setzen alles daran, damit dies auch anderen klar wird." Das bedeutet, dass Jungen statt mit Babypuppen lieber mit Spielzeugsoldaten spielen. „Natürlich werden sie auch von den Eltern beeinflusst, die ihrem Sohn kein Rüschenbaby zum Spielen geben, aber die Kinder imitieren vor allem ihre Altersgenossen, und wenn die anderen sagen, ,Jungs spielen nicht mit Puppen, die sind für Mädchen', dann ist es vorbei."

Blow Water has strong surface tension. That means water molecules try to stick together. When soap is added to water, it loosens the molecules: A surface of soapy water stretches instead of breaking apart. You make a bubble by blowing at and expanding a surface of soapy water until it closes around the air. Tiffany & Co. sells this sterling silver bubble blower in the children's section of its New York, USA, jewelry store. A silver wand doesn't blow better bubbles, but it will set you apart from all the other children.

Blasen Wasser hat eine starke Oberflächenspannung, d.h. die Wassermoleküle versuchen zusammenzubleiben. Wenn Seife dazukommt, wird der Verband der Moleküle gelockert: Die Oberfläche von Seifenwasser dehnt sich aus, anstatt aufzubrechen. Eine Blase macht man, indem man die Oberfläche des Seifenwassers durch Pusten so ausdehnt, dass es sich um die Luft schließt. Diesen Seifenblasenring aus Sterlingsilber gibt es in der Kinderabteilung des New Yorker Juweliergeschäfts Tiffany & Co. Ein silberner Blasering macht zwar keine besseren Seifenblasen, weckt aber den Neid anderer Kinder.

Rubber "I know the thickness pretty well," says Marius Malherbe, who's been working with rubber for more than two years. He gets his supply of truck tire innertubes from a garage in Yeoville, South Africa. It all started with a travel bag for his son; the technique was extended to purses, rucksacks, jackets and hats. He refuses to spend money for any of his raw materials and uses crushed tins, bottle tops and reflectors to decorate the rubber creations. In eight to 10 hours, Malherbe can whip up a skirt like this one, which sells for R150 (US$3.50). "People are more environmentally conscious these days," he observes, "but you still get the out-of-towners who see it at a market and say: 'Ooh man, look at this! It's made out of junk.'"

"Elephant dung, sugar cane or banana leaves—we recycle anything with fiber," says the Paper Making Trust (PAMET) of Malawi. Their dung paper is made up of equal parts of elephant droppings and recycled cardboard. A percentage of the proceeds goes to the Wildlife Society of Malawi.

Gummi „Ich kann die Stärke gut einschätzen", sagt Marius Malherbe, der seit über zwei Jahren mit Gummi arbeitet. Er bekommt sein Material, die Schläuche von Lkw-Reifen, von einer Garage im südafrikanischen Yeoville. Alles fing mit einer Reisetasche für seinen Sohn an; dann stellte Marius in derselben Technik Handtaschen, Rucksäcke, Jacken und Hüte her. Er will für sein Rohmaterial kein Geld ausgeben und benutzt zerdrückte Büchsen, Flaschenverschlüsse und Reflektoren, um seine Gummikreationen zu verzieren. Malherbe kann so einen Rock, der dann 150 Rand (3,50 US$) kostet, in acht bis zehn Stunden herstellen. „Die Leute haben heute ein stärkeres Umweltbewusstsein", meint er, „aber es gibt immer noch welche, die meine Sachen auf dem Markt sehen und sagen: ‚Mensch, guck dir das an! Ein Rock aus Müll.'"

„Elefanten-Dung, Zuckerrohr oder Bananenblätter – wir recyceln alles aus Fasern", so der Verband der Papierhersteller in Malawi (PAMET). Ihr Dungpapier besteht zur Hälfte aus Elefanten-Dung und zur Hälfte aus Karton. Ein Teil der Einnahmen geht an die Wildlife Society in Malawi.

Helicopter Nguyen Anh Tuan makes toy helicopters from Coca-Cola cans at his workshop in Ho Chi Minh City, Vietnam. Tuan needs four or five cans to make one toy helicopter. He and his staff of family members make 10 to 15 a day. They would have to produce about 285 helicopters a second to keep up with the number of Coke cans discarded daily worldwide.

Helikopter Nguyen Anh Tuan macht in seiner Werkstatt in Ho-Tschi-Minh-Stadt in Vietnam Hubschrauber aus Coca-Cola-Dosen. Tuan braucht für einen Hubschrauber vier oder fünf Dosen. Insgesamt stellt er mit seiner Familie 10 bis 15 Stück am Tag her. Die Familie müsste 285 Hubschrauber pro Sekunde schaffen, um mit all den Cola-Dosen, die täglich weggeworfen werden, Schritt zu halten.

Cot cot briefcases from Dakar, made from scrap metal and finished with flattened soda cans and old newspaper, are named after Senegal's former foreign minister Jean-Pierre Cot, who carried one to cabinet meetings.

Die Cot-Cot-Aktenkoffer aus Dakar, gefertigt aus Abfallmaterial und dekoriert mit flach gepressten Getränkedosen und Zeitungspapier, sind nach dem ehemaligen senegalesischen Außenminister Jean-Pierre Cot benannt, der mit so einem Koffer zu einer Kabinettsitzung erschien.

It took just 16 hours to make this versatile paper curtain. Add a few more chains (this one has 24, each with 48 links) and it becomes a room divider. Popular in the Philippines, paper curtains are a great way to get rid of garbage: If you smoked 15 cigarettes a day, this curtain would use up a year's worth of empty packs.

Nur 16 Stunden dauerte es, bis dieser vielseitige Papiervorhang fertig war. Wenn man noch ein paar Ketten hinzufügt – dieser hat 24 mit jeweils 48 Gliedern – wird ein Raumteiler daraus. In den Philippinen sind diese Vorhänge als Methode der Müllverwertung sehr beliebt: Bei einem Konsum von 15 Zigaretten am Tag entspricht dieser Vorhang dem Schachtelverbrauch von einem Jahr.

Fashioned out of aluminum foil from cigarette packs, this decorative flower is perfect for brightening up a religious altar. The design comes from Laos, but similar flowers adorn images of the Virgin of Guadalupe, a popular religious icon in Mexican homes.

Hergestellt aus dem Silberpapier von Zigarettenschachteln wurde diese dekorative Blume hergestellt – eine Zierde für jeden Altar. Das Design kommt aus Laos, aber ähnliche Blumen schmücken auch die Altäre der Jungfrau von Guadeloupe, einem in mexikanischen Haushalten beliebten Heiligenbild.

Young designer Armando Tsunga, 10, uses Madison and Kingsgate brand cigarette packs to add a dash of color to his wire creations. A train sells for Z$10 (US$1). Stop by the Chitungwiza township in Harare, Zimbabwe, to see his other pieces.

Der Jungdesigner Armando Tsunga (10) verwendet Zigarettenschachteln der Marke Madison und Kingsgate, um etwas Farbe in seine Drahtkreationen zu bringen. Ein Zug wie dieser hier ist für 10 Simbabwe-Dollar (1 US$) zu haben. Mehr davon könnt ihr im Chitungwiza-Township in Harare, Simbabwe, finden.

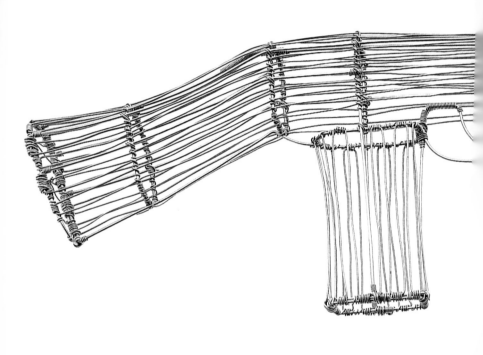

What is war for? Humans spend US$1 trillion a year on war. If you earned $10,000 a day (the going rate for Claudia Schiffer), it would take you almost 300,000 years to make that much money. Governments say military spending is an investment in the future. What could that possibly mean? This wire AK-47 was purchased in the township of Tafara, just outside Harare, Zimbabwe.

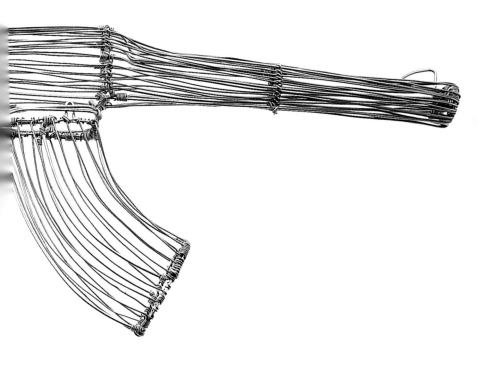

Wozu ist Krieg gut? Menschen geben jedes Jahr eine Billionen US$ für Krieg aus. Wenn du 10 000 US$ am Tag verdienen würdest – wie derzeit das Topmodel Claudia Schiffer –, müsstet ihr fast 300 000 Jahre arbeiten, um so viel Geld zu haben. Die Regierungen bezeichnen Militärausgaben als Investitionen in die Zukunft. Was kann das bloß heißen? Diese AK-47 aus Draht wurde in Tafara bei Harare in Simbabwe gekauft.

Homemade The armored personnel carrier was modeled on the UN/Uruguayan peacekeeping vehicles patroling Angola in 1996. It was purchased from street kids in Kuito and has wheels made from discarded flip-flops.

Selbstgemacht Panzerfahrzeug nach dem Vorbild der UNO-Friedenstruppen aus Uruguay, die bis vor kurzem in Angolas Straßen patrouillierten. Es wurde von Straßenkindern in Kuito erworben, die Räder sind aus alten Gummilatschen gefertigt.

Rubber arm purchased in Greenwich Village, New York City, USA, for US$24.

Gummiarm, gekauft in Greenwich Village, New York City, für 24 US$.

Wooden hand grenade purchased from Pablo, 10, in Ituzaingó, a housing development 30km west of Buenos Aires, Argentina.

Hölzerne Handgranate, gekauft von Pablo (10) in Ituzaingó, einer Sozialwohnungssiedlung 30 km westlich von Buenos Aires.

Perang periam bleduk is a street game in Jakarta, Indonesia, in which opposing teams compete to make the loudest blast. (You score extra points when you hit someone on the other team.) The meter-long cannon, made from bamboo, fires stones and dirt clods (left). The fuse is made from carbide, an explosive carbon compound. Or choose a handgun carved from the soft trunk of a banana tree, which shoots sewing needles up to 5m and was purchased on the street from Ari, age 10.

Perang Periam Bledukis ist ein Straßenspiel aus Jakarta, Indonesien, bei dem die gegnerischen Mannschaften versuchen, den lautesten Knall zu erzeugen. Extrapunkte gibt es, wenn man einen Gegner trifft. Die meterlange Kanone aus Bambus feuert Steine und Erdbrocken (links). Die Lunte ist aus Karbid, einer explosiven Kohlenstoffverbindung. Diese Pistole aus Jakarta, Indonesien, aus Bananenholz, schießt Nähnadeln bis zu fünf Meter weit. Wir haben sie dem zehnjährigen Ari abgekauft.

Having trouble throwing grenades straight? Improve your skills with authentic practice hand grenades, manufactured by Hoover in the USA— good, clean fun for the whole family.

23,000,000 people are refugees. Learn about life as a refugee with the board game Run For Your Life! Players have to get from their village to a refugee camp; obstacles include land mines and indiscriminate artillery attacks.

Findet ihr es schwierig, Handgranaten richtig zu werfen? Verbessert eure Technik mit den Übungsgranaten von Hoover aus den USA – ein Spaß für die ganze Familie.

23 000 000 Menschen sind weltweit auf der Flucht. Das Brettspiel „Run For Your Life!" (*Lauf um Dein Leben!*) vermittelt einen Einblick ins Flüchtlingsdasein. Die Spieler müssen von ihrem Dorf in ein Flüchtlingslager gelangen und auf dem Weg Hindernissen wie Minen und Scharfschützen ausweichen.

"Yob" is British slang for hooligan. A yob's misson is to support his chosen football team at all costs. This may entail causing mayhem at football matches worldwide, or injuring and insulting supporters of rival football teams. His accessories are a baseball bat, brick, ice-cream cone, can of spray paint, and rude gesture (the two-fingered "V" sign). A yob likes to travel (15 percent of football-related arrests take place outside the UK). He's also an accomplished singer. According to the National Criminal Intelligence Service, the number of arrests for indecent chanting, such as "You're going home in a fucking ambulance," has increased threefold.

„Yob" ist der englische Slangausdruck für „Hooligan". Aufgabe eines Yobs ist es, sich um jeden Preis für seine Fußballmannschaft ins Zeug zu legen. Dazu gehört es möglicherweise auch, bei Fußballspielen auf der ganzen Welt Chaos und Verwüstung anzurichten und Fans des gegnerischen Teams zu beleidigen oder tätlich anzugreifen. Accessoires sind Baseballschläger, Ziegelstein, Eiscremetüte, Farbspraydose und rüde Gesten wie das bekannte, mit zwei Fingern gebildete V-Zeichen. Ein Yob reist gerne – 15 % der Festnahmen von Fußballchaoten finden außerhalb von Großbritannien statt. Zudem ist er ein hervorragender Sänger. Dem Informationsdienst der britischen Kriminalpolizei zufolge hat sich die Zahl der Festnahmen wegen unanständiger Lieder – „Ihr Wichser kommt nur im Krankenwagen nach Hause" und Ähnliches – in der letzten Saison verdreifacht.

Move over, Barbie! Meet Licca. Rika "Licca" Kayama, 11 years old, Taurus, is a fifth-grader at Shirakaba Elementary School in Japan. Her father Pierre is French and is an orchestra conductor, her sisters are twins named Miki and Maki and her mother is a fashion designer. Over the last 30-or-so years, Licca has evolved: Her head has shrunk and her breasts and curves have filled out. She comes in many different models, including a McDonald's hamburger flipper (although she's actually too young to work there legally).

Rutsch rüber, Barbie! Dies ist Licca. Rika „Licca" Kayama, elf Jahre alt, Sternbild Stier, geht in die fünfte Klasse der Shirakaba-Grundschule in Japan. Ihr französischer Vater Pierre ist Dirigent; sie hat zwei Schwestern, die Zwillinge Miki und Maki, und ihre Mutter ist Modeschöpferin. In den letzten 30 Jahren hat Licca sich verändert: Ihr Kopf ist kleiner geworden, und ihre Brüste und sonstigen Kurven haben sich entwickelt. Es gibt sie in den verschiedensten Versionen, darunter als Küchenhilfe bei McDonald's – obwohl sie eigentlich zu jung ist, um dort legal zu arbeiten.

Shopping for a dildo
in Japan might prove to be
difficult if you want one that
looks like the "real thing."
According to the manager
of PIN-PIN, an adult toy shop
in Tokyo, practically all dildos
made in Japan have faces and
are shaped to look like a figure. "There's no demand for
realistic sex toys," he continues, "They look too much like
what it is." Models include
likenesses of Sumo wrestlers,
princes, kings, dolphins and
kokeshi (traditional dolls from
the Tohoku province
of northeast Japan).

Wenn ihr einen Dildo
kaufen wollt, der möglichst
echt aussieht, müsst ihr in Japan
lange suchen. Der Geschäftsfüh-
rer von PIN-PIN, einem Spiel-
zeugladen für Erwachsene,
sagte, dass praktisch alle Dildos
japanischer Fertigung Gesich-
ter haben und auch sonst wie
Figuren aussehen. „Für realisti-
sches Sexspielzeug besteht
keine Nachfrage", meint
er. „Das sieht zu sehr nach
Wirklichkeit aus." Gängige
Modelle sind Sumoringer,
Prinzen, Könige, Delphine
und kokeshi, traditionelle
Puppen aus der Provinz Tohoku im Nordosten Japans.

Paper This clock from the Paper Gift Shop in Kuala Lumpur, Malaysia, is burned at the graveside: Sending loved ones into the next life with gifts is an important Taoist practice. The radio is a special feature designed by shopowner Kevin K.C.Choi. "It's for household use," explains Kevin. "People need to know the time, and enjoy listening to music. We also have paper watches that they can wear on their wrist."

Papier Diese Radiouhr aus dem Paper Gift Shop in Kuala Lumpur, Malaysia, wird bei Beerdigungen am Grab verbrannt: Taoisten legen Wert darauf, Freunden und Verwandten Geschenke mit auf die Reise ins Jenseits zu geben. Das Radio, eine Spezialausführung, wurde eigens vom Inhaber des Ladens, Kevin K.C.Choi, entworfen. „Es ist für den alltäglichen Gebrauch", erklärt Kevin. „Die Leute möchten wissen, wie spät es ist, und hören gerne Musik. Wir haben auch schicke Armbanduhren aus Papier."

Fruit The Ecotime clock can run on mineral water or even on Coke, as we discovered. It requires no batteries (2.5 billion batteries—and their poisonous contents—are discarded every year in the USA). Instead use the Horloge de Volta, which runs on oranges, apples, bananas and virtually anything that contains natural acids. Simply connect a circuit between the displays and the two fruits or vegetables of your choice.

Frucht Die Ökouhr funktioniert mit Mineralwasser oder sogar Cola, wie wir festgestellt haben. Da braucht man keine Batterien mehr – immerhin 2,5 Millionen Batterien müssen jedes Jahr samt giftigem Inhalt in den USA entsorgt werden. Oder nehmt die Horloge de Volta, die mit Orangen, Äpfeln, Bananen und praktisch allem betrieben wird, was natürliche Säuren enthält. Einfach einen geschlossenen Kreis zwischen der Anzeige und den beiden Obst- oder Gemüsearten eurer Wahl herstellen.

A video baby doesn't require much looking after. He/she exists only on a 30-minute video tape and need only interrupt your busy schedule for a few minutes a day—in fact, whenever you feel like picking up the remote control. Nappy-changing and meal-time duty are performed by an anonymous pair of adult hands, while your clothes stay clean and your patience untried. Should the baby's face start to crumple, the electronic background music is turned up to drown out any objectionable noises. Video Baby will stay good-tempered and cute until the tape wears out.

Ein Videobaby erfordert nicht viel Pflege. Es existiert nur auf einem 30-Minuten-Video und verlangt bei einem vollen Terminkalender nur eine kurzfristige Unterbrechung der Arbeit, wenn es euch in den Sinn kommt, es per Fernbedienung auf den Bildschirm zu bestellen. Frische Windeln und Brei werden ihm von anonymer Hand verabreicht, eure eigenen Kleider bleiben sauber, die Stimmung bleibt ungetrübt. Sobald das Baby sein Gesicht zum Weinen verzieht, wird die Hintergrundmusik lauter und übertönt alle unangenehmen Geräusche. Das Videobaby bleibt wohl gelaunt und niedlich, bis das Band zu Ende ist.

Sleep Some people count sheep to put themselves to sleep, but why stop there? Get closer to sheep with the Sheep Face Pillow. Lie on your stomach with your face in the pillow for five minutes a day: It stimulates acupressure points in your face.

Schlaf Manche Leute zählen Schäfchen, wenn sie nicht einschlafen können, aber du kannst den Schafen auch anders näher kommen: Bette dich auf ein „Schafsgesichtskissen". Leg dich auf den Bauch und drück das Gesicht fünf Minuten täglich auf das Kissen: Das regt die Akupunkturpunkte im Gesicht an.

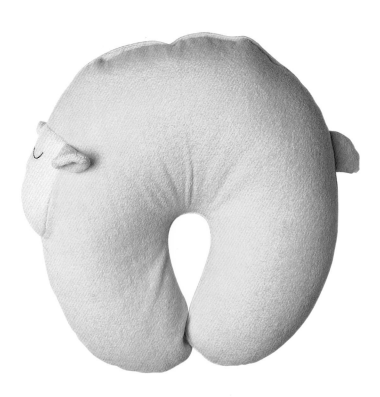

In Kenya, men from the Turkana tribe never leave home without a small wooden stool that doubles as a pillow. It also preserves their elaborate hairdos while they sleep. Carved of hardwood, the headrests are light and easy to carry—they have leather handles. Some are decorated with figures of animals.

In Kenia gehen die Männer des Turkana-stamms nie ohne einen kleinen hölzernen Hocker aus dem Haus, der bei Bedarf zum Kopfkissen wird. Außerdem schützt er beim Schlafen ihre raffinierten Frisuren. Die Kopfstützen aus geschnitztem Hartholz sind leicht und an ihren ledernen Griffen einfach zu tragen. Einige sind hübsch mit Tierfiguren verziert.

Kimonos have been traditional Japanese attire for 2,000 years. The basic shape hasn't changed, but innovations are always welcome. His and Hers kimono coverlets are great for cozy nights at home. They're ideal for anyone with allergies——the stuffing is antibacterial, mite-resistant and odor-resistant.

Kimonos werden in Japan seit 2000 Jahren getragen. Die Grundform hat sich nicht geändert, aber Neuerungen sind immer gern gesehen. Kimono-Überzüge gibt es für Frauen und Männer. Sie sind ideal für gemütliche Abende zu Hause und problemlos für Allergiker: Die Füllung ist antibakteriell, milbenresistent und geruchsabweisend

Kompakt brand sleeping bags can be compressed into a ball not much larger than your palm. The three-season model, Kompakt 195, is suitable for temperature extremes of +15° and -12° C.

Schlafsäcke der Marke Kompakt können auf Faustgröße zusammengeknautscht werden und passen überall rein. Das Modell Kompakt 195 für drei Jahreszeiten eignet sich für Temperaturen von +15 bis –12 °C.

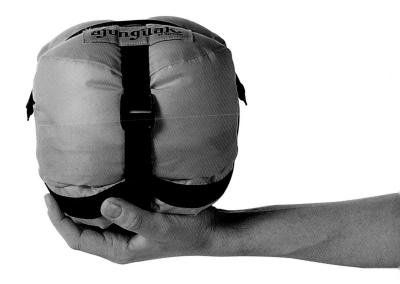

Visit the judge, pay alimony and decide who gets the dog—in The Divorce Game, the winner is the person who loses their wedding ring the quickest. Designed as therapy for the recently divorced, it's also great family fun.

Geht zum Richter, zahlt den Unterhalt und einigt euch, wer den Hund kriegt – im „Divorce Board Game" gewinnt derjenige, der den Ehering am schnellsten verliert. Eigentlich als Therapie für frisch Geschiedene gedacht, ist es auch ein Spaß für die ganze Familie.

POWER **MODE**

おはなし

カラオケ

ともだち

Lonely heart The days of pickup lines are over thanks to Lovegety. First, purchase the Lovegety appropriate for your gender. Next, switch to the right setting (choose among "Let's talk," "Let's get to know each other" or the more racy "Let's go sing karaoke"). Walk around. When someone of the opposite sex with a Lovegety switched to the same setting walks by, your alarm will sound. With a million Lovegetys in circulation in Japan (most owned by high school students) your chances of making some new acquaintances are pretty good. "I think it's a fun project," says Takeya Takafuji of manufacturers Airfolk. And although no marriages have been reported, "some people have found a very close relationship."

Einsames Herz Die Tage des Straßenstrichs sind dank Lovegety gezählt. Kauf zuerst das Lovegety, das deinem Geschlecht entspricht. Dann schalte das richtige Setting ein – wahlweise „Plaudern wir ein bisschen", „Wir sollten uns näher kennen lernen" oder das gewagtere „Auf zum Karaoke-Singen". Lauf herum. Wenn jemand vom anderen Geschlecht mit einem angeschalteten Lovegety vorbeikommt, schrillt bei dir die Alarmglocke. Bei einer Millionen Lovegetys, die in Japan im Umlauf sind – die meisten davon an Highschools –, stehen die Chancen für neue Bekanntschaften nicht schlecht. „Ich finde, es ist einfach ein lustiges Projekt", sagt Takeya Takafuji von Airfolk, dem Hersteller. Und obwohl bislang noch nichts über Eheschließungen bekannt ist, „haben sich doch einige enge Bindungen ergeben".

Can't find the words to end a relationship? C-Ya cards come to the rescue with messages like "I guess I'm stubborn when it comes to my heart. I'm sorry—you were right all along. You're not what I want. C-Ya."

Dir fehlen die Worte, um eine Beziehung zu beenden? Die Sprüche auf C-Ya-Karten sind für solche Fälle genau das Richtige. Ein Beispiel: „Ich bin in Herzensangelegenheiten schwer von Begriff. Sorry – du hattest recht, wir sind einfach nicht füreinander geschaffen. C-Ya ."

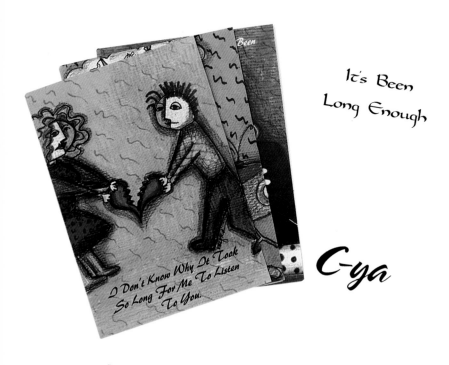

Candy Women give chocolates to men on Valentine's Day in Korea. On White Day (March 14) men give candy to women. And if you don't get anything on either of those days, you can treat yourself to ja-jang noodles on Black Day (April 14). You could also console yourself with this Korean white heart lollipop.

Süßigkeiten In Korea schenken die Frauen den Männern zum Valentinstag Pralinen. Am Weißen Tag, dem 14. März, schenken die Männer den Frauen Süßigkeiten. Und wenn du an beiden Tagen nichts abkriegst, kannst du dir selbst am Schwarzen Tag, dem 14. April, Toja-jang-Nudeln kaufen. Du kannst dich auch mit diesem weißen Herz-Lolly trösten.

Aboriginal children rarely need toys to distract them—they're much more in contact with their caregivers than children in Western cultures. One of the few things they play with are boab nuts, which babies use as a rattle.

Kinder von Aborigines brauchen kein Spielzeug, um sich zu amüsieren – sie verbringen nämlich viel mehr Zeit mit ihrer Familie als Kinder in westlichen Kulturen. Eines ihrer wenigen Spielsachen sind Boabnüsse, aus denen die Aborigines Babyrasseln herstellen.

"I'm your friend Brushy Brushy, I'll keep your teeth shiny and bright, please brush with me every day, morning, noon and night!" This catchy jingle from a singing toothbrush might convince your child to brush: Almost half of all 7-year-olds in the USA have a cavity. Yucky Yucky, the talking medicine spoon, is also available.

„Ich bin dein Freund Brushy Brushy und bringe deine Zähne zum Strahlen, bitte benutze mich jeden Tag: morgens, mittags und abends!" Dieses fröhliche Liedchen einer singenden Zahnbürste könnte dein Kind vielleicht von der Notwendigkeit des Zähneputzens überzeugen: Fast die Hälfte aller Siebenjährigen in den USA haben Karies. Ebenfalls erhältlich ist Yucky Yucky, der sprechende Medizinlöffel.

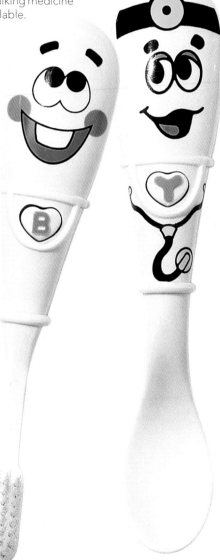

Save while you play with this no-nonsense piggy bank (right). Adorned with pictures of Hindi film stars, it's a miniature of the lockable steel cupboards found in the bedrooms of many middle-class Indian homes. Children need secrets to develop their own identity, say psychologists. And with the majority of Indian families living in one room, the minicupboard offers children a few precious centimeters of privacy. A more high-tech security system is the US-made Intruder Alarm, ideal for affluent American children: A recent survey found that 75 percent have their own room, 59 percent have their own TV sets and almost half have video recorders. The Intruder Alarm—complete with battery holder, three resistors, rubber band and sandpaper—can protect possessions from unwanted visitors. Simply connect the alarm to a window, door or box: As soon as a parent or thief breaks the circuit, the alarm sounds.

Sparen wird mit dieser praktischen Spardose zum Kinderspiel (rechts). Sie ist mit Fotos indischer Filmstars verziert und stellt eine Miniaturversion der Metallschränke dar, die in vielen Wohnungen der indischen Mittelschicht stehen. Psychologen sagen, dass Kinder Geheimnisse brauchen, um ihre Identität zu entwickeln. Da ein Großteil der Familien in Indien in einem einzigen Raum lebt, bietet der Minischrank Kindern ein paar Zentimeter Privatsphäre. Ein ausgefeilteres Sicherheitssystem ist die US-amerikanische Alarmanlage gegen Einbrecher, ideal für amerikanische Kinder, die in größerem Wohlstand leben: Neuere Umfragen ergeben, dass 75 % ein eigenes Zimmer und 59 % einen eigenen Fernseher haben; fast die Hälfte besitzt einen Videorecorder. Diese Alarmanlage mit Batterie-Set, drei Widerständen, Gummibändern und Sandpapier kann euren Besitz vor unerwünschten Besuchern schützen. Installiert sie an Fenstern, Türen oder Schränken: Sobald Eltern oder Diebe den Stromkreis unterbrechen, geht sie los.

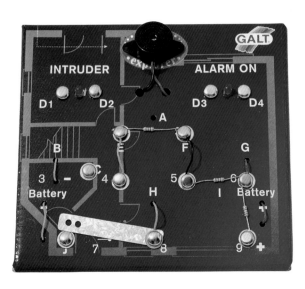

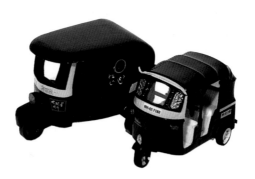

Cockroaches Some 40,000 auto rickshaw drivers roam the outskirts of Mumbai, India. Don't expect to get a lift into town, though. Their vehicles, also known as "cockroaches," are extremely polluting and are not allowed within 14km of the city center. The wooden Nepalese model was purchased in Kathmandu. The plastic version is from Mumbai.

Küchenschaben 40 000 Auto-Rikscha-Fahrer ruckeln so durch die Vororte der indischen Stadt Bombay. Glaubt nicht, dass sie euch bis ins Zentrum der Stadt bringen könnten: Diese Fahrzeuge, gerne auch „Küchenschaben" genannt, stoßen ganz besonders giftige Abgase aus und dürfen nicht näher als 14 km an die Stadtmitte heran. Das hölzerne Modell aus Nepal links haben wir in Katmandu erstanden. Die Plastikversion stammt aus Bombay.

Fast This can overtake a truck. On mountain roads in Colombia, carts made of wood mounted on ball bearings reach speeds of 110kph. Some *balineristas* (cart drivers) are professionals, ferrying spare parts to broken-down trucks or transporting goods. But Mauricio Pérez, who made this model, does it for kicks, participating in the annual cart race in Medellín. "This cart's mediocre. For this year's competition we've got a bigger and more refined one." The fastest carts use heavy truck ball bearings, scavenged from rig repair shops, and carefully selected wood. "Usually at least two people crew each cart, so for 140kg the cart has to be strong and built aerodynamically." Drivers dig their heels into the road to brake (Mauricio recommends wearing work boots), or rig up a brake system by nailing strips of car tires to the front axle. Helmets are optional: On Route 5 near Ibagué, the most popular balinerista haunt, there's an accident every day, and about 35 people die each year.

Schnell Diese Seifenkiste kann sogar einen Lkw überholen. Auf den Bergstraßen von Kolumbien erreichen solche Holzwagen auf Kugellagern bis zu 110 km/h. Manche *balineristas* – Kistenfahrer – sind Profis, liefern Ersatzteile an, liegen gebliebene Lkws oder transportieren Waren. Aber Mauricio Pérez, Hersteller dieses Modells (links), fährt nur zum Spaß – er ist z.B. beim jährlichen Seifenkistenrennen in Medellín dabei. „Die Kiste hier ist nichts Besonderes. Dieses Jahr gehen wir mit einem viel größeren und ausgefeilteren Modell an den Start." Die schnellsten Kisten bestehen aus schweren Lkw-Kugellagern für Sattelschlepper und ausgesuchtem Holz. „Meistens fahren wir zu zweit, daher muss die Konstruktion 140 kg aushalten und aerodynamisch sein." Man bremst mit den Hacken – Mauricio empfiehlt schwere Arbeitsstiefel – oder improvisiert ein Bremssystem mit Streifen aus Reifengummi an der Vorderachse. Helme sind nicht obligatorisch, aber sehr zu empfehlen: Auf der Lieblingspiste der Balineristas, der Straße Nr. 5 bei Ibagué, gibt es täglich Unfälle, bei denen jährlich ungefähr 35 Menschen umkommen.

Zapatista Since the insurrection of 1994, the traditional hand-sewn - figurines of Mexico's Chiapas state have acquired the fashion habits of the Zapatista guerillas: black ski mask, bandolier across the chest, bandana and ruck-sack. At the Indian market of San Cristobal de las Casas (where this one was pur-chased), the dolls are believed to outnumber the estimated 4,000 guerillas in the mountains. Then there's the crossbow from Mexico City, used to play *guerritas* (little war), in which contestants fire corks at one another.

Seit dem Aufstand
1994 tragen die traditio-nellen, handgenähten Puppen der Chiapas-Region in Mexiko die typische Kleidung der Zapatistenguerrilla: schwarze Skimasken, Patro-nengurt, Stirnband und Rucksack. Die Zahl der Puppen, die auf dem Indio-Markt in San Cristobal de las Casas – wo diese Puppe gekauft wurde – angeboten werden, soll die der etwa 4000 Guerilleros in den Bergen übersteigen. Aus Mexiko-Stadt stammt die Arm-brust für das Guerritas („kleiner Krieg")-Spiel, bei dem die Gegner Korken aufeinander feuern.

Propaganda Irene Sáez has had several jobs, including Miss Venezuela, Miss Universe, mayor, doll and presidential candidate. Her fame got her elected mayor of a wealthy Caracas suburb in 1992. During her first term, rubbish collection improved and police patroled the streets on golf buggies ("Irene carts"). When she ran for a second term, she won 95 percent of the vote. Her mortal enemy is the dastardly Hugo Chávez. Not content with staging a military coup in 1992, he accused Irene of encouraging idolatry when she released her plastic play image in 1995. She recently tamed her flowing tresses into a more mature, "presidential" chignon.

Propaganda Irene Sáez hat mehrere Berufe, darunter Miss Venezuela, Miss Universum, Bürgermeisterin, Puppe und Kandidatin für die Präsidentschaftswahlen. Dank ihrer Popularität wurde sie 1992 zur Bürgermeisterin eines wohlhabenden Vororts von Caracas gewählt. Während ihrer ersten Amtszeit sorgte sie für Verbesserungen bei der Müllabfuhr, und Polizisten fuhren die Gegend in Golfbuggies, sogenannten Irene-Wagen, ab. Als sie zum zweiten Mal antrat, gewann sie prompt 95 % der Wählerstimmen. Ihr Erzfeind heißt Hugo Chávez. Er inszenierte nicht nur 1992 einen Militärputsch, sondern beschuldigte Irene auch, dem Kult um ihre Person Vorschub zu leisten, nachdem 1995 eine Irene-Nachbildung aus Plastik auf den Markt gekommen war. Frau Sáez bändigte kürzlich ihre Locken zu einem Knoten, um reifer auszusehen – wie es dem angestrebten Präsidentenamt geziemt.

Mascot Mintzoa comes from the Basque country, a semi-autonomous region between northwest Spain and southwest France. She's the mascot of Euskal Herritarrok (formerly Herri Batsuna). The political wing of the Basque separatist movement is campaigning for freedom from Spanish and French rule and for the revival of Euskara, the Basque national language. She squeaks charmingly when squeezed. But don't be seduced. The guerilla separatist group ETA (Basque Homeland and Freedom), linked to Euskal Herritarrok, has murdered 800 people over the last 30 years. Not to mention the occasional kidnapping (they kept prison guard José Antonio Ortega Lara in a hole underground for almost two years).

Das Maskottchen Mintzoa kommt aus dem Baskenland, einer halbautonomen Region zwischen dem Nordwesten Spaniens und dem Südwesten Frankreichs. Sie ist der Glücksbringer der Partei Euskal Herritarrok (ehemals Herri Batasuna). Der politische Flügel der baskischen Separatistenbewegung setzt sich für die Unabhängigkeit des Baskenlands von Frankreich und Spanien sowie die Wiedereinführung des Euskera, der baskischen Nationalsprache, ein. Wenn man Mintzoa kneift, quiekt sie ganz bezaubernd. Aber lasst euch nichts vormachen: Die separatistische Guerillaorganisation ETA (Baskisches Heimatland und Freiheit), die mit Euskal Herritarrok in Verbindung steht, hat in den letzten 30 Jahren 800 Menschen umgebracht. Dazu kommen noch gelegentliche Entführungen; so wurde der Gefängniswärter José Antonio Ortega Lara fast zwei Jahre lang in einem unterirdischen Verlies festgehalten.

Cigarettes Scientists have identified about 4,000 chemicals in cigarette smoke, at least 60 of which are carcinogenic. Grab a candy bar or soft drink instead. On the packaging, you'll find the ingredients. You might not recognize them all (what's the E338 in Coca-Cola, for example?), but at least you can find out more about them. Most governments think people have a right to know what they're eating and drinking—and most manufacturers comply. Not cigarette makers, though. With the help of well-paid lawyers and sympathetic politicians, tobacco companies have managed to keep their cigarette recipes trade secrets, even though smoking is the biggest cause of preventable deaths worldwide. In 1994, under massive public pressure, US cigarette companies jointly released a list of 599 tobacco additives (13 of which are banned in the USA for use in food)—but without specifying which additives were used in which brands, and in what quantities.

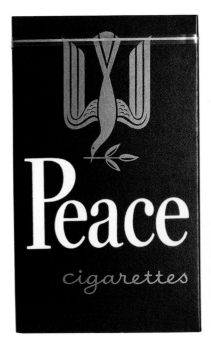

Zigaretten Nach Erkenntnissen der Wissenschaft enthält Zigarettenrauch ca. 4000 verschiedene Substanzen, darunter mindestens 60 mit krebserregendem Potenzial. Nehmt doch lieber einen Schokoladenriegel oder ein Erfrischungsgetränk: Da könnt ihr auf der Verpackung nachlesen, was darin enthalten ist. Vielleicht ist nicht alles auf Anhieb verständlich (was ist E 338 in Cola?), aber man kann zumindest mehr darüber herausfinden. Die meisten Staaten sind der Ansicht, jeder habe ein Recht zu wissen, was er isst und trinkt – und die meisten Produzenten geben den Inhalt auch vorschriftsmäßig an. Nicht so die Zigarettenhersteller. Die Tabakindustrie hat mit Hilfe gut bezahlter Anwälte und ihr wohlgesinnter Politiker erreicht, dass die Zusammensetzung von Zigaretten unter das Geschäftsgeheimnis fällt, auch wenn Rauchen weltweit die häufigste vermeidbare Todesursache ist. Unter dem massiven Druck der Öffentlichkeit haben die amerikanischen Zigarettenfirmen 1994 gemeinsam eine Liste mit 599 Zigarettenzusatzstoffen herausgegeben, von denen 13 in den USA nicht mehr in Lebensmitteln verwendet werden dürfen.

Heads of state constitute almost a third of the world's cigar smokers. According to popular myth, cigars are rolled on the thighs of maidens. In truth, Cuban factory workers roll them by hand. To relieve the tedium and help them keep up with current affairs, the rollers get someone to sit at a desk and read to them from books and newspapers. The ritualistic blending, drying and rolling of a single cigar takes about 100 days. It is smoked in about two hours. Just before US President John F. Kennedy signed the decree banning Cuban cigars from the USA in 1962, he sent an aide to buy up 2,000 of his favorite brand.

Toasted tobacco powder from Mozambique, *rapé* (Portuguese for snuff) is often used with a *mulala* (cleaning stick) to obtain shiny white teeth. The powder is also sniffed during marriage ceremonies as a symbol of the union between the families.

Regierungschefs machen ungefähr ein Drittel der Zigarrenraucher der Welt aus. Die Legende sagt, dass Zigarren auf den Schenkeln junger Mädchen gerollt werden. In Wirklichkeit rollen sie kubanische Arbeiter in der Hand. Gegen die Langeweile, und um nicht aus dem Rhythmus zu kommen, haben sie jemanden, der ihnen beim Rollen der Zigarren aus einem Buch oder aus der Zeitung vorliest. Das Mischen, Trocknen und Rollen einer einzigen Zigarre dauert insgesamt 100 Tage. In zwei Stunden raucht man die Zigarre auf. Kurz bevor US-Präsident John F. Kennedy 1962 das Embargo gegen Kuba verhängte, ließ er sich noch schnell von einem Vertrauensmann 2000 Stück seiner Lieblingsmarke besorgen.

Rösttabak aus Mosambik, auch *Rapé* genannt – so das portugiesische Wort für Schnupftabak – , benutzt man häufig zur Zahnreinigung mit Mulala-Stöckchen. Während der Hochzeitsfeierlichkeiten wird der Puder oft geschnupft, um die Verbindung der Familien zu symbolisieren.

In the central park in Harare, Zimbabwe, a bottle sand timer like this one determines the length of time children can use the playground rides. When the sand has dropped (it takes three minutes), it's time to buy a new 10 Zimbabwe cents (US$0.01) ride ticket. In the UK, education experts say children now enjoy half the breaktime their parents had. And in Japan, children are now actually taught playtime and conversation skills lost through too much time spent on technology.

Im Stadtpark von Harare, Simbabwe, zeigt eine Sanduhr an, wie lange das Kind die Geräte auf dem Spielplatz benutzen darf. Wenn der Sand durch die Uhr gelaufen ist – das dauert etwa drei Minuten –, muss man für 10 Cent (0,01 US$) eine neue Karte kaufen. Pädagogen in Großbritannien haben festgestellt, dass Schulkinder heute halb so viel Pausenzeit haben wie ihre Eltern. In Japan gibt es inzwischen regelrechte Kurse für Kinder, in denen sie lernen, wie man spielt und sich unterhält: Soziale Fähigkeiten, die durch zuviel Zeit vor dem Computer verloren gegangen sind.

Splash out on a Rolex

(US$105,000 for the platinum version), and you're buying a slice of horological history. Rolex was the first wristwatch to be granted a precision certificate from the Royal Greenwich Observatory in 1914. The Rolex Oyster (a fake one is shown here) was the first-ever waterproof watch: Since 1926, it has swum the English Channel, climbed Mount Everest and dived 610m underwater. Rolexes are available in 26 languages, including Arabic, and come with a "Superlative Chronometer" seal from the Swiss Chronometry Control Office in Geneva. All in all, we're not surprised they're popular. Nor is the Los Angeles Police Department in the USA: It has a team of detectives specialized in Rolex thefts.

Lasst was springen

für eine Rolex (die Platinversion kostet 105 000 US$), und ihr könnt ein Kapitel Uhrengeschichte euer eigen nennen: Rolex war die erste Armbanduhr, die 1914 von der Königlichen Sternwarte in Greenwich ein Präzisionszertifikat erhielt. Die Rolex Oyster – hier eine Fälschung – war die erste wasserdichte Uhr der Welt. Seit 1926 hat sie mehrmals den Ärmelkanal durchschwommen, den Mount Everest bestiegen und ist bis zu 610 Meter tief getaucht. Rolex-Uhren gibt es mit Zifferblättern in 26 Sprachen, einschließlich Arabisch. Sie besitzen das „Superlative Chronometer"-Siegel der amtlichen Prüfstelle für Zeitmesskontrolle in Genf. Da überrascht es kaum, dass sie so beliebt sind. Das findet auch die Polizei von Los Angeles: Sie verfügt über ein Team von Detektiven, die auf den Diebstahl von Rolex-Uhren spezialisiert sind.

Amex It's black, it's understated, it's stylish. It's the American Express Centurion card—available by invitation only. Members must earn at least UK£150,000 (US$234,000) yearly and be among the highest spenders (the top 1 percent) of American Express cardholders. With no preset spending limit, cardholders have hired private jets for weekend jaunts and bought £50,000 ($78,000) Bentley cars on whims—but there's more to the card than simple spending power. "Having a Centurion card is the equivalent of having [supermodel] Cindy Crawford on your arm," says Doug Smith of the American Express office in London. "It gets you into private clubs that no one else can get into, it gets you into restaurants that are booked up months in advance." If you want a black card, Doug recommends that you apply for one of the company's less exclusive cards, spend heavily, and hope for an invitation. But don't be disappointed if the company never calls. As Doug points out, "It's not for everyone."

Amex Sie ist schwarz, dezent, einfach schick: Die American-Express-Centurion-Kreditkarte – nur für Auserwählte. Um dazuzugehören, müsst ihr mindestens 150 000 £ (234 000 US$) im Jahr verdienen und eure American-Express-Karte besonders häufig benutzen. Da es kein Ausgabenlimit gibt, haben sich einige Centurion-Besitzer eben mal einen Privatjet fürs Wochenende gemietet, andere sind einer plötzlichen Schwäche gefolgt und haben sich für 50 000 £ (78 000 US$) einen Bentley zugelegt – aber die Karte bringt mehr als reine Kaufkraft. „Mit der Centurion-Karte bist du mindestens so wichtig, als hättest du Supermodel Cindy Crawford am Arm", meint Doug Smith vom American-Express-Büro in London. „Das öffnet dir viele Türen, wie in Privatclubs, in die sonst keiner rein kommt; und in monatelang ausgebuchten Restaurants gibt es sofort einen Tisch." Wenn du die schwarze Karte haben willst, solltest du dich zunächst für eine der weniger exklusiven Karten entscheiden, heftig Geld ausgeben und dann darauf hoffen, dass American Express dir eine Centurion-Karte anbietet – so lautet Dougs Ratschlag. Aber seid nicht enttäuscht, wenn American Express dann doch nicht anruft. „Die Karte passt einfach nicht zu jedem", meint Doug.

Golliwog Since his birth in the 1800s, Golliwog has entertained millions of children, decorated millions of jam jars (he's the mascot for the UK-based Robertsons' jam company) and infuriated millions of adults. "It's a stereotypical image of a black face," says Chris Mayant of the UK's Commission for Racial Equality. Nor does Golliwog's name endear him to many people: "Wog," which probably arose from "Working On Government Services" armbands worn by Egyptians during colonialism, is a racist insult in the UK. Anti-Golliwog feeling has compelled our hero to keep a much lower profile these days. But he still survives (we found this one in Australia).

Golliwog Seit seiner Geburt im 19. Jahrhundert hat Golliwog Millionen Kinder amüsiert, Millionen Marmeladengläser geziert – er ist das Maskottchen der britischen Robertson's Jam Company – und Millionen Erwachsene in Aufruhr versetzt. „Es handelt sich um das Stereotyp eines schwarzen Gesichtes", erklärt Chris Mayant von der britischen Organisation für Rassengleichheit. Und auch sein Name macht ihn nicht unbedingt sympathischer: ‚Wog' kommt wohl von ‚Working on Government Services' (im Dienste der Regierung tätig), ein Kennzeichen, das Ägypter zu Kolonialzeiten auf Armbinden trugen – und ist heutzutage in Großbritannien ein rassistisches Schimpfwort. Die Anti-Golliwog-Stimmung zwang unseren Helden, etwas bescheidener aufzutreten. Aber es gibt ihn noch – den hier haben wir in Australien aufgetrieben.

Happy Meal Girl comes complete with plastic McDonald's cheeseburger, fries and an unidentified soft drink. She can survive solely on junk food, unlike a real child who, living entirely on high-fat, low-fiber Happy Meals, is likely to die prematurely from cancer, heart disease, obesity or diabetes. Her aim is to make junk food appealing to 3-year-olds. Already, 30 percent of McDonald's 38 million daily visitors are children. With the aid of a US$2 billion advertising budget, Happy Meal Girl has helped the McDonald's Golden Arches logo become more widely recognized than the Christian cross. But she's not just a pretty face—she also slurps and burps.

Das Happy-Meal-Mädel gibt es komplett inklusive Cheeseburger von McDonald's, Pommes und einem unidentifizierbaren Erfrischungsgetränk – alles aus Plastik. Sie ist imstande, ausschließlich von Junkfood zu leben. Ein echtes Kind, das sich nur von fetthaltigen, ballaststoffarmen Happy Meals ernährt, würde innerhalb kürzester Zeit an Krebs, Herzversagen, Übergewicht oder Diabetes zugrunde gehen. Die Puppe soll Dreijährigen Lust auf Junkfood machen. Schon jetzt sind 30 % der 38 Millionen Menschen, die täglich bei McDonald's essen, Kinder. Mit Hilfe eines Werbeetats von 2 Milliarden US$ ist es dem Happy-Meal-Mädchen gelungen, das Logo von McDonald's, die goldenen Bögen, bekannter zu machen als das christliche Kreuz. Aber sie ist nicht nur ein hübsches Ding – sie rülpst und schlürft auch gerne.

Heterosexual Elliot Chitungu, of Chitungwiza, Zimbabwe, found inspiration for these dolls in two branches in his father's garden. He made the first couple by molding mashed tree bark and glue and has made 12 in all. Like this pair, they've all been heterosexual (the girl's the one with the bigger hips). Homosexuality is a criminal offense punishable by imprisonment in Zimbabwe, and the country's leader, Robert Mugabe, is of the firm opinion that gays are "worse than pigs and dogs."

Heterosexuell Elliot Chitungu aus Chitungwiza in Simbabwe ließ sich zu diesen Puppen von zwei Zweigen im Garten seines Vaters inspirieren. Das erste Paar formte er aus zerstampfter Baumrinde und Klebstoff – jetzt hat er schon zwölf Puppen. Wie auch dieses Paar sind sie alle heterosexuell (das Mädchen ist die Puppe mit den breiteren Hüften). Homosexualität ist in Simbabwe ein Verbrechen, das mit Gefängnis bestraft wird – Landesvater Robert Mugabe hat die dazu passende Überzeugung: Er meint nämlich, dass Schwule „schlimmer als Schweine und Hunde" seien.

Contraband Diplomatic immunity didn't save an official US trade representative from being stopped with 40 contraband Beanie Babies on a recent return trip from China. Since the Beanie Baby boom began in North America, prices of the toys have rocketed. Maple Bear, sporting the Canadian flag , now sells for as much as US$500 in the USA, and people crossing the border are being searched for contraband bears.

Schmuggelware Trotz seines Diplomatenpasses wurde ein offizieller Handelsbeauftragter der US-Regierung kürzlich bei der Rückreise aus China mit 40 geschmuggelten Beanie Babys festgehalten. Seit Beginn des Beanie-Baby-Booms in Nordamerika haben sich die Preise vervielfacht. Der Ahornbär mit der kanadischen Flagge erzielt in den USA inzwischen Preise bis zu 500 US$, und Reisende aus Kanada werden nach Schmuggelbären durchsucht.

Ammunition In the Nuristan region of Afghanistan, where a civil war is raging, 50 hand-rolled cigarettes can buy you this AK-47 bullet smuggled from China.

Munition In Nuristan, einer Region Afghanistans, in der ein Bürgerkrieg tobt, kann man ein AK-47-Geschoss, das aus China eingeschmuggelt wurde, gegen 50 handgedrehte Zigaretten eintauschen.

Weapon In Burma, possessing a water balloon is prohibited by the State Peace and Development Council (punishment is a year in prison, actually throwing one warrants three years). Water balloons launched by slingshots can damage vision and inflict life-threatening injury. With the impact of a rifle bullet—slower but heavier—a water balloon projectile can perforate a cornea (the surface of the eye), rupture an eyeball, or fracture a bony eye socket. When researchers fired a water balloon at 40m per second at a stationary watermelon 14m away, the watermelon exploded.

Torture Water is an excellent torture instrument. In South Africa, police reportedly force victims' heads into buckets of water, or smother them with coarse, soaking-wet bags. In Turkey, children in police custody (some as young as 12) are said to be hosed down with cold water. Amnesty International reports describe prison guards in Bhutan submerging inmates in water tanks until near-drowning. Torture in Kenyan jails is said to include confinement to a narrow hole as it gradually fills with water. Carbonated bottled water can be shot up noses (suspects held by Mexican police call the practice *tehuacanazo*). Even a drop of water is enough: In 1974, Archana Guha was detained by police in Calcutta, India, for 27 days: "They had a bowl and dropped cold water on my forehead—small drops, but I remember each drop felt like a stone, a big stone hitting my head." She is now living in exile in Copenhagen, Denmark.

Waffe In Myanmar ist der Besitz von Wasserballons vom staatlichen Friedens- und Entwicklungsrat verboten worden; Zuwiderhandlung wird mit einem Jahr Gefängnis bestraft, ein Wurf kostet dich drei Jahre. Wasserballons, die mit einer Schleuder abgeschossen werden, können ins Auge gehen und lebensgefährliche Verletzungen verursachen. Mit einer ähnlichen Wirkung wie eine Flintenkugel kann ein Wasserballon-Geschoss – zwar langsamer, aber schwerer – die Netzhaut durchstoßen, den Augapfel zerstören oder sogar zu Knochenbrüchen in der Augenhöhle führen. Als Forscher einen Wasserballon mit einer Geschwindigkeit von 40 m pro Sekunde auf eine in 14 m Entfernung postierte Wassermelone feuerten, explodierte sie.

Folter Wasser ist ein ideales Folterinstrument. Berichten zufolge hat die südafrikanische Polizei Verdächtige mit dem Kopf in einen Eimer Wasser getaucht und in nasse Säcke gesteckt. In der Türkei sollen Kinder von kaum zwölf Jahren im Polizeigewahrsam mit kaltem Wasser abgespritzt worden sein. Amnesty International berichtet, dass Gefängniswärter in Bhutan Häftlinge in Wasserbecken getaucht haben, bis sie fast ertrunken sind. In Kenia soll eine beliebte Foltermethode darin bestehen, dass die Gefangenen in ein kleines Loch eingesperrt werden, das sich langsam mit Wasser füllt. Wasser mit Kohlensäure kann man in die Nase schießen – Verdächtige, die von der mexikanischen Polizei festgehalten werden, nennen diese Technik *tehuacanazo*. Aber schon ein Tropfen Wasser kann ausreichen: 1974 wurde Archana Guha von der indischen Polizei in Kalkutta 27 Tage lang festgehalten. „Sie hatten eine Schüssel, aus der sie kaltes Wasser auf meine Stirn tropfen ließen, in kleinen Tropfen. Aber ich spürte jeden Tropfen wie einen Stein, einen riesigen Stein, der auf meinen Kopf fiel." Heute lebt sie in Kopenhagen im Exil.

Children will play with anything, anywhere (maybe that's why they ingest a tablespoon of dirt a day, on the average). So take away their store-bought guns, and boys will find something else to shoot their friends with. In Zambia, the handmade *spoko* gun (left)—modeled after the national police force's AKA machine guns—fires bits of wire in a pleasingly vicious fashion: To load, slide a nail into the barrel and pack it with match heads. Pull back the bicycle spoke with the rubber strap, and release. The spoke slams into the matches, ignites them and propels the bullet forward. It's not highly accurate, say young Zambians, but it will kill a bird or two. Pebbles fired from the condom catapult can travel at 57m per second, or one-fifth as fast as a bullet from a handgun. Tape a condom over a broken bottle, pull back the rubber and let fly. The catapult—popular during school recess in the UK—was officially labeled a "potentially lethal weapon" by Glasgow Southern General Hospital after a spate of serious eye injuries in Scotland.

Kinder spielen ja mit allem, was sie in die Finger kriegen, und das überall. Dabei nehmen sie im Schnitt etwa einen Esslöffel Dreck pro Tag zu sich. Wenn man den Jungs ihre fabrikneuen Spielzeugknarren wegnimmt, dann greifen sie eben zu etwas anderem, um ihre Freunde abzuknallen. In Sambia gibt es die handgefertigte Spoko-Pistole (rechts) nach dem Modell der AKA-Maschinenpistolen der nationalen Polizeikräfte. Sie feuert Nagelstückchen auf besonders tückische Art ab: Bei der Ladung legt ihr einen Nagel in den Lauf und bedeckt ihn mit Streichholzköpfen. Zieht die Fahrradspeiche mit dem Gummiband an und lasst los. Die Speiche rammt sich in die Streichhölzer, zündet sie, und dadurch wird das Geschoss abgefeuert. Die Treffsicherheit lässt zwar zu wünschen übrig, meinen junge Sambier, aber die Munition kann schon ein paar Vögeln den Garaus machen. Kieselsteine, die aus der Kondomschleuder katapultiert werden, schießen mit an die 57 m pro Sekunde durch die Luft, womit sie ein Fünftel der Geschwindigkeit eines Handwaffengeschosses erreichen. Klebt ein Kondom über eine zerbrochene Flasche, zieht das Gummi an, und ab die Post! Die Schleuder, die als Pausenspaß besonders in Großbritannien beliebt war, wurde vom Glasgower Southern General Hospital offiziell als „potentiell tödliche Waffe" deklariert, nachdem sich Fälle schwerer Augenverletzungen gehäuft hatten.

I'd know that crayon anywhere: According to a recent Yale University study, Crayola wax crayons have the eighteenth most recognized smell in the USA (the first two are coffee and peanut butter). Pictured is the "peach" crayon, formerly known as "flesh," and revamped in 1962 when Crayola realized that "not everyone's skin is the same color." It now comes in a Multicultural pack featuring 16 skin, eye and hair shades for "coloring people around the world," including "sepia," "burnt orange" and "goldenrod." Perhaps they can be excused for their earlier inaccuracy: When Crayola's senior designer retired in 1990—after 37 years of work—he finally admitted he was color-blind.

Diesen Buntstift würde ich immer wiedererkennen. Nach einer aktuellen Studie der Yale University stehen Crayola-Wachsmalstifte auf der Liste der wiedererkennbaren Gerüche in den USA an 18. Stelle; die ersten beiden Ränge nehmen Kaffee und Erdnussbutter ein. Hier ist der „Pfirsich"-Stift abgebildet, den man früher „fleischfarben" nannte. 1962 wurde er umgetauft, nachdem man bei Crayola darauf gekommen war, dass „nicht jedermanns Haut die gleiche Farbe hat". Jetzt wird er in einer multikulturellen Packung geliefert, die 16 verschiedene Farbtöne für Haut, Augen und Haar enthält, um „Leute rund um die Welt anzumalen", darunter „Sepia", „gebrannte Orange" und „goldener Reis". Aber vielleicht lässt sich Crayolas anfängliche Ungenauigkeit im Nachhinein entschuldigen: Als der Chefdesigner 1990 nach 37 Arbeitsjahren in Rente ging, gab er endlich zu, farbenblind zu sein.

Alan Schulman is a thoughtful man. He invented the Sock Light because he didn't want to wake up his wife when getting dressed. When he found that choosing clothes in the dark led to mismatched socks, he devised a light that automatically switches on and off when you open and close drawers and cabinets.

Alan Schulman ist ein rücksichtsvoller Mann. Er erfand das Sockenlämpchen, weil er beim Anziehen seine Frau nicht aufwecken wollte. Um nicht im Dunkeln blaue und schwarze Socken zu verwechseln, kam er auf die Lampe, die sich automatisch an- und ausschaltet, wenn man Schranktüren und Schubladen öffnet und schließt.

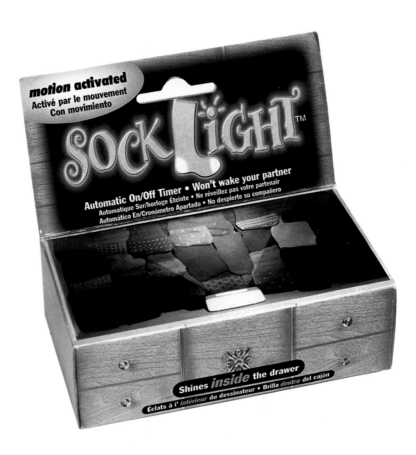

During the embargo, in each neighborhood of Cuba, electricity is shut off for four hours once every four evenings. Baby-food jars and neon lighting tubes make great kerosene lamps. Use a grinding stone to smooth the tubes' sharp edges. (Cotton wicks smoke less than polyester.)

Während des Embargos wird auf Kuba abwechselnd in den einzelnen Regionen jeden vierten Abend für vier Stunden der Strom abgeschaltet. Aus Gläsern für Babynahrung und Leuchtstoffröhren lassen sich wunderbare Petroleumlampen fertigen. Nimm einen Schleifstein, um die scharfen Kanten der Neonröhren zu bearbeiten. Baumwolldochte rauchen weniger als Polyester!

אויר טהור
מארץ ישראל
Pure Air
from Israel

Israeli airspace
is tiny, and critical:
The Golan Heights
are only two minutes
away from Tel Aviv
by missile. During
the Gulf War, the
478 Israeli Air Force
fighter planes pre-
vented any incursion by enemy aircraft,
and although Iraq launched 39 sur-
face-to-air Scud missiles at Israel, a 60
percent kill rate was achieved by the
Patriot antimissile system. Israel's annual defense spending is a sky-high
US$1,337 per capita. A can of Pure Air
from Israel costs ILS8 ($2.60).

Der israelische
Luftraum ist klein
und verwundbar:
Von den Golanhö-
hen aus sind es nur
zwei Raketenminu-
ten bis nach Tel
Aviv. Während
des Golfkrieges
konnten die 478
Kampfflieger der is-
raelischen Luftwaf-
fe alle Verletzungen
des Luftraums
durch feindliche
Flugzeuge abweh-
ren. 60 % der 39 irakischen Boden-Luft-
Raketen vom Typ Scud wurdem vom
Raketenabwehrsystem Patriot abgeschossen,
bevor sie ihr Ziel erreicht hatten. Das israelische Verteidigungsbudget beläuft sich auf
Schwindel erregende 1337 US$ pro Ein-
wohner und Jahr. Eine Dose Luft aus Israel
kostet hingegen nur 8 Schekel (2,60 US$).

Fragment When the Berlin wall came down, clever vendors got into the swing of things by selling a little bit of history —fragments of the broken wall and barbed wire. You have to wonder if the millions of tourists who took home the little pieces of history were actually getting the real thing. Ours came with the official Berlin wall stamp proclaiming their authenticity.

Bruchstück Als in Berlin die Mauer fiel, versuchten clevere Verkäufer sofort, ein Stück Geschichte an den Mann zu bringen – Mauerstückchen und Stacheldrahtreste. Natürlich stellt sich die Frage nach der Echtheit der historischen Bruckstücke, die Millionen Touristen als Mitbringsel abschleppten. Unseres hat den offiziellen Berliner-Mauer-Echtheitsstempel.

In Tienanmen Square, Beijing, Chinese soldiers opened fire on demonstrators on June 3, 1989. The government said that 300 people were killed; independent estimates put the death toll in the thousands. Margaret Thatcher, the British prime minister, was "appalled by the indiscriminate shooting of unarmed people." Polish leader Lech Walesa called it "brutal genocidal violence." The People's Government of Beijing took a different view. It commissioned this watch, bought from a Beijing street vendor, "in commemoration of the suppression of the turmoil in June 1989."

Auf dem Tienanmen-Platz in Peking eröffneten am 3. Juni 1989 chinesische Soldaten das Feuer auf Demonstranten. Regierungsangaben zufolge wurden 300 Menschen getötet; unabhängige Schätzungen sprechen von Tausenden von Toten. Margaret Thatcher, damals britische Premierministerin, war „entsetzt über das wahllose Hinmorden unbewaffneter Menschen". Polens Präsident Lech Walesa sprach von „brutaler, völkermordender Gewalt". Die Regierung der Volksrepublik sah das ganz anders: Diese in Peking von einem Straßenhändler erstandene Uhr wurde als „Andenken an die erfolgreiche Niederschlagung des Aufstandes vom Juni 1989" in Auftrag gegeben.

A cheap souvenir was picked up by a French naval officer on the Greek island of Melos in 1820. It was a marble statue of Venus made in the 2nd century BC, but it had no arms, so the officer got it for only US$45. Known as the *Venus de Milo*, the statue is now a star attraction at the Louvre museum in Paris, France. The Greek minister of culture has asked for its return; if he ever gets it back it can be reunited with its arms, which were unearthed in 1987. The authentic cheap souvenir shown costs FF89 ($17.80) at the Louvre shop.

Ein billiges Souvenir brachte ein französischer Marineoffizier 1820 von der griechischen Insel Milos mit: eine Marmorstatue der Venus aus dem 2. Jahrhundert v. Chr. Da ihr die Arme fehlten, wurde sie dem Offizier für nur 45 US$ überlassen. Unter dem Namen „Venus von Milo" ist die Statue heute eine der Hauptattraktionen des Louvre in Paris. Der griechische Minister für Kultur hat sie zurückgefordert. Sollte sein Ansinnen erhört werden, könnte sie wieder mit ihren Armen vereint werden, die 1987 ausgegraben wurden. Das Andenken für nur 89 FF (17,80 US$) ist im Souvenirgeschäft des Louvre erhältlich.

For Lit25,000 (US$13.80), you can have this miniature gondola (made in Taiwan) to remind you of the magical Venetian icon. But people who work on Venice's 177 canals would rather forget gondolas. According to one ambulance driver, "Gondoliers don't give a damn about us and won't move even if we have our siren on. They really think they're the princes of the city." Speeding ambulances and other motorboats create different problems. Their wakes erode building foundations along the canals. So the city has imposed a 6.5-knot speed limit and a Lit200,000 ($110) fine for offenders. Fancy a gondola ride? Lit120,000 ($66.30) for the first 50 minutes. Lit60,000 ($33) for every 25 minutes thereafter. Prices go up as the sun goes down. After 8pm Lit120,000 becomes Lit150,000 ($83), Lit60,000 becomes Lit75,000 ($41). But don't expect the gondolier to sing—it's a myth. You want music? Hire an accordion player and vocalist. The bill? A minimum of Lit170,000 ($94).

Für 25 000 Lire (13,80 US$) bekommt ihr diese Miniaturgondel made in Taiwan, die euch an das zauberhafte Wahrzeichen von Venedig erinnern soll. Aber die Leute, die auf den 177 Kanälen Venedigs arbeiten, könnten gut auf Gondelromantik verzichten. Ein Krankentransportfahrer meint: „Den Gondelfahrern sind wir schnurzegal. Die weichen nicht einmal aus, wenn wir die Sirenen anschalten. Die denken wirklich, sie seien die Herren der Stadt." Schnelle Nottransporte und andere Motorboote bereiten aber noch ganz andere Probleme: Sie rufen starken Wellengang hervor, der die Grundmauern der Gebäude entlang der Kanäle aushöhlt. Dagegen hat die Stadt eine Geschwindigkeitsbegrenzung von 6,5 Knoten eingeführt – mit saftigen 200 000 Lire (110 $) Strafzoll. Lust auf eine Gondelfahrt? 120 000 Lire (66,30 US$) für die ersten 50 Minuten. 60 000 Lire (33 US$) für jeweils 25 Minuten zusätzlich. Die Preise steigen nach Sonnenuntergang. Nach 20 Uhr werden aus 120 000 Lire dann 150 000 Lire (83 US$), 60 000 Lire wachsen auf 75 000 Lire (41 US$) an. Aber erwartet nicht, dass der Gondoliere Arien schmettert, das ist ein Mythos. Wollt ihr Musik? Mietet einen Akkordeonspieler mit Sänger. Die Kosten? Mindestens 170 000 Lire (94 US$).

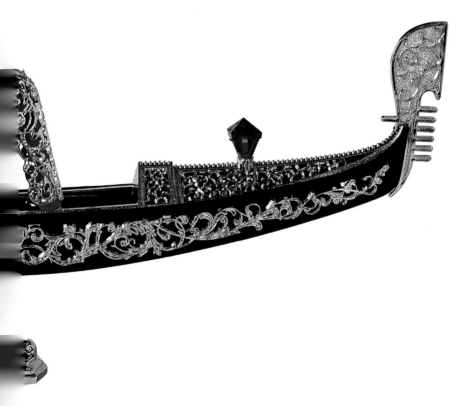

Replica If you can't afford the real thing, get a quality reproduction of a painting by Van Gogh (US$15) from Gallery Lê Ngat in Ho Chi Minh City, Vietnam, where a team of artists reproduce old and new works of art, usually making two copies at a time. And if you take along a photo, you can have the face of a loved one substitute the original—and turn your girlfriend into a Botticelli or a Botero.

War souvenirs are popular with tourists visiting Vietnam. In the Dan Snh market (also known as the military market) in Ho Chi Minh City, you can find anything from Zippo lighters to foot powder to soldiers' name tags. And the same kind of hats that were worn by the Viet Cong can be purchased in stalls throughout the city. As the market for souvenirs continues to thrive, copies of military clothing are being manufactured in Thailand, Cambodia and Vietnam.

Kopie Wenn du dir keinen echten Van Gogh leisten kannst, besorg dir für 15 US$ eine hervorragende Reproduktion eines seiner Werke aus der Galerie Lê Ngat in Ho-Chi-Minh-Stadt, Vietnam, wo ein Künstlerteam alte und neue Kunstwerke kopiert. Normalerweise werden zwei Kopien gleichzeitig angefertigt. Wenn du das Foto eines lieben Menschen mitbringst, kannst du sein oder ihr Gesicht in das Kunstwerk einfügen und so deine Freundin oder deinen Freund in einem Botticelli oder Botero verewigen lassen.

Kriegssouvenirs sind Lieblingsmitbringsel ausländischer Touristen aus Vietnam. Auf dem Dan-Sinh-Markt in Ho-Chi-Minh-Stadt, der auch als Militärmarkt bezeichnet wird, gibt es Memorabilien aller Art, von Zippo-Feuerzeugen über Fußtalkum bis zu den Namensschildern amerikanischer Soldaten. Die Hüte, die einstmals von den Vietcong getragen wurden, findest du an Ständen in der ganzen Stadt. Da der Markt für Militärsouvenirs floriert, fertigen Hersteller in Thailand, Kambodscha und Vietnam jetzt auch nachgemachte Militärkleidung an.

Marketing There are three reasons why you might want to buy Death cigarettes. You like the honesty of what's written on the package: "Tobacco seriously damages health. Cigarettes are addictive and debilitating. If you don't smoke, don't start." Or you'd like to show your solidarity with cancer sufferers, as you smoke so much you might get it yourself one day: 10 percent of the Enlightened Tobacco Company's pretax profits are donated to antivivisection cancer research. Or maybe death just doesn't scare you. Such brazen marketing, aimed at the 25-35 age group, is less risky than it seems: Not only are young people the fastest-growing segment of cigarette smokers, but they are more receptive to new brands.
Still not convinced? You could always try Death Lights.

Marketing Es mag drei Gründe für euch geben, um Death Zigaretten zu kaufen: Euch gefällt die ehrliche Aufschrift auf der Packung: „Zigaretten gefährden ernsthaft die Gesundheit. Fangen Sie am Besten gar nicht erst an." Oder ihr möchtet euch solidarisch zeigen mit den Krebskranken, zu denen ihr irgendwann selbst zählen werdet, wenn ihr weiter so raucht: 10 % der Gewinne der Enlightened Tobacco Company gehen an Einrichtungen zur Krebsforschung ohne Tierversuche. Oder ihr habt keine Angst vor dem Tod. Solch eine freche Werbung, die 25- bis 35-Jährige ansprechen soll, ist weniger gewagt, als man denken könnte: Aus dieser Altersgruppe stammen die meisten Erstraucher, und sie ist neuen Marken gegenüber besonders aufgeschlossen. Immer noch nichts für euch? Wie wär's dann mit Death Lights?

DEATH™
CIGARETTES

TOBACCO SERIOUSLY
DAMAGES HEALTH

Shell Now that the Bosnian war is officially over, Sarajevo's metal craftsmen have stopped making weapons and returned to their true vocation. In their shops you can find traditional copper crafts, including coffee sets and embossed shells. This one was purchased at a stall on Kazandžiluk Street in the 550-year-old Baščaršija bazaar in central Sarajevo.

Patrone Nach dem offiziellen Ende des Bosnienkriegs haben die Metall bearbeitenden Handwerker in Sarajewo aufgehört, Waffen herzustellen, und sind zu ihrer angestammten Beschäftigung zurückgekehrt. Bei ihnen gibt es traditionelles Kunsthandwerk aus Kupfer wie dieses Kaffeeservice, aber auch fein bearbeitete ehemalige Munition. Unser Service wurde an einem Stand an der Kazandzilukstraße im 550 Jahre alten Baščaršija - Bazar im Zentrum Sarajewos gekauft.

Blind Only 20 percent of blind people in the UK can read Braille, a tactile method of reading and writing consisting of combinations of raised dots. The UK's Royal National Institute for the Blind produces stylish watches and clocks that allow visually impaired people to tell the time with Braille or audio mechanisms.

Braille die Feel your way around Trafalgar Square and Liverpool Street Station with the British Braille version of Monopoly, everyone's favorite board game. It comes complete with Braille instructions and Braille dice.

Blind Nur 20 % aller Blinden in Großbritannien können Braille lesen, eine taktile Blindenschrift, die aus Kombinationen erhabener Punkte besteht. Das britische Königliche Nationale Blindeninstitut entwickelt modische Armbanduhren und Wecker, damit auch sehbehinderte Menschen mit Hilfe von Braille oder akustischen Signalen immer wissen, wie spät es ist.

Blindenschrift Ertastet euch den Weg um den Trafalgar Square oder zum Bahnhof Liverpool Street mit der britischen Blindenschrift-Version des beliebten Gesellschaftsspiels Monopoly. Es ist komplett mit Spielanleitung und Würfel in Braille erhältlich.

Don't panic when you have an ear infection (otitis media—a common but painful ailment in babies, usually caused by bacteria or viruses). But if you do have an ear or tummyache, or need some cuddly comfort, get yourself a Boo Boo Bear. These warm/cool packs just need a few minutes in the microwave (or some time in the fridge) before being applied to the affected area.

Keine Panik bei Mittelohrentzündung! Otitis media ist zwar bei Babys ein verbreitetes, schmerzhaftes Leiden, das meist durch Bakterien oder Viren ausgelöst ist. Doch wenn du Bauch- oder Ohrenschmerzen hast oder einfach nur kuscheln willst, kannst du dir einen Boo-Boo-Bären zulegen. Diese warmen oder kalten Packungen werden nur ein paar Minuten in die Mikrowelle oder einige Zeit in den Kühlschrank gestellt und anschließend auf die betroffene Stelle gelegt.

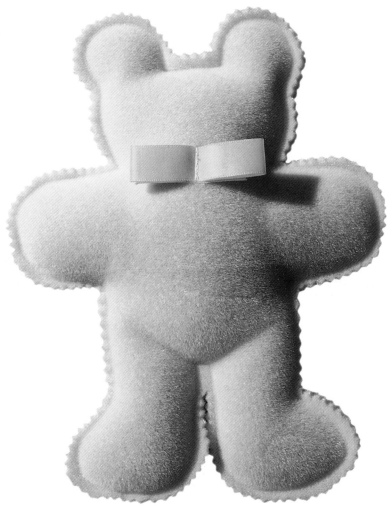

Blind weapons The Valmara 69 "bounding" land mine functions like this: Once detonated by the pressure of a foot, it leaps half a meter into the air before shattering into 16,000 fragments of shrapnel, known as flechettes. The flechettes are cubes cut from sheet metal and suspended in a pot of explosives 15cm wide and 20cm high. Anyone within 30m of the device will die instantly. A thin trip wire is linked to nearby mines, triggering a chain-reaction and extending the lethal radius. According to the United Nations, 100 million mines lie in the soil of 60 countries. While human rights organizations fight for a total ban on the use and sale of land mines, mine-scattering systems are deploying mines at a rate of more than 1,700 a minute. From 1981 to 1985, Valsella Meccanotecnica S.p.A. of Italy sold 750,000 Valmara 69 mines to Iraq at the cost of US$41 each.

Blind um sich schlagen Die Tretmine Valmara 69 funktioniert folgendermaßen: Wenn man darauf tritt, springt sie etwa einen halben Meter hoch, bevor das Schrapnell in ca. 16 000 Flechetten, winzige Metallstücke, zerbirst. Es befindet sich in einem mit Sprengstoff gefüllten Behälter von ca. 15 cm Durchmesser und 20 cm Höhe. Die Mine tötet jeden, der sich in einem Umkreis von 30 m aufhält. Ein dünner Stolperdraht verbindet die erste Mine mit den anderen und erweitert so durch eine Kettenreaktion den tödlichen Radius. Nach Informationen der Vereinten Nationen sind 100 Millionen Landminen in 60 Staaten ausgelegt. Menschenrechtsorganisationen kämpfen dafür, dass Export und Einsatz von Landminen verboten werden. Unterdessen streuen Systeme zum Minenlegen 1700 Landminen pro Minute aus. In den Jahren von 1981 bis 1985 verkaufte der italienische Hersteller Valsella Meccanotecnica S.p.A. für 41 US$ pro Stück 750 000 Valmara-69-Minen an den Irak.

More deaths than Hiroshima and Nagasaki combined! Mostly farmers by trade, the Hutu majority in Rwanda resorted to the nearest weapon—an agricultural implement—when civil war broke out in 1994. Over the next four months, the machete killed more people than the nuclear bombs dropped on Hiroshima and Nagasaki (where an estimated 110,000 died). Some victims are reported to have paid money to be shot with an AK-47 rather than hacked to death by machete.

Mehr Opfer als in Hiroshima und Nagasaki zusammen! Die Bevölkerungsmehrheit der Hutu, größtenteils Bauern, griff während des Bürgerkrieges in Ruanda 1994 auf eine nahe liegende Waffe zurück, die sonst in der Landwirtschaft zum Einsatz kommt. Innerhalb von vier Monaten wurden mehr Menschen mit Macheten getötet als durch die Atombomben auf Hiroshima und Nagasaki, die schätzungsweise 110 000 Menschenleben forderten. Einige Opfer sollen bezahlt haben, um mit der AK-47 erschossen und nicht mit der Machete abgeschlachtet zu werden.

Convenience

Flex-cufs are disposable handcuffs made from the same plastic that chemical companies use to store their wastes. They have a patented one-way locking mechanism and cannot be removed except with special wire cutters. Law-enforcement agencies in South Africa, Israel, Turkey, Germany and the USA have already discovered the advantages of the Flex-cuf. As Bob Kahil, Flex-cuf marketing manager for the Middle East, points out: "The Flex-cuf is perfect for arresting people at demonstrations, or if you have to deport illegal aliens coming to your country from Jamaica or China. You can tie them all together and put them on a plane or boat and send them home."

Praktisch

Flex-cufs sind Wegwerfhandschellen aus dem Kunststoff, den Chemiekonzerne für ihre Müllcontainer benutzen. Sie haben ein patentiertes Schloss, das sich nur einmal schließen und nicht öffnen lässt, können also nur mit einer speziellen Drahtzange entfernt werden. Sicherheitsbeamte in Südafrika, Israel, der Türkei, Deutschland und den USA haben die Vorteile von Flex-cufs schon erkannt. Bob Kahil, der Verantwortliche für das Marketing von Flex-cuf im Nahen Osten, erklärt: „Die Flex-cufs sind ausgezeichnet für Festnahmen von Demonstranten, oder um illegale Immigranten aus China oder Jamaika aus dem Land zu weisen. Man kann sie alle zusammenbinden, in ein Boot oder ins Flugzeug setzen und nach Hause schicken."

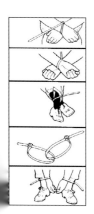

A favorite toy of generations of Afghan children: The Russian-made PFM-1 antipersonnel mine. Children just love the bright green color and wings of the "butterfly," as it's nicknamed—in fact, statistics show that the PFM-1 has attracted more children than any other of the 630 types of antipersonnel mines currently littering the planet (despite stiff competition from shoe polish lid, pineapple and ball shapes). Splav, the butterfly's Russian manufacturer, denies marketing the toy specifically for children: The wings, they say, allow the butterflies to float down prettily from helicopters (as they did during the 1979-89 occupation of Afghanistan), while the green color disguises them in grass (where 15 million or so now lie). So it's only a happy coincidence that "intentional handling," or curious people picking up mines, still causes the majority of incidents. Or that when the butterfly is picked up, the detonation of liquid explosive and tiny blades in the wings can blow a small hand off.

Ein Lieblingsspielzeug afghanischer Kinder ist seit Generationen die russische PFM-1-Antipersonenmine. Kinder fahren voll auf das leuchtende Grün und die Flügel dieses „Schmetterlings" ab, wie die Mine gern genannt wird. Die Statistik zeigt, dass die PFM-1 auf Kinder anziehender wirkt als die anderen 630 Typen von Antipersonenminen, die derzeit auf unserem Planeten herumliegen – und das trotz starker Konkurrenz durch Schuhcremedosendeckel-, Ananas- und Ballformen. Splav, der russische Hersteller des „Schmetterlings", bestreitet, dass die Mine im Hinblick auf Kinder entworfen worden sei. Die Produzenten behaupten, die Flügel dienten nur dazu, dass die Mine vom Helikopter aus elegant zu Boden gleiten könne – wie es 1979 bis 1989 zur Zeit der russischen Besetzung Afghanistans geschah –, während die grüne Farbe sie im Gras tarnen soll, in dem sich derzeit noch an die 15 Millionen Exemplare verbergen. Also ist es bloß ein unglückliches Zusammentreffen, dass „absichtliche Berührung" oder Neugier immer noch für die meisten Unfälle verantwortlich ist – und dass durch die Explosion flüssigen Sprengstoffs die scharfen Propellerflügel eine Kinderhand einfach wegreißen können, wenn der Schmetterling aufgehoben wird.

Therapy Royce Hernandez uses clay to help abandoned children in the Philippines. This new technique—called clay therapy—seems to make the children feel happier, and they get to play while they learn. Increase your own happiness levels with Scented Play-Clay. This colorful, scented play-doh combines touch, smell and visual stimuli for a unique sensory experience.

Therapie Royce Hernandez nutzt Lehm, um ausgesetzten Kindern auf den Philippinen zu helfen. Diese neue Methode der Lehmtherapie scheint den Kindern Spaß zu machen, und sie lernen spielend. Ihr könnt euch auch selbst mit dem duftendem Knetlehm amüsieren. Diese bunte, aromatisierte Knetmasse spricht den Seh-, Tast- und Geruchsinn an und verhilft zu einer einzigartigen Sinneserfahrung.

Epilepsy Pikachu, pictured here, made 730 Japanese children convulse after they watched Pokemon, a cartoon featuring Pikachu and based on Nintendo's Pocket Monsters video game. Red lights flashing in Pikachu's eyes in one scene probably triggered photosensitive or TV epilepsy (hallucinations or seizures caused by disturbed electrical rhythms in the brain). Epileptic attacks in video game users—now nicknamed "Dark Warrior epilepsy"—are thought to be more common than TV epilepsy because of the games' geometric figures, and because players sit closer to the screen. Even so, sales of Pocket Monster goods featuring Pikachu and other characters still generate US$3.14 billion each year.

Epilepsie Pikachu, hier abgebildet, verursachte bei 730 Kindern heftig Krämpfe. Nachdem sie Pokemon, eine Zeichentrickserie mit Pikachu nach dem Vorbild des Pocket-Monster-Videospiels von Nintendo gesehen hatten, erlitten sie einen Anfall. Wahrscheinlich haben die roten Lichter, die in einer Szene in Pikachus Augen aufblitzen, eine Lichtempfindlichkeits- oder Fernseh-Epilepsie ausgelöst (Halluzinationen oder Krampfanfälle, die durch fehlerhafte elektrische Entladungen der Nervenzellen im Gehirn hervorgerufen werden). Man geht davon aus, dass epileptische Anfälle bei Videospielen – „Dark Warrior-Epilepsie" genannt – häufiger vorkommen als beim Fernsehen, was wohl an dem geometrischen Spieledesign liegt und daran, dass die Spieler viel näher am Bildschirm sitzen. Trotz alledem bringen die Verkäufe von Pocket-Monster-Waren mit Pikachu und anderen Figuren immer noch einen Erlös von 3,14 Milliarden US$ pro Jahr.

"We call our dolls 'Friends' because that's what we want them to be and because the word 'doll' carries so many stereotyped messages," say People of Every Stripe!, who make this "Girl with Prosthesis." One of a collection of handmade Friends –each available in 20 different skin tones and with mobility, visual, auditory or other impairments—she has a removable prosthesis that fits over her leg stump. Crutches, wheelchairs, leg braces, hearing aids, white canes, and glasses are optional accessories. "Human beings have made fabulous technological advances," explain Barbara and Edward, owners of People of Every Stripe!, "Yet our interhuman relationships have not advanced nearly enough, and far too many individuals are not flourishing in their inner lives. We hope that our merchandise and guidance help to improve this situation."

„Wir nennen unsere Puppen ,Freunde', da sie das nun mal für uns sein sollen, und mit ,Puppen' verbindet man einfach zu viele Vorurteile", meinen die People of Every Stripe!, die dieses "Mädel mit Prothese" herstellen. Sie gehört zu einer Sammlung von handgefertigten, Freunden', die jeweils in 20 verschiedenen Hauttönen erhältlich sind und Seh-, Höroder andere Körperbehinderungen haben. Unser „Mädel" hier hat eine abnehmbare Prothese, die zu ihrem Beinstumpf passt. Krücken, Rollstühle, Beinschienen, Hörgeräte, Blindenstöcke und Brillen werden nach Wunsch mitgeliefert. „Die Menschen machen technologisch fabelhafte Fortschritte", erklären Barbara und Edward, die Besitzer von People of Every Stripe!, „doch unsere zwischenmenschlichen Beziehungen bleiben dabei auf der Strecke. Viel zu viele Menschen lassen ihr Innenleben verkümmern. Wir hoffen, dass wir mit unseren Produkten und unseren Ratschlägen dieser Situation etwas abhelfen können."

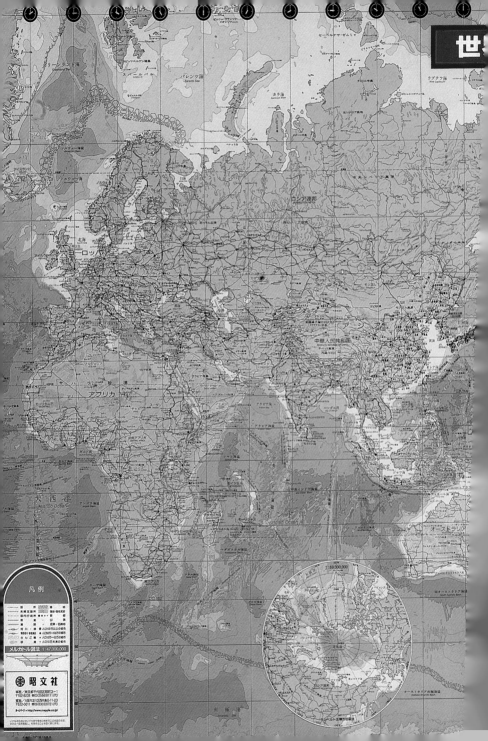

Photography: Oliviero Toscani, Stefano Beggiato, Attilio Vianello, James Mollison, Marirosa Toscani Ballo, Francesco Morandin, Federica Beguetto, Neil Snape, Fulvio Maiani

p 15 Blood bag courtesy of Davies & Starr; p 38 Blind airplane meal courtesy of G. Frassi; p 90 Fetish shoes courtesy of Fantasies Unlimited; p 133 Safety Date courtesy of Safety Zone; p 139 Kiss of Death lipstick courtesy of Davies & Starr; p 234 Smokey Sue courtesy of WRS Group Inc; p 348 Eye-lid weights courtesy of MedDev Corporation; p 463 Will courtesy of Davies & Starr; p 481 Artist shit courtesy of «Associazione Amici di Piero Manzoni- Milano»; p 490-491 Holocaust Lego courtesy of Galleri Wang; p 493 Bubble Blower courtesy of Davies & Starr; p 567 Blind weapon courtesy of Jane's Information Group; p 570 Butterfly landmine courtesy of CICR.